Diesen Titel zusätzlich als **E-Book** erwerben und **60 % sparen!**

Als Käufer dieses Buchs haben Sie Anspruch auf ein besonderes Angebot. Sie können zusätzlich zum gedruckten Werk das E-Book zu 40 % des Normalpreises erwerben.

Zusatznutzen:
– Vollständige Durchsuchbarkeit des Inhalts zur schnellen Recherche.
– Mit Lesezeichen und Links direkt zur gewünschten Information.
– Im PDF-Format überall einsetzbar.

Laden Sie jetzt Ihr persönliches E-Book herunter:
– **www.vde-verlag.de/ebook** aufrufen.
– **Persönlichen, nur einmal verwendbaren E-Book-Code** eingeben:

524169WW7EQY4G5N

– E-Book zum Warenkorb hinzufügen und zum Vorzugspreis bestellen.

Hinweis: Der E-Book-Code wurde für Sie individuell erzeugt und darf nicht an Dritte weitergegeben werden. Mit Zurückziehung des Buchs wird auch der damit verbundene E-Book-Code ungültig.

Andreas Stammkötter

DIE BAULEITERSCHULE

Das Gebäude

Die Fachbuchreihe zu den Themen
- Baurechtpraxis und Baumanagement
- Bautechnik
- Energieeffizientes Bauen
- Energiesystemtechnik
- Gebäudetechnik, TGA und Facility Management
- Klima- und Lüftungstechnik
- Sicherheitstechnik

ANDREAS STAMMKÖTTER

DIE BAULEITER-SCHULE

Rechtliche Grundlagen mit Musterschreiben
(Stand: VOB/A und VOB/B 2016)

5., neu bearbeitete und erweiterte Auflage

VDE VERLAG GMBH

Autor und Verlag haben alle Texte mit großer Sorgfalt erarbeitet. Dennoch können Fehler nicht ausgeschlossen werden. Deshalb übernehmen weder der Autor noch der Verlag irgendwelche Garantien für die in diesem Buch gegebenen Informationen. In keinem Fall haften Autor oder Verlag für irgendwelche direkten oder indirekten Schäden, die aus der Auswertung dieser Informationen folgen.

Das Werk ist urheberrechtlich geschützt. Jede Verwertung außerhalb der engen Grenzen des Urheberrechtsgesetzes ist ohne Zustimmung des Verlags unzulässig und strafbar. Die Wiedergabe von Gebrauchsnamen, Handelsnamen, Warenbeschreibungen etc. berechtigt auch ohne besondere Kennzeichnung nicht zu der Annahme, dass solche Namen im Sinne der Markenschutz-Gesetzgebung als frei zu betrachten wären und von jedermann benutzt werden dürfen. Aus der Veröffentlichung kann nicht geschlossen werden, dass die beschriebenen Lösungen frei von gewerblichen Schutzrechten (z. B. Patente, Gebrauchsmuster) sind. Eine Haftung des Verlags für die Richtigkeit und Brauchbarkeit der veröffentlichten Programme, Schaltungen und sonstigen Anordnungen oder Anleitungen sowie für die Richtigkeit des technischen Inhalts des Werks ist ausgeschlossen. Die gesetzlichen und behördlichen Vorschriften sowie die technischen Regeln (z. B. das VDE-Vorschriftenwerk) in ihren jeweils geltenden Fassungen sind unbedingt zu beachten.

Bibliografische Information der Deutschen Nationalbibliothek
Die Deutsche Nationalbibliothek verzeichnet diese Publikation in der Deutschen Nationalbibliografie; detaillierte bibliografische Daten sind im Internet über *http://dnb.dnb.de* abrufbar.

ISBN 978-3-8007-4169-4 (Buch)
ISBN 978-3-8007-4170-0 (E-Book)

© 2016 VDE VERLAG GMBH · Berlin · Offenbach
Bismarckstr. 33, 10625 Berlin

1., unveränderter Nachdruck 2017

Alle Rechte vorbehalten.
Coverfoto: © Fotolia.com (Nr. 4802431)

Produktion: NEUNPLUS1 GmbH, Berlin
Printed in Germany

2017-02

Vorwort zur 5. Auflage

Es gab für mich zwei Anlässe, die Bauleiterschule in der nunmehr fünften Auflage vorzulegen. Zum einen bestand mit Inkrafttreten der VOB 2016 und der seit der Vorauflage ergangenen umfangreichen Rechtsprechung ein dringender Aktualisierungsbedarf. Zum anderen war die Nachfrage nach den Vorauflagen derart erfolgreich, dass es für mich nicht denkbar war, meiner Leserschaft die zahlreichen Neuerungen vorzuenthalten.

Ich bedanke mich bei meinen Lesern für viele konstruktive Anregungen und bin auch in Zukunft für jede konstruktive Kritik und Anmerkung dankbar. Meine Kontaktdaten sind unter *www.stammkoetter.de* zu finden.

Ich habe die Bauleiterschule auf den aktuellen Stand (April 2016) gebracht. Um den Praxisbezug noch weiter zu erhöhen, sind viele neue Beispielfälle aufgenommen worden. Die editierbaren Musterschreiben stehen wie gewohnt in digitaler Form zur Verfügung.

Ein Tipp an meine Leser: Genießen Sie die Bauleiterschule bei einer Tasse Tee oder Kaffee und lesen Sie sie von Anfang bis Ende durch.

Leipzig, im April 2016   *Dr. Andreas Stammkötter*

Inhaltsverzeichnis

Vorwort zur 5. Auflage 5

Eine wahre Geschichte... 13

A Überblick 15
   I.   VOB und BGB 15
          1. Teil A.. 15
          2. Teil B.. 15
          3. Teil C.. 16
   II.   Einbeziehung der VOB/B in den Vertrag 17
   III.   Verhältnis der VOB/B zum BGB... 18
   IV.   Aufbau der VOB/B... 19
   V.   VOB und Verbraucher.. 20
          1. Allgemeine Geschäftsbedingungen 20
          2. Verbraucher-Sicherheit 21
   VI.   Der Ablauf eines Bauvorhabens 22

B Prüfungs- und Bedenkenhinweispflicht gemäß § 4 Abs. 3 VOB/B 23
   I.   Der Mangelbegriff... 23
   II.   Allgemein anerkannte Regeln der Technik 25
   III.   Versteckte Mängel?... 26
   IV.   Zeitpunkt der Bedenkenanmeldung 27
   V.   Die Qualifikation des Auftraggebers...................................... 29
   VI.   Umfang der Prüfungspflicht 30
   VII.   Inhalt der Bedenkenanmeldung... 31
   VIII. Adressat der Bedenkenanmeldung 32
   IX.   Form der Bedenkenanmeldung 33
   X.   Rechtsfolgen bei Unterlassen der Bedenkenanmeldung 34
   XI.   Verhalten des Auftraggebers.. 34
   XII.   Bedenken für zukünftige Leistungen 35
   XIII. Bedenken gegen die eigene Leistung?...................................... 36

C Die Baubehinderung gemäß § 6 VOB/B ... 37
- I. Definition: Behinderung und Unterbrechung ... 37
- II. Pflicht zur Anzeige der Behinderung ... 37
- III. Inhalt der Behinderungsanzeige ... 37
- IV. Adressat der Behinderungsanzeige ... 38
- V. Form der Behinderungsanzeige ... 38
- VI. Pflicht zur Anzeige der Beendigung der Behinderung ... 39
- VII. Verlängerung der Fristen ... 39
  1. Witterungseinflüsse ... 40
  2. Umstand aus dem Risikobereich des Auftraggebers ... 40
  3. Höhere Gewalt, unabwendbare Umstände ... 41
  4. Wiederaufnahme der Arbeiten ... 42
- VIII. Die Berechnung der Fristverlängerung ... 42
  1. Mitwirkung des Auftragnehmers ... 42
  2. Vertragsstrafe ... 43
- IX. Sicherung eigener Ansprüche (insbesondere Nachtragsvergütung) ... 43
  1. Kündigungsmöglichkeit bei Unterbrechung ... 43
  2. Der Schadensersatzanspruch gemäß § 6 Abs. 6 VOB/B ... 43
- X. Nachtragsvergütung ... 45
  1. § 2 Abs. 5 VOB/B ... 45
  2. Sonderfall: Die Beschleunigung ... 45

D Das Kündigungsrecht des Auftraggebers/Auftragnehmers ... 47
- I. Freie Kündigung gemäß § 8 Abs. 1 VOB/B ... 47
- II. Die Kündigung wegen Verzuges mit der Leistungserbringung gemäß § 8 Abs. 3 VOB/B ... 48
  1. Allgemeines ... 48
  2. Kündigungsmöglichkeiten ... 48
     a) Verzögerung des Beginns der Ausführung ... 49
     b) Verzug mit der Vollendung ... 49
     c) Abhilfeanordnung nach § 5 Abs. 3 VOB/B ... 52
- III. Kündigung wegen Verzuges mit der Mängelbeseitigung ... 53
  1. Beweispflicht für die Mangelhaftigkeit der Leistung ... 54
  2. Form und Inhalt der Mängelrüge ... 54
  3. Exkurs: Mängelbeseitigung nach Abnahme gemäß § 13 Abs. 5 VOB/B ... 55
  4. Aufforderung zur Mängelbeseitigung ... 56
  5. (Nach-)Fristsetzung mit Kündigungsandrohung ... 57
  6. Kündigungserklärung ... 58
- IV. Kündigung wegen des rechtswidrigen Einsatzes von Nachunternehmern gemäß § 8 Abs. 3 VOB/B ... 59

	V.	Kündigung wegen Vergabeverstoßes gem. § 8 Abs. 4 VOB/B	59
	VI.	Die Kündigung aus wichtigem Grund durch den Auftraggeber	60
	VII.	Kündigung wegen fehlender Mitwirkung des Auftraggebers gemäß § 9 Abs. 1 Nr. 1 VOB/B	61
	VIII.	Kündigung wegen Zahlungsverzuges des Auftraggebers gemäß § 9 Abs. 1 Nr. 2 VOB/B	63
	IX.	Die Kündigung aus wichtigem Grund durch den Auftragnehmer	63
	X.	Das Erfordernis der Abnahme bei gekündigten Verträgen	64
E	**Die Beweissicherung**		67
	I.	Das Privatgutachten	67
		1. Auswahl des Sachverständigen	67
		2. Inhalt des Gutachtens	67
	II.	Das gerichtliche Beweisverfahren	68
F	**Die Abnahme gemäß § 12 VOB/B**		71
	I.	Abnahmeformen	71
		1. Die förmliche Abnahme gemäß § 12 Abs. 4 VOB/B	71
		2. Die fiktive Abnahme gemäß § 12 Abs. 5 Nr. 1 VOB/B	71
		3. Die Abnahme durch Ingebrauchnahme des Werkes gemäß § 12 Abs. 5 Nr. 2 VOB/B	72
		4. Exkurs: Mängelvorbehalte (Mängelliste)	73
		5. § 640 Abs. 1 S. 3 BGB	74
	II.	Wirkungen der Abnahme	74
	III.	Die Teilabnahme gemäß § 12 Abs. 2 VOB/B	75
	IV.	Die Zustandsfeststellung gemäß § 4 Abs. 10 VOB/B	75
	V.	Die Wesentlichkeit eines Mangels	76
	VI.	Der Auftraggeber reagiert nicht auf das Abnahmeverlangen	77
	VII.	Die Abnahmeverweigerung	78
	VIII.	Sicherheitsleistung vor Abnahme: die Vertragserfüllungsbürgschaft	78
G	**Nachträge**		81
	I.	Wichtige Normen	81
	II.	Allgemeines	81
	III.	Bausoll	82
		1. Problem: Komplettheits- oder Vollständigkeitsklauseln	82
		2. Höchstpreisklauseln	83
		3. Baubeschreibung	83

	IV.	Das Bausoll im Lichte der einzelnen Vertragstypen	84
		1. Einheitspreisvertrag	84
		2. Detail-Pauschalpreisvertrag	85
		3. Global-Pauschalpreisvertrag	85
		4. Mischformen	86
	V.	Die Ankündigung i. S. d. § 2 Abs. 5 VOB/B	87
	VI.	Die Ankündigung i. S. d. § 2 Abs. 6 VOB/B	87
	VII.	AGB-Klauseln	88
	VIII.	Leistungsverweigerungsrecht	89
	IX.	Vergütungshöhe und Berechnung	89
		1. § 2 Abs. 5 VOB/B	89
		2. Vergütung für zusätzliche Leistung gemäß § 2 Abs. 6 VOB/B	90
	X.	Verhalten, wenn ein erforderlicher Nachtrag nicht erteilt wird	91

H Mengenänderung ... 93

	I.	Wichtige Normen	93
	II.	Allgemeines	93
	III.	Die Mengenänderung	94
	IV.	Mengenänderung im Einheitspreisvertrag	94
		1. Das Verlangen	95
		2. Die Mengenunterschreitung von mehr als 10 % (§ 2 Abs. 3 Nr. 3 VOB/B)	95
		3. Die Berechnung des neuen Einheitspreises	95
		4. Ausgleich „in anderer Weise"	97
	V.	Mengenänderung beim Pauschalpreisvertrag (§ 2 Abs. 7 VOB/B)	97
		1. Detail-Pauschalpreisvertrag	97
		2. Global-Pauschalpreisvertrag	97
		3. Erheblichkeit für die Preisanpassung	97
		4. Bewusste Falschangaben	98
	VI.	AGB-Regelungen	98

I Die Sicherheit gemäß § 648a BGB ... 99

	I.	Allgemeines	99
	II.	Anwendungsbereich	99
		1. Öffentlicher Auftraggeber	99
		2. Das Einfamilienhaus	100
	III.	Taktischer Einsatz	101
	IV.	Form, Inhalt und typische Fehler	102

	V.	Kosten der Sicherheit	103
	VI.	Rechtsfolgen bei Nichtstellung der Sicherheit	103
		1. Arbeitseinstellung, Kündigung und Klage	103
		2. Zwangsvollstreckung	105
		3. Vertragsstadium	106
	VII.	§ 648a BGB nach Abnahme	106
	VIII.	Exkurs: Sicherheitsleistung gemäß § 321 BGB	107
J	Die Gewährleistung (Mängelansprüche)	109
	I.	Allgemein	109
		1. Das Selbstvornahmerecht des Auftraggebers (Ersatzvornahme)	109
		2. Das Minderungsrecht gemäß § 13 Abs. 6 VOB/B	112
		a) Unzumutbarkeit für den Auftraggeber	112
		b) Unverhältnismäßig hoher Aufwand	113
		c) Unmöglichkeit der Mängelbeseitigung	115
	II.	Wartung und Gewährleistung	115
	III.	Verlängerung des Gewährleistungszeitraums durch Mängelrüge	116
	IV.	Hemmung der Verjährung durch Verhandlungen	117
	V.	Neubeginn der Verjährung durch Anerkenntnis	119
	VI.	Mängelbeseitigungsrecht/Mängelbeseitigungspflicht	120
	VII.	Ernsthafte und endgültige Erfüllungsverweigerung	121
K	Die Abschlagsrechnung	123
	I.	Allgemein	123
	II.	Schlussabrechnungsreife	124
	III.	Fälligkeit	124
	IV.	Prüffähigkeit der Abschlagsrechnung	124
	V.	Rechte, wenn eine Abschlagsrechnung nicht bezahlt wird	125
		1. Zurückbehaltungsrecht	125
		2. § 648a BGB	125
		3. Vertragskündigung	125
		4. Eintragung einer Bauhandwerkersicherungshypothek	127
		5. Das Recht zur Entfernung von Material	127
L	Die Schlussrechnung	129
	I.	Die Prüffähigkeit der Schlussrechnung	129
		1. Allgemein	129
		2. Gekündigte Pauschalpreisverträge	130
		3. Schlusszahlungsvorbehalt	132

	II.	§ 16 Abs. 3 VOB: Prüffrist ... 133
	III.	Fälligkeit ... 134
	IV.	Gerichtliche und außergerichtliche Möglichkeiten ... 135
	V.	Sicherheitseinbehalt ... 136
	VI.	Das Sperrkonto ... 138
	VII.	Zurückbehaltungsrecht mit der Mängelbeseitigung ... 139
	VIII.	Vertragsstrafe ... 140

M Was tun im Falle der Insolvenz des Auftraggebers? ... 143
    I. Allgemein ... 143
    II. Gesetz über die Sicherung der Bauforderungen (BauFordSiG) ... 143
        1. Baugeld ... 144
        2. Baugeldempfänger ... 146
        3. Baugeldvermutung ... 146
        4. Verstoß gegen die Verwendungspflicht ... 147
        5. Vorsatz ... 147
    III. Zahlungsversprechen des Bauherrn ... 148

N Schwarzarbeit ... 149

Anhang ... 151
Anhang A   Text der VOB, Teil B (2016) ... 151
Anhang B   Text der VOB, Teil C ... 166
Anhang C   Text des BGB (Auszug) ... 172
Anhang D   Text des Gesetzes über die Sicherung der Bauforderungen ... 195

Stichwortverzeichnis ... 197

Eine wahre Geschichte

Es war einmal ein rechtschaffener, arbeitsamer und gutmütiger Steinmetz. Zu ihm kam ein verzweifelt schluchzendes Ehepaar und bat ihn, ein Grabmal für die soeben verstorbene Mutter zu bauen. Der gutmütige Steinmetz hatte Mitleid mit den trauernden Menschen und versprach, den Grabstein für 1.105,00 Euro herzustellen. Die Eheleute waren getröstet, denn sie wussten, dass ihre Mutter nun würdevoll in ihrem Grab ruhen würde und sie jederzeit ein schönes Grab vorfinden würden.

Als der Steinmetz nach vielen Tagen nachfragte, wann denn die Eheleute sich soweit erholt hätten, dass sie nun die Rechnung bezahlen könnten, teilten diese ihm mit, dass sie auch nicht einen Cent mehr hätten. Der Grabstein sei zwar sehr schön geworden, bezahlen könnten sie ihn jedoch nicht.

Der Steinmetz ging nun zu seinem Dorfrichter. Der gab ihm Recht und verurteilte die Eheleute, den Grabstein zu bezahlen. Daraufhin hoben sie beide Hände in die Höhe und schrien: „Wir haben kein Geld! Wir haben doch kein Geld!" Das wurde dann beim Dorfgericht in einer Liste notiert.

Der Steinmetz war verzweifelt. Jetzt hatte er ein schönes Urteil, aber immer noch kein Geld. In seiner Wut sagte er sich: „Wenn die bösen Leute mich nicht bezahlen wollen, dann hole ich mir wenigstens meinen Grabstein zurück." Er beauftragte einen Gerichtsdiener, für ihn den Grabstein zu pfänden und ihm zu bringen. Als die Eheleute das sahen, schrien sie: „Du darfst unseren Grabstein nicht pfänden. Das ist vom Gesetz verboten." Der Gerichtsdiener war ratlos. Er wusste zwar, dass man Särge und Leichentücher nicht pfänden darf, aber Grabsteine? Er dachte darüber nach und entschied sich, nichts zu tun.

Der arme Steinmetz ging dann wieder zu seinem Dorfrichter und bat diesen, dem Gerichtsdiener zu befehlen, den Grabstein zu pfänden. Weil der Dorfrichter auch nicht weiter wusste, ging der Steinmetz bis zum höchsten Gericht des ganzen Landes. Die weisen Richter in den roten Roben gaben ihm Recht und sagten dem Gerichtsdiener, er müsse den Grabstein abholen.

Als der Steinmetz wieder in seiner Werkstatt saß, schaute er sich den Grabstein an und dachte: „Bin ich jetzt eigentlich glücklicher als vorher? Jetzt habe ich viele lange Jahre gestritten und gekämpft und viel mehr Geld bezahlen müssen, als der Grabstein eigentlich wert war." (Fall nach BGH, Beschluss vom 20.12.2005 – VII ZB 48/05 = IBR 2006, 1172).

Wenn dieses Buch dazu beitragen kann, Streitigkeiten zu vermeiden, dann hat es seinen Sinn erfüllt.

A Überblick

I. VOB und BGB

Die VOB 2016 liegt derzeit in der aktuellen Fassung der Bekanntmachung im Bundesanzeiger vom 19.01.2016 vor.

Bis zum Inkrafttreten der VOB 2002 hatte die VOB noch den Namen „Verdingungsordnung für Bauleistungen". Nunmehr heißt die VOB „Vergabe- und Vertragsordnung für Bauleistungen". Die VOB ist **kein Gesetz**. Sie wird von einem nicht rechtsfähigen Verein, dem Deutschen Vergabe- und Vertragsausschuss, herausgegeben. Dem Ausschuss gehören zahlreiche Bundes- und Landesministerien und die Spitzenverbände und Vereinigungen der Bauwirtschaft an.

Die VOB gliedert sich in drei Teile, den Teil A, den Teil B und den Teil C.

1. Teil A

Die VOB/A betrifft die Vergabe von Aufträgen durch die öffentliche Hand. Sie behandelt das Stadium vom Beginn des Vergabeverfahrens bis zum Ende des Vergabeverfahrens, das regelmäßig durch den Zuschlag erfolgt. Der Zuschlag, der bei privaten Bauvorhaben gleichzusetzen ist mit dem Vertragsschluss, also dem Abschluss des Bauvertrages, beendet den Teil A und ist gleichfalls Beginn des Teiles B.

Teil A bestimmt also, wie die Bauleistungen im Rahmen eines Bauvertrages zu vergeben sind. Einen klagbaren Anspruch gewährt die VOB/A nicht. Der Rechtsschutz ist nunmehr, insbesondere für Verfahren, die oberhalb des Schwellenwertes von 5,225 Mio. EUR liegen, im Gesetz über die Wettbewerbsbeschränkungen geregelt. Weitere Regelungen enthalten die Vergabeverordnungen des Bundes und der Länder.

2. Teil B

Der hier zu behandelnde Teil B der VOB beginnt, wie bereits dargestellt, mit dem Abschluss des Bauvertrages und endet mit **Abschluss des Gewährleistungsstadiums** (jetzt Mängelansprüche), also regelmäßig vier Jahre (VOB) oder fünf Jahre (BGB) nach Abnahme des Bauvorhabens (vgl. § 13 Abs. 5 VOB/B, § 634a Abs. 1 Nr. 2 BGB).

Dieser Befund, dass der Geltungsbereich der VOB/B erst mit Abschluss des Bauvertrages beginnt, hat eine wesentliche Konsequenz: Die Regelungen im Teil B der VOB können nach diesseitiger Auffassung keine Anwendung im Vergabeverfahren finden. Dies gilt jedoch nur eingeschränkt für die Verpflichtung gemäß § 4 Abs. 3 VOB/B, Bedenken gegen die fehlerhafte oder unvollständige Leistungsbeschreibung anzumelden (vgl. hierzu OLG Dresden, IBR 2013, 397 und die Ausführungen unter B IV.).

3. Teil C

Der Teil C der VOB enthält die allgemeinen technischen Vertragsbedingungen für Bauleistungen (ATV) und damit die DIN-Vorschriften für die wichtigsten Gewerke. Als allgemeine, für alle Gewerke verbindliche Regelung wird die **DIN 18299** praktisch den spezielleren DIN-Normen vorangestellt. Die DIN-Normen sind Teil der anerkannten Regeln der Technik und diesen untergeordnet. Gemäß § 13 Abs. 1 VOB/B hat der Auftragnehmer die Leistung in der Weise zu erbringen, dass die Bauleistungen den „allgemein anerkannten Regeln der Technik" entsprechen. Dies ist ein deutlicher Hinweis auf die Regelungen der VOB/C. Die VOB/C ist daher immer dann **Vertragsbestandteil**, wenn die VOB/B vereinbart wurde. § 1 Abs. 1 VOB/B regelt ausdrücklich, dass die Bestimmungen der VOB/C Vertragsbestandteil sind. Dies gilt für die technischen Vorschriften in gleicher Weise wie für vertragliche Regelungen (BGH, BauR 2006, 2040).

> **Beispiel:**
> Der Auftraggeber beauftragt den Elektriker E, an einem Wohn- und Geschäftshaus in Köln das Gewerk „Elektro" auszuführen. Die VOB wird wirksam in den Vertrag einbezogen. Im Zuge der Abnahme verlangt der Auftraggeber die Aushändigung der Übersichtsschaltpläne. Der E meint, diese könne er nicht mehr im Nachhinein erstellen. Dies würde Tage dauern, zumindest müsse der Auftraggeber hierfür einen Nachtrag erteilen.

Der Auftraggeber hat recht. Gemäß Ziff. 3.1.2 der DIN 18382 sind die Übersichtsschaltpläne zu fertigen und zu übergeben.

> **Beispiel:**
> Der Lehrer L hat den Parkettleger P mit der Verlegung von Parkett im Wohnzimmer und Flur seines Einfamilienhauses beauftragt. Die VOB wurde vereinbart. Als L sieht, dass P das Parkett auf den erst gestern verlegten Estrich aufbringen will, fragt er ihn, ob er eine Feuchtigkeitsmessung durchgeführt habe. P, schon etwas genervt, meint, dazu sei er nicht verpflichtet. Er verlege schon seit dreißig Jahren Parkett und könne mit bloßem Auge erkennen, ob der Estrich verlegebereit sei oder nicht. Daraufhin verlangt L sogar ein Protokoll über die Feuchtigkeitsmessung.

P muss die Feuchtigkeit messen. Gemäß Ziff. 3.1.1. der DIN 18356 ist er verpflichtet, die ausreichende Trockenheit des Untergrundes zu prüfen. Gemäß Ziff. 4.1.6. ist dazu eine Messung der Feuchte erforderlich.

> **Beispiel:**
> Der Professor P bestellt beim Tischlermeister T eine Einbauküche zu einem stattlichen Preis. Die VOB wird wirksam in den Vertrag einbezogen. T führt seine Leistung aus und stellt neben der vereinbarten Vergütung noch 500,00 EUR für Verlade- und Transportkosten in Rechnung. Das will P nicht bezahlen.

Muss P auch nicht. Gemäß DIN 18299 Abschnitt 2.1.1 umfasst die Leistung des Auftragnehmers auch die Lieferung der dazugehörigen Bauteile.

Bei einem BGB-Vertrag käme man zum gleichen Ergebnis. Die Vergütung des Transportes müsste ausdrücklich vereinbart werden (OLG Zweibrücken, Urteil vom 12.07.2007 – 4 U 156/06).

II. Einbeziehung der VOB/B in den Vertrag

Die VOB/B ist kein Gesetz und keine Rechtsverordnung. Die Regelungen der VOB/B sind, rechtstechnisch gesehen, **Allgemeine Geschäftsbedingungen** i. S. d. §§ 305 ff. BGB (vergleichbar mit dem Kleingedruckten eines Vertrages). Dies bedeutet, dass die VOB/B bei Bauverträgen auch nicht **automatisch in den Vertrag einbezogen** wird, sondern ausdrücklich **vereinbart** werden muss.

Dies wiederum setzt gemäß § 305 Abs. 2 Nr. 2 BGB voraus, dass der Vertragspartner des Verwenders in zumutbarer Weise von ihr **Kenntnis** erlangen muss, d. h., dass die VOB/B bei Vertragsschluss **übergeben** werden muss. Wird der Bauvertrag in den **Geschäftsräumen** des Auftragnehmers abgeschlossen, ist es auch ausreichend, wenn die VOB in den Räumlichkeiten ausgelegt wird und der Auftragnehmer den Auftraggeber hierauf hinweist (OLG Zweibrücken, IBR 2014, 393). Eine Ausnahme besteht bei einem Vertrag mit einem **Baukundigen** und im kaufmännischen Geschäftsverkehr, denn von einem „Profi" kann man verlangen, dass er sich den Text der VOB, zum Beispiel im Internet, beschafft (OLG Stuttgart, IBR 2014, 326).

> **Beispiel:**
>
> Der Fertighaushersteller Traumhaus GmbH schließt mit dem Zahnarzt Z einen Bauvertrag ab. Unter § 1 „Vertragsgrundlagen" ist geregelt, dass die VOB/B Vertragsbestandteil sein soll. Eine VOB/B übergibt die Traumhaus GmbH nicht. Die VOB/B wurde nicht wirksam vereinbart.

> **Beispiel:**
>
> Der GU vereinbart mit dem Tischler T die Geltung der VOB/B. Ein Vertragsexemplar wird nicht übergeben. Dies ist auch nicht erforderlich, weil der Tischler baukundig ist.

Bei Privatpersonen ist daher anzuraten, zumindest den Teil B der VOB zu kopieren, dem Vertrag beizufügen und dies im Vertrag auch entsprechend zu vermerken. Wird der private Auftraggeber **beim Vertragsschluss** durch einen Architekten vertreten, muss die VOB gleichfalls nicht übergeben werden (OLG Hamm, IBR 1998, 340). Achtung: Der Architekt muss dann auch **beim** Vertragsschluss anwesend sein. Eine Beratung im Vorfeld reicht nicht aus (OLG Brandenburg, IBR 2008, 253).

Aus dem Charakter der VOB/B als allgemeine Geschäftsbedingung folgt neben dem Erfordernis der vertraglichen Vereinbarung noch eine weitere Besonderheit. Nur der Vertragspartner des Verwenders kann sich auf die **Unwirksamkeit einer Vertragsklausel** berufen.

> **Beispiel:**
>
> Der Auftragnehmer, die Traumhaus GmbH, erstellt einen Bauvertrag, in dem unter Bezugnahme auf § 11 VOB/B eine Vertragsstrafe in Höhe von 0,5 % pro Tag, nach oben begrenzt auf 10 % der Bruttoabrechnungssumme, vereinbart wurde.
>
> Die Traumhaus GmbH verzögert die Fertigstellung des Bauvorhabens um mehrere Monate, weil ihre Subunternehmer nicht über ausreichend Personal und Material verfügen. Der Auftraggeber, der Zahnarzt Z, zieht nunmehr eine Vertragsstrafe in Höhe von 10 % der Bruttoabrechnungssumme von der Schlussrechnung ab.
>
> Die Traumhaus GmbH ist der Meinung, dies sei nicht möglich, weil die Vertragsstrafenvereinbarung nach der Rechtsprechung des BGH (vgl. BGH, IBR 2003, 292) unwirksam sei. Die Vertragsstrafe müsse auf 5 % begrenzt werden.

Die Traumhaus GmbH kann sich nicht auf die Unwirksamkeit der allgemeinen Geschäftsbedingung berufen, weil sie Verwender der Klausel ist, denn sie hat den Bauvertrag selbst erstellt. Die Vertragsstrafe ist abzuziehen.

III. Verhältnis der VOB/B zum BGB

Der Unterschied zwischen VOB/B und BGB ist, dass es sich bei dem BGB (Bürgerliches Gesetzbuch) um ein Gesetz handelt. Das Gesetz gilt immer, es muss also nicht wie die VOB/B gesondert vereinbart werden. Wird die VOB/B jedoch wirksam in den Vertrag einbezogen, wird das BGB praktisch überlagert. Das heißt, die **spezielleren Regelungen** der VOB/B haben Vorrang, sie „verdrängen" die allgemeineren **Regelungen des BGB** mit der Folge, dass die gesetzliche Bestimmung nun nicht mehr anwendbar ist. Enthält die VOB/B keine speziellere Regelung, verbleibt es bei der allgemeinen Regelung des BGB.

> **Beispiel:**
>
> § 16 Abs. 3 Nr. 1 VOB/B regelt, dass eine Schlusszahlung alsbald nach Prüfung und Feststellung der vom Auftragnehmer vorgelegten prüffähigen Schlussrechnung fällig wird. Fälligkeitsvoraussetzung ist somit die Abnahme der Werkleistung und das Vorliegen einer prüffähigen Schlussrechnung. § 641 Abs. 1 BGB stellt nur auf die Abnahme ab und verlangt keine weitere Fälligkeitsvoraussetzung. Bei reinen BGB-Verträgen ist daher eine prüffähige Schlussrechnung nicht Voraussetzung für die Fälligkeit der Vergütung.

> **Beispiel:**
>
> Gemäß § 13 Abs. 5 Nr. 1 VOB/B verlängert eine Mängelrüge die Gewährleistungsfrist um längstens zwei Jahre.
>
> Eine entsprechende Regelung fehlt in BGB-Verträgen, sodass die Mängelrüge keine Auswirkungen auf die Verlängerung der Gewährleistungsverpflichtung enthält. Vorsicht ist deshalb geboten bei vertraglichen Formulierungen wie: „Die Gewährleistung richtet sich nach BGB, die Gewährleistungsfrist beträgt fünf Jahre."

Bei der Prüfung, nach welchen Rechtsnormen eine streitige Frage bei einem VOB-Bauvertrag zu beurteilen ist, ist daher immer die folgende Reihenfolge einzuhalten:

- spezielle (wirksame) vertragliche Regelung;
- wenn keine vertragliche Regelung vorhanden ist, Regelung in der VOB;
- wenn keine VOB-Regelung vorhanden ist, Regelung im BGB.

IV. Aufbau der VOB/B

Die zentrale Vorschrift in der VOB/B ist § 12 VOB/B, die **Abnahme**. Die Abnahme stellt das Ende der Verpflichtung des Auftragnehmers zur Erbringung der vertraglich geschuldeten Bauleistung dar. Der Bauvertrag tritt in das Gewährleistungsstadium ein, der Auftragnehmer hat „nur" noch die Pflicht, die aufgetretenen Mängel zu beseitigen. Dementsprechend ist die Gewährleistungsvorschrift des § 13 VOB/B auch nach § 12 VOB/B angesiedelt. Die Haftung für Mängel, die während der Bauphase auftreten, ist folgerichtig vor § 12 VOB/B, nämlich in § 4 Abs. 7 VOB/B geregelt. Es ist somit schlichtweg falsch, wenn mit einem Formular gemäß § 13 VOB/B zur Mängelbeseitigung aufgefordert wird, obwohl noch keine Abnahme erklärt wurde. Sollte es zwischen den Parteien streitig sein, ob tatsächlich eine Abnahme erklärt wurde, so kann die Verwendung des falschen Formulars zulasten des Auftraggebers ausgelegt werden.

Die Vertragsstrafe gemäß § 11 VOB/B, die Kündigungsmöglichkeiten der §§ 8, 9 VOB/B, die Behinderung gemäß § 6 VOB/B, die Fristen gemäß § 5 VOB/B etc. sind alles Vorschriften, die während der Bauabwicklung, also vor Abnahme, zu erbringen sind. Die Vorschriften über die Abrechnung gemäß § 14 VOB/B, die Zahlung gemäß § 16 VOB/B und die Sicherheitsleistung gemäß § 17 VOB/B sind folgerichtig erst nach der Abnahme angesiedelt.

V. VOB und Verbraucher

1. Allgemeine Geschäftsbedingungen

Mit Inkrafttreten des Forderungssicherungsgesetzes am 01.01.2009 und der Entscheidung des BGH (IBR 2008, 557) wurde das Verhältnis der VOB/B zu den **Verbrauchern** neu geregelt. Aufgehoben wurde die sogenannte **Privilegierung** der VOB. Dies besagt Folgendes: In der VOB/B gibt es Regelungen, die isoliert betrachtet im Lichte des Rechts über die **Allgemeinen Geschäftsbedingungen** (vgl. A II.), jetzt §§ 305 ff. BGB, unwirksam wären. Dies wird in Kauf genommen, wenn die Vertragspartner Gewerbetreibende sind, weil die VOB ein in sich geschlossenes und im Gleichgewicht befindliches Gesamtgebilde ist. Das scharfe Schwert des AGB-Gesetzes bleibt dann außen vor.

Ist jedoch ein **Verbraucher** am Bauvertrag beteiligt, wird diese Privilegierung aufgehoben und die gesamte VOB/B uneingeschränkt der Inhaltskontrolle durch das AGB-Recht unterworfen. Bedenklich sind dann insbesondere die Klauseln, die zum Nachteil des Verbrauchers vom Leitbild des BGB abweichen. Verbraucher ist gem. § 13 BGB jeder, der nicht Gewerbetreibender ist. Hierbei ist es unerheblich, ob der Gewerbetreibende aus der Baubranche kommt.

> **Beispiel:**
>
> Der Eigenheimbauer E schließt mit dem Opernsänger O einen Vertrag über die schlüsselfertige Errichtung eines Eigenheims ab. Der Formularvertrag stammt von E. In dem Vertrag wird die Geltung der VOB/B vereinbart. Eine Verpflichtung zur förmlichen Abnahme enthält der Vertrag nicht.
>
> Vier Wochen, nachdem E seine Arbeiten abgeschlossen hat, streiten E und O darüber, ob das Bauvorhaben abgenommen wurde. O meint, er habe keine Abnahme erklärt und sei dazu auch gar nicht verpflichtet, weil E noch Restleistungen an den Außenanlagen erbringen müsse. E ist der Ansicht, darauf käme es gar nicht an, weil O nicht innerhalb von zwölf Werktagen auf die Fertigstellungsanzeige des E reagiert habe (vgl. § 12 Abs. 5 Nr. 1 VOB/B).

O ist Opernsänger und somit **Verbraucher**, weil er kein Gewerbe ausübt. E kann sich nur dann auf die fiktive Abnahme gem. § 12 Abs. 5 Nr. 1 VOB/B (vgl. hierzu F I. 2.) berufen, wenn die Klausel in der VOB/B **wirksam** ist. Dies ist jedoch zu verneinen, weil das AGB-Recht in § 308 Nr. 5 BGB die Fiktion von Willenserklärungen verbietet. O hat recht, das Bauvorhaben wurde nicht abgenommen.

Häufig wird übersehen, dass sich nur der **Vertragspartner des Verwenders** auf die Unwirksamkeit nach dem AGB-Recht berufen kann (vgl. auch A II.). E könnte sich im obigen Beispielsfall nicht auf die Unwirksamkeit seiner „eigenen" Klauseln berufen, wenn dies zu seinem Vorteil wäre. Und auch umgekehrt: Hätte O das Vertragsformular vorgelegt, könnte er sich als „Verwender" seinerseits nicht auf die Unwirksamkeit von § 12 Abs. 5 Nr. 1 VOB/B berufen.

V. VOB und Verbraucher

Will man die Wirksamkeit einer einzelnen Klausel in der VOB überprüfen, ist unbedingt die folgende **Reihenfolge** einzuhalten:

1. Ist derjenige, der sich auf die Unwirksamkeit der Klausel beruft, überhaupt der Vertragspartner des Verwenders?
2. Ist derjenige, der sich auf die Unwirksamkeit der Klausel beruft, Verbraucher?
3. Liegt eine Allgemeine Geschäftsbedingung vor (bei der VOB/B immer zu bejahen, vgl. A II.)?
4. Verstößt die Klausel gegen die §§ 305 bis 310 BGB?

Diese neue Rechtslage sollte jedoch niemanden davon abhalten, weiterhin die VOB/B in den Bauvertrag einzubeziehen. Dies ist nach wie vor unerlässlich, weil die Regelungen des BGB bei Weitem nicht ausreichen, um ein Bauvorhaben rechtlich in den Griff zu bekommen. Der Verwender von Formularverträgen sollte sich nur vorher überlegen, welche Regelungen innerhalb der VOB/B für ihn von besonderer Wichtigkeit sind, wenn sein Vertragspartner Verbraucher ist. Anschließend sollte er die AGB-rechtliche Wirksamkeit prüfen und über alternative Regelungsmöglichkeiten nachdenken. Dies kann zum Beispiel das **Aushandeln** der Klausel im Einzelfall sein (vgl. § 305 Abs. 1 BGB).

Zur Beurteilung der Frage, welche Klauseln einer Überprüfung durch das AGB-Recht nicht standhalten werden, muss die Entwicklung der Rechtsprechung abgewartet werden. Folgende Klauseln dürften zumindest problematisch sein:

Verbraucher = Auftraggeber: § 2 Abs. 2; § 14 Abs. 2 Satz 1; § 2 Abs. 3; § 2 Abs. 5; § 2 Abs. 7; § 2 Abs. 8 Nr. 2 § 4 Abs. 7 Satz 3; § 5 Abs. 1 + 2; § 5 Abs. 4; § 7 Abs. 1; § 12 Abs. 5; § 13 Abs. 4; § 13 Abs. 5 Nr. 1 Satz 1; § 13 Abs. 5 Nr. 1 Satz 2 + 3; § 13 Abs. 6; § 15 Abs. 3 Satz 5; § 16 Abs. 1 Nr. 1; § 16 Abs. 1 Nr. 2; § 16 Abs. 3 Nr. 1 VOB/B.

Verbraucher = Auftragnehmer: § 1 Abs. 3; § 2 Abs. 6 Abs. 1 Satz 2; § 2 Abs. 8 Nr. 2; § 2 Abs. 10; § 4 Abs. 7; § 6 Abs. 1; § 8 Abs. 2; § 10 Abs. 2 Nr. 2; § 13 Abs. 5 Nr. 1 Satz 2; § 16 Abs. 1 Nr. 2; § 16 Abs. 3 Nr. 1; § 16 Abs. 3 Nr. 2 – 5; § 16 Abs. 6 letzter Satz VOB/B.

2. Verbraucher-Sicherheit

Für Bauverträge, die nach dem 01.01.2009 abgeschlossen worden sind und bei denen ein **Verbraucher** (vgl. A V.) als **Auftraggeber** beteiligt ist, ist noch Folgendes zu beachten: Hat der Bauvertrag die Errichtung oder den Umbau eines Hauses oder eines vergleichbaren Bauwerkes zum Gegenstand, ist dem Auftraggeber gem. **§ 632a BGB** bei der ersten Abschlagszahlung eine Sicherheit für die rechtzeitige Herstellung des Werkes ohne wesentliche Mängel in Höhe von **5 %** des Vergütungsanspruches zu leisten. Diese neue Regelung ähnelt der „Decennale" (10-Jahresgarantie) im französischen Recht und richtet sich in erster Linie an Komplettshausanbieter, Fertighaushersteller und Generalunter- und -übernehmer.

Die Sicherheit kann durch einen **Einbehalt** von der Abschlagsrechnung des Auftragnehmers oder durch Übergabe einer **Bürgschaft** durch den Auftragnehmer geleistet werden. Das Wahlrecht steht dem Auftragnehmer zu. Die Sicherheit ist zurückzugeben, wenn feststeht, dass der Sicherungszweck nicht mehr eintreten kann (IBR 1999, 59, 60). Dies ist bei einer mängelfreien Abnahme der Fall oder wenn feststeht, dass sämtliche Mängel beseitigt wurden, die bei der **Abnahme** vorbehalten wurden.

A Überblick

> **Beispiel:**
>
> Der Apotheker A beauftragt den Eigenheimbauer E mit der Errichtung seines Einfamilienhauses. Die vereinbarte Vergütung beträgt 400.000,00 EUR. Als die Bodenplatte fertiggestellt ist, rechnet E vereinbarungsgemäß den ersten Abschlag in Höhe von 50.000,00 EUR ab. A zahlt nur 30.00,00 EUR mit der Begründung, er dürfe 20.000,00 EUR zurückbehalten, weil E ihm noch keine Sicherheit geleistet habe.

A hat recht. Bis E sich entschieden hat, ob er die Sicherheit durch Bürgschaft oder Einbehalt (des A) leisten will, darf A 5 % der Auftragssumme, also 20.000,00 EUR, einbehalten.

VI. Der Ablauf eines Bauvorhabens

Am Anfang steht der Vertragsschluss. Nach Vertragsschluss hat der Auftragnehmer gemäß § 5 Abs. 1 und § 5 Abs. 2 VOB/B mit der Ausführung zu beginnen.

Er hat seine Leistung fristgerecht und mangelfrei fertigzustellen und die Fertigstellung dem Auftraggeber anzuzeigen (vgl. § 12 Abs. 5 Nr. 1 VOB/B).

Nach Fertigstellung erfolgt die Abnahme des Bauvorhabens gemäß § 12 VOB/B. Anschließend erfolgt das Gewährleistungsstadium gemäß § 13 VOB/B. Mit Ablauf der Gewährleistungsfrist ist das Bauvorhaben endgültig abgeschlossen.

B   Prüfungs- und Bedenkenhinweispflicht gemäß § 4 Abs. 3 VOB/B

§ 4 Abs. 3 VOB/B hat den folgenden Wortlaut:

> „Hat der Auftragnehmer Bedenken gegen die vorgesehene Art der Ausführung (auch wegen der Sicherung gegen Unfallgefahren), gegen die Güte der vom Auftraggeber gelieferten Stoffe oder Bauteile oder gegen die Leistung anderer Unternehmer, so hat er sie dem Auftraggeber unverzüglich – möglichst schon vor Beginn der Arbeiten – schriftlich mitzuteilen; der Auftraggeber bleibt jedoch für seine Aufgaben, Anordnungen oder Lieferungen verantwortlich."

Diese Vorschrift korrespondiert mit § 13 Abs. 3 VOB/B:

> „Ist ein Mangel zurückzuführen auf die Leistungsbeschreibung oder auf Anordnungen des Auftraggebers, auf die von diesem gelieferten und vorgeschriebenen Stoffe oder Bauteile oder die Beschaffenheit der Vorleistung eines anderen Unternehmers, haftet der Auftragnehmer, es sei denn, er hat die ihm nach § 4 Abs. 3 VOB/B obliegende Mitteilung gemacht."

I.   Der Mangelbegriff

Bedenken sind immer dann anzumelden, wenn der Auftragnehmer befürchten muss, seine eigene Bauleistung nicht mangelfrei erbringen zu können. Deshalb wird schon an dieser Stelle auf die Frage eingegangen, wann eine Bauleistung mangelhaft im Rechtssinne ist.

Nach § 13 Abs. 1 VOB/B ist eine Leistung dann mangelhaft, wenn sie im Zeitpunkt der Abnahme

- nicht die vertraglich vereinbarte **Beschaffenheit** hat,
- nicht den allgemein anerkannten **Regeln der Technik** entspricht,
- sich die Leistung nicht für die nach dem Vertrag vorausgesetzte oder gewöhnliche **Verwendung** eignet.

Diese Erscheinungsformen des Mangels sind **voneinander unabhängig** zu betrachten (BGH, IBR 1995, 193). Dies bedeutet, dass eine Leistung durchaus den vertraglichen Anforderungen (Bausoll) entsprechen kann, jedoch deshalb mangelhaft ist, weil sie für den konkreten Verwendungszweck nicht geeignet ist.

> **Beispiele:**
> - Schornstein, der in Übereinstimmung mit dem Leistungsverzeichnis und den DIN-Vorschriften errichtet wurde, jedoch für den Zweck (Müllverbrennungsanlage) nicht geeignet ist, weil er an Substanz verliert.
> - Parkplatzanlage, die zwar in allen Beziehungen dem Bausoll entspricht, auf der aber viele Standardfahrzeuge nicht parken können.
> - Neuartige Werkstoffe (BGH, IBR 2002, 301 zum Verschulden).
> - Blasbachtalbrücke (OLG Frankfurt, BauR 1983, 156). An der Brücke sind Risse aufgetreten, obwohl die einschlägigen DIN-Normen mehr als eingehalten wurden.
> - Treppe, bei der alle Unfallverhütungsvorschriften und DIN-Normen eingehalten wurden, bei der aber dennoch eine Rutsch- und Stolpergefahr besteht (OLG München, IBR 2015, 66. Die Podestfläche hatte kein durchgängig identisches Gefälle).

Umgekehrt, werden die anerkannten **Regeln der Technik** (z. B. DIN-Vorschriften) verletzt, obwohl noch kein sichtbarer bzw. wahrnehmbarer Mangel aufgetreten ist, ist gleichfalls von einer Mangelhaftigkeit der Leistung auszugehen (vgl. OLG Brandenburg in IBR 2008, 724 zur EnEV).

Durch die Änderung schon in der VOB 2002 ist das Mangelmerkmal „zugesicherte Eigenschaft" weggefallen. Dadurch hat das Merkmal „vereinbarte Beschaffenheit" (noch mehr) an Bedeutung gewonnen. Verstärkt wurde daher der **subjektive Mangelbegriff** (Bausoll entspricht nicht dem Ist-Zustand). Hierauf kann nicht deutlich genug hingewiesen werden. Die Rechtsprechung beurteilt nahezu alle Mängel ausschließlich anhand des Maßstabes, ob der vertraglich vereinbarte Soll-Zustand mit dem Ist-Zustand übereinstimmt.

Auf den **subjektiven Mangelbegriff** kann nicht deutlich genug hingewiesen werden. Weicht die tatsächlich erbrachte Leistung von der vertraglich vereinbarten Leistung ab, liegt immer ein Mangel vor, selbst wenn die vorhandene Leistung **gleichwertig** ist.

> **Beispiel:**
> Der Rohbauer R schuldete eine Feuchtigkeitsabdichtung für die Kelleraußenwände gemäß DIN 18195 gegen aufstauendes Sickerwasser. Der R verwendet eine Dichtschlämme, die in der DIN 18195 nicht vorgesehen ist. Er behauptet, es läge kein Mangel vor, weil das von ihm verwendete Material gleichwertig sei. Die Gebrauchstauglichkeit der Dichtschlämme sei genauso gut, wie das im Vertrag vorgegebene Material, welches der DIN entspreche.

Der R hat seine Bauleistung mangelhaft erbracht, weil er nicht die vertraglich geschuldete Leistung geliefert hat. Auf die Frage der Gleichwertigkeit kommt es nicht an.

Diese Grundsätze haben sogar dann Geltung, wenn die tatsächlich erbrachte Leistung **höherwertig** ist als die vertraglich vereinbarte Leistung.

Der **Leistungsbeschreibung** ist daher gesteigerte Aufmerksamkeit zu schenken. Dies gilt insbesondere für **Hersteller-** und **Produktangaben** (vgl. OLG Stuttgart, IBR 2008, 1065). Bei Produktabweichungen ist deshalb vorher eine Absprache mit dem Auftraggeber zu treffen. Dies ist jedoch problematisch im Vergabeverfahren, vgl. § 13, **§ 14 VOB/A**.

Der Bauunternehmer muss für einen Mangel geradestehen, wenn er ihn zu **verantworten** hat. Ein **Verschulden** im Rechtssinne ist nicht erforderlich.

> **Beispiel:**
>
> Der Fußbodenleger F baut in einer Schule einen neuen Linoleumbelag ein. Vorher erkundigt er sich beim Hersteller des Belages, ob der von ihm ausgewählte Kleber für das Material geeignet ist. Der Hersteller bejaht dies und F verlegt den Boden. Im Nachhinein stellt sich heraus, dass die Auskunft des Herstellers falsch war, weil durch eine chemische Reaktion giftige Dämpfe entstehen.

Gegenüber seinem Auftraggeber muss der F für den Mangel geradestehen und diesen beseitigen. Er hat jedoch einen Regressanspruch gegen den Hersteller.

Das Problem der Verantwortlichkeit für einen Mangel wird vor allem dann deutlich, wenn mehrere zur Verursachung des Mangels beigetragen haben oder beigetragen haben könnten.

> **Beispiel** (nach OLG Hamm, IBR 2009, 84):
>
> Im Eigenheim des Bauherrn B ist ein Wasserschaden aufgetreten. Der Sachverständige stellt fest, dass der undichte Ablauf der Dusche eine Ursache für den Wasserschaden war. Es konnte nicht mehr festgestellt werden, ob auch Fehler beim Bodenleger den Wasserschaden begünstigt haben.

Der Sanitärunternehmer, der den undichten Ablauf eingebaut hat, haftet für die gesamten Schäden. Es hilft ihm nicht, dass möglicherweise ein anderer Unternehmer auch eine Ursache für den aufgetretenen Schaden gesetzt oder dessen Entstehung sogar begünstigt hat.

II. Allgemein anerkannte Regeln der Technik

Es wäre sicherlich verkürzt, die allgemein anerkannten Regeln der Technik mit den DIN-Vorschriften oder der VOB/C gleichzusetzen. Es kann jedoch nicht ernsthaft angezweifelt werden, dass dieser Bereich über 95 % der allgemein anerkannten Regeln der Technik abdeckt. Die anerkannten Regeln der Technik sollen etwas „Übergeordnetes" sein, nämlich Regeln, die in der **technischen Wissenschaft** als **theoretisch richtig anerkannt** sind und feststehen und in dem für ihre Anwendung maßgeblichen, nach dem neuesten Erkenntnisstand vorgebildeten Kreis der Techniker durchweg bekannt sind und sich aufgrund ihrer **praktischen Eignung** bewährt haben. Hierzu gehören auch VDI-Richtlinien und VDE-Bestimmungen.

Ein gesonderter Hinweis ist bei der DIN 4109 „Schall" angebracht. Diese stellt nach Auffassung der Rechtsprechung lediglich eine Mindestanforderung dar (OLG Hamm, IBR 2007, 1203). Dies bedeutet, dass die Anforderungen der allgemein anerkannten Regeln der Technik häufig über denen der DIN 4109 liegen.

B Prüfungs- und Bedenkenhinweispflicht gemäß § 4 Abs. 3 VOB/B

> **Beispiel:**
> An der Trennwand eines Doppelhauses wird eine Treppe ohne schallentkoppelnde Verankerungen angebracht. Die Vorgaben der DIN 4109 werden zwar eingehalten, trotzdem ist die Lärmbelästigung für den Nachbarn nicht zumutbar. Die Bauleistung ist mangelhaft.

Hersteller- oder Produktbeschreibungen können gleichfalls Aussagen über die Mangelhaftigkeit machen. Ist eine Bitumendickbeschichtung nicht in der vom Hersteller angegebenen Dicke aufgebracht worden, liegt ein Mangel vor (OLG Köln, IBR 2004, 682).

III. Versteckte Mängel?

Nahezu täglich werde ich auf sog. versteckte Mängel angesprochen. Es ist offensichtlich ein weitverbreiteter **Irrtum**, dass sog. versteckte Mängel einer besonderen rechtlichen Behandlung unterliegen sollen. Häufig wird sogar behauptet, „versteckte Mängel" unterlägen einer 30-jährigen Gewährleistungsfrist. **Klar und deutlich**: Das alles ist nicht richtig. Es gibt keine versteckten Mängel. Dies kann aus dem Grund schon gar nicht sein, weil jeder Mangel, der bei der Abnahme nicht entdeckt und vorbehalten wird, irgendwo versteckt ist. Eine Verlängerung der Gewährleistungsfrist kann nur dann eintreten, wenn ein Mangel **arglistig verschwiegen** wird. Dies ist jedoch etwas ganz anderes, denn das setzt eine vorsätzliche Täuschung des Auftraggebers in **betrügerischer** Absicht voraus.

Gewährleistungsansprüche für einen arglistig verschwiegenen Mangel verjähren gem. §§ 634a Abs. 3, 195, 199 Abs. 3 Satz 1 Nr. 1 Satz 2 BGB **spätestens** in 10 Jahren. Grundsätzlich gilt auch für arglistig verschwiegene Mängel die **dreijährige** Gewährleistungsfrist des § 195 BGB. Bei Bauleistungen endet sie jedoch nicht vor Ablauf der vertraglich vereinbarten Gewährleistungsfrist, also in der Regel in fünf Jahren nach der Abnahme (BGB). Die Besonderheit besteht jedoch darin, dass die Gewährleistungsfrist nicht mit der Abnahme beginnt, sondern mit der **Kenntnis** des Auftraggebers von dem Vorhandensein des Mangels (OLG München, IBR 2016, 141). Ein gravierender Mangel kann ein überzeugendes Indiz für das Vorliegen eines **arglistig verschwiegenen Mangels** sein.

> **Beispiel** (nach LG Hannover Urteil vom 30.03.2014 – 4 O 46/11):
> Ein Generalunternehmer (GU) errichtet im Auftrag des Auftraggebers (AG) ein großes Wohn- und Geschäftshaus. Nach Ablauf der fünfjährigen Gewährleistungsfrist stellt sich heraus, dass sämtliche Dachbefestigungen erhebliche Mängel aufweisen und das gesamte Dach für die Windsogbelastung nicht geeignet ist. Es stellt sich heraus, dass der AG den Mangel schon vor der Abnahme erkannt, jedoch dem Auftraggeber nicht mitgeteilt hat. Der AG ist der Auffassung, dass seine Gewährleistungsansprüche nicht verjährt seien, weil der GU den Mangel arglistig verschwiegen habe.

Der AG hat recht. Grundsätzlich lässt zwar allein das Vorliegen eines Mangels nicht den Schluss auf ein arglistiges Verschweigen zu, weil dann die gesetzlichen Gewährleistungsfristen leerlaufen würden. Dies gilt jedoch nicht, wenn der Mangel erheblich für den Bestand und die Nutzung des Gebäudes ist. Dann ist der Auftragnehmer zur Offenlegung verpflichtet.

Es ist aber zu berücksichtigen, dass nahezu jeder Baumangel die Nutzung eines Gebäudes beeinträchtigt. Die **Indizwirkung** kann daher nur dann eintreten, wenn erhebliche Beeinträchtigungen vorliegen.

Eine praktikable Abgrenzung hat das OLG Jena (IBR 2015, 11) vorgegeben: Demnach soll immer dann das arglistige Verschweigen eines Mangels vorliegen, wenn der Auftragnehmer eine Leistung **abgerechnet** hat, die er tatsächlich nicht erbracht hat.

> **Beispiel:**
>
> Der Auftraggeber (AG) beauftragt den Auftragnehmer (AN) insgesamt 30 Brandschutzklappen einzubauen. Der AN baut nur 18 Klappen ein, rechnet aber 25 Klappen ab. Dies stellt der AG sechs Jahre nach der Abnahme fest. Er verlangt vom AN, die noch fehlenden 12 Klappen einzubauen. Der AN beruft sich auf die Verjährung der Mängelansprüche.

Die vertraglich geschuldete Leistung (30 Brandschutzklappen) weicht von der tatsächlichen Leistung (18 Brandschutzklappen) ab. Bausoll und Ist-Zustand sind daher nicht identisch, es liegt ein Mangel vor (vgl. hierzu B I.).

Durch seinen „Abrechnungsbetrug" hat der AN den Mangel arglistig verschwiegen. Die Mängelansprüche des AG sind nicht verjährt.

IV. Zeitpunkt der Bedenkenanmeldung

Der Auftragnehmer muss seine Bedenken **unverzüglich**, d. h. ohne schuldhaftes Zögern, möglichst schon vor Beginn der Ausführung dem Auftraggeber anzeigen.

Zu beachten ist zunächst, dass § 4 Abs. 3 sich im Teil B der VOB befindet, d. h., diese Vorschrift ist erst **nach Vertragsschluss** (Zuschlag) anwendbar. Man kann von einem Auftragnehmer daher grundsätzlich nicht verlangen, dass er im Stadium der **Vergabe** Bedenken anmeldet. Dies wird jedoch von der Rechtsprechung z. T. anders gesehen (BGH, BauR 1988, 338). Es ist also eine gewisse Vorsicht an den Tag zu legen. Ein risikofreudiger Unternehmer wird auf den Nachtrag spekulieren. Spätestens nach Zuschlagserteilung ist er jedoch unverzüglich verpflichtet, das Leistungsverzeichnis zu prüfen und Bedenken anzumelden, falls er das ausgeschriebene Material für ungeeignet hält.

An dieser Stelle ist auf ein großes Gefahrenpotenzial bei lückenhaften **funktionalen Leistungsbeschreibungen** hinzuweisen. Nach Ansicht der Rechtsprechung muss ein Auftragnehmer (Bieter) schon im Vergabeverfahren prüfen, ob er tatsächlich in der Lage ist, auf Grundlage einer funktionalen Ausschreibung ein seriöses Angebot abzugeben. Ist ihm dies nicht möglich, muss er den

Auftraggeber darauf ansprechen. Stellt sich im Nachhinein heraus, dass die Leistungsbeschreibung unklar war, trägt er das **Preisrisiko** (BGH, BauR 1987, 683 *Universitätsbibliothek*; BGH, BauR 1988, 338 *Wasserhaltung I*; BGH, BauR 1992, 759 *Wasserhaltung II*; BGH, BauR 1997, 126 *Schleusenkammer*). Insbesondere darf ein Auftragnehmer bei der Auslegung des Leistungsverzeichnisses nicht die für ihn günstigste Auslegungsvariante wählen.

> **Beispiel:**
>
> Bei der Lektüre der Leistungsbeschreibung geht der Auftragnehmer davon aus, dass eine Decke mit einer günstigen Grobschalung errichtet werden kann. Auf der Baustelle stellt er fest, dass eine wesentlich teurere Feinschalung verwendet werden muss. Er bekommt vom Auftraggeber keinen Nachtrag. Er hätte schon vor Angebotsabgabe die Einzelheiten der Schalung abklären müssen. Tut er dies nicht, geht er ein Risiko ein und muss die Konsequenzen beachten.

Diese, für den Auftragnehmer sehr harte Rechtsprechung gewinnt noch dadurch an Bedeutung, dass die Auftraggeber bei funktionalen Ausschreibungen regelmäßig vertraglich festlegen, dass der Auftragnehmer die Leistung **vollständig** (schlüsselfertig) erbringen muss, auch wenn die Beschreibung lückenhaft und nicht vollständig sein sollte. Diese Verlagerung des Preis- und Leistungsrisikos vom Auftraggeber auf den Auftragnehmer ist wirksam (KG, IBR 2006, 189).

Die zuvor erwähnte (aus Sicht des Auftragnehmers) strenge Rechtsprechung hat durch die „Bistro-Entscheidung" des BGH (vgl. BGH, BauR 2008, 1131) eine gewisse Abmilderung erfahren.

> **Beispiel (nach BGH, BauR 2008, 1131):**
>
> Der Nachunternehmer hatte im Auftrag des Generalunternehmers ein Bistro mit Küchenbereich zu planen, zu liefern und zu errichten, einschließlich der dafür erforderlichen Lüftungsanlage. Dem Vertrag lag eine Grundrissplanung zugrunde, die für das Bistro eine Fläche von 30 qm und für die Bistroküche eine Fläche von 16 qm vorsah. Die Leistung sollte *„je nach Erfordernis"* ausgeführt werden.
>
> Nach Vertragsschluss legt der Generalunternehmer eine geänderte Grundrissplanung vor, die die Anforderungen an die Lüftungsanlage spürbar erweitert und zu beträchtlichen Mehrkosten führt. Der Generalunternehmer meint, der Nachunternehmer müsse die Mehrkosten tragen, weil er sich verpflichtet habe, die Leistung nach seinem Erfordernis auszuführen.

Der Generalunternehmer irrt. Die Änderung des Grundrisses und die damit verbundene Änderung der Lüftungsanlage stellt eine Nachtragsposition dar. Die Formulierung *„je nach Erfordernis"* gibt dem Generalunternehmer keinen Freibrief, die Leistung auf Kosten des Nachunternehmers zu ändern. Das Bausoll ist stets anhand sämtlicher Vertragsunterlagen, auch der beigefügten Planung, zu ermitteln, und hierauf muss sich ein Auftragnehmer verlassen dürfen.

Der Auftragnehmer hat die Vorleistungen der anderen Gewerke so **früh wie möglich** zu untersuchen und zu prüfen. Die Einzelheiten hängen von den Umständen des Einzelfalles ab. In subjektiver Hinsicht ist das branchenübliche Wissen des Einzelnen maßgeblich, welches jedoch sehr weitgehend ist. Auch wird von einem Auftragnehmer erwartet, dass er stets auf dem neuesten Stand der Technik ist (vgl. BGH, BauR 1970, 57, 58). Viele Prüfungs- und Hinweispflichten sind in den dritten Abschnitten der jeweiligen **DIN-Vorschriften** geregelt. Diese sind jedoch nicht abschließend. Die Prüfungs- und Hinweispflicht ist Ausfluss des allgemeingültigen Grundsatzes von **Treu und Glauben**. Sie gilt daher auch bei reinen BGB-Verträgen.

V. Die Qualifikation des Auftraggebers

Der Auftragnehmer wird häufig mit der Situation konfrontiert, dass sein Auftraggeber selbst über eine herausragende **Qualifikation** verfügt. Er ist z. B. als GU oder Bauingenieur selbst vom Fach oder bedient sich eines qualifizierten Architekten oder sogar eines Sonderfachmannes. Dies bedeutet aber nicht, dass sich der Auftragnehmer zurücklehnen und auf die Fachkunde der übrigen Beteiligten vertrauen darf. Seine Pflicht gemäß § 4 Abs. 3 VOB/B wird hierdurch nicht eingeschränkt. Es ist jedoch in manchen Fällen möglich, den Auftraggeber an der Haftung zu beteiligen.

> **Beispiel:**
> Bei dem Bau einer Schule waren aus Schallschutzgründen Zwischenböden mit einer schweren Schüttung vorgesehen. Der Auftraggeber bedient sich eines Statikers, der jedoch vergessen hatte, das Gewicht der Schüttung in seine Berechnungen einzubeziehen. Es kommt zu erheblichen Durchbiegungen der Decke. Umfangreiche Sanierungsmaßnahmen werden erforderlich.

Das OLG Celle hat dem Auftraggeber und dem Auftragnehmer eine 50-prozentige Haftungsquote zugewiesen (OLG Celle, BauR 2002, 812). Ein Auftragnehmer ist zwar nicht verpflichtet, eine Statik bis ins Detail nachzurechnen, er hätte jedoch erkennen müssen, dass die schwere Schüttung überhaupt nicht berücksichtigt wurde.

Gegenteilige Einzelfallentscheidungen zugunsten des Auftragnehmers (vgl. OLG Saarbrücken, IBR 2008, 24) sind mit großer Vorsicht zu genießen.

B Prüfungs- und Bedenkenhinweispflicht gemäß § 4 Abs. 3 VOB/B

VI. Umfang der Prüfungspflicht

Es lässt sich leider nicht pauschal sagen, was ein Auftragnehmer alles tun und untersuchen muss. Auch hier ist jeder **Einzelfall** zu betrachten. Einen ersten Anhaltspunkt gibt sicherlich ein Blick in die DIN-Vorschriften der VOB/C. Grundsätzlich hat er diejenigen Prüfungen vorzunehmen, die ihm mit seinen vorhandenen Mitteln auch zuzumuten sind. Dies gilt insbesondere für Feuchtemessungen. Der Auftragnehmer ist in der Regel nicht verpflichtet, kostspielige chemische oder mechanische Untersuchungen vorzunehmen. Bei zerstörerischen Maßnahmen ist Zurückhaltung angebracht.

> **Beispiel:**
>
> Der Fußbodenleger F soll auf einer Rohbetondecke einen Doppelboden aufbringen. Er weiß nicht, wann die Rohbetondecke errichtet wurde und wie lange diese austrocknen konnte. Der Architekt drängt ihn aufgrund des ohnehin schon bestehenden Bauverzuges zur Eile.

Zunächst ist F verpflichtet, die Decke optisch zu untersuchen und die Feuchtigkeit anhand eines zerstörungsfrei messenden, handelsüblichen Feuchtigkeitsmessgerätes zu prüfen. Auch wird man von ihm verlangen müssen, dass er sich erkundigt, wann die Betondecke gegossen wurde. Er ist jedoch nicht verpflichtet, einen Bohrkern zu ziehen und diesen im Labor untersuchen zu lassen.

Grundsätzlich ist der Auftragnehmer verpflichtet, alle für ihn erkennbaren Fehler an der Vorleistung anderer Unternehmer aufzudecken und die sich daraus ergebenen Bedenken dem Auftraggeber mitzuteilen. Der Auftragnehmer wird von seiner Mängelhaftung frei, wenn er trotz gebotener Prüfung die Fehlerhaftigkeit der Angaben des Auftraggebers oder der Vorleistung nicht erkennen konnte (OLG Düsseldorf, IBR 2013, 675).

> **Beispiel** (nach OLG Düsseldorf a. a. O.):
>
> Der Maler M führt Betonsanierungsarbeiten in einer Tiefgarage aus. Das Leistungsverzeichnis, das ein Fachplaner erstellt hat, sieht für die Beschichtung ein starres System vor. Dieses war ungeeignet. Es kommt zu Rissen.

Der M ist nicht gewährleistungspflichtig. Er konnte nicht erkennen, dass das Beschichtungssystem ungeeignet war und durfte sich im gewissen Umfang auch auf die Kenntnisse des Fachplaners verlassen.

Oft wird die Frage diskutiert, wie weit die Untersuchungspflicht des Auftragnehmers geht, wenn der Auftraggeber einen **Sonderfachmann** hinzuzieht. Der Auftragnehmer ist häufig der Meinung, er könne sich dann zurücklehnen und sich „blind" auf die Vorgaben des Spezialisten verlassen. Dies ist jedoch nicht richtig. Der Auftragnehmer ist nach wie vor Fachbetrieb und muss auch über eine eigene Sachkunde verfügen. Er darf sich keineswegs in die Untätigkeit begeben. Er muss die Vorgaben des Sonderfachmannes zumindest auf **„ins Auge springende"** Mängel überprüfen.

> **Beispiel** (nach OLG Köln, IBR 2015, 545):
>
> Der Auftraggeber (AG) hat den Auftragnehmer (AN) u. a. damit beauftragt, auf einem Dach eine Lüftungsanlage zu errichten. Dazu muss der AN seine Rohre auf einer bauseitigen Unterkonstruktion anbringen. Dies führt im Ergebnis dazu, dass die genehmigte Gesamthöhe des Gebäudes überschritten wird.
>
> Der Werklohnklage des AN hält der AG entgegen, dieser habe seine Werkleistung mangelhaft erbracht.

Der AN bekommt Recht. Der AN durfte sich auf die Planvorgaben des TGA-Fachplaners verlassen. Die Abweichung der Höhe des Gebäudes sei nach Überzeugung des Gerichts nicht „ins Auge gesprungen".

VII. Inhalt der Bedenkenanmeldung

Der erforderliche Inhalt der Bedenkenanmeldung ist aus **Sicht des Adressaten** zu beurteilen. Dieser, also der Auftraggeber, muss in die Lage versetzt werden, die Bedenken des Auftragnehmers abzuklären und anschließend eine den Bedenken Rechnung tragende Maßnahme zu ergreifen. Dies bedeutet, dass der Grund für die Bedenkenanmeldung **fachgerecht**, **verständlich** und **ausführlich** beschrieben werden sollte.

Es sollten auch die **Folgen** der Missachtung der Bedenkenanmeldung dargestellt werden, damit dem Auftraggeber vor Augen geführt wird, welche Schäden auftreten können.

> **Beispiele für fehlerhafte Bedenkenanmeldungen:**
> - Wir melden Bedenken an.
> - Die Bitumendickbeschichtung ist ungeeignet.
> - Die Leistung ist nicht DIN-gerecht.
> - Das Geländer muss überarbeitet werden.
> - Der Farbanstrich ist unsauber, ohne örtliche Eingrenzung.

Besonders hinzuweisen ist auf den **Baugrund**. Dieser ist rechtlich zu behandeln wie ein vom Auftraggeber gelieferter Stoff i. S. d. § 13 Abs. 3 VOB/B bzw. § 4 Abs. 3 VOB/B (OLG Koblenz, IBR 2013730). Der Auftragnehmer hat somit auch den Baugrund (z. B. auf Feuchtigkeit) zu prüfen und auch hier gegebenenfalls Bedenken anzumelden. Er ist jedoch nicht verpflichtet, selbstständig ein Baugrundgutachten einzuholen. Liegt jedoch eines vor, muss er es durchlesen und prüfen. Die weitverbreitete These, dass der Auftraggeber immer das Baugrundrisiko trage, ist nicht richtig (vgl. OLG München, IBR 2015, 345).

> **Musterschreiben für eine Bedenkenanmeldung**
>
> *An den Auftraggeber*
>
> **BV.: Kleine Kirchgasse 4 in Burghafen**
> *hier: Anmeldung von Bedenken gemäß § 4 Abs. 3 VOB/B*
>
> *Sehr geehrter Herr ....,*
>
> *gemäß § 4 Abs. 3 VOB/B melde ich Bedenken gegen die vorgesehene Art der Ausführung an, weil ich ernsthaft befürchten muss, dass bei einer Ausführung entsprechend den Planvorgaben schwerwiegende Mängel auftreten werden.*
>
> *Ausweislich des Plans Nr. .... weist die Stahlbetondecke zwischen EG und 1. OG lediglich eine Dicke von 8 cm auf. Schon überschlägige Berechnungen meinerseits führten zu dem Ergebnis, dass eine Stärke von mindestens 10 cm erforderlich ist, um den statischen Anforderungen zu genügen.*
>
> *Ich darf Sie hierzu umgehend um eine schriftliche Stellungnahme, zur Vermeidung einer Bauverzögerung, bis spätestens zum .... bitten.*
>
> *Sollte uns Ihre Stellungnahme nicht bis zum .... vorliegen, gehen wir davon aus, dass Sie unsere Bedenken nicht teilen, und werden unsere Bauleistung entsprechend den Planvorgaben erbringen. Eine Haftung für dadurch entstehende Mängel oder Schäden lehnen wir ab.*
>
> *Mit freundlichen Grüßen*

Selbstverständlich ist es nicht möglich, Bedenken gegen die eigene Leistung anzumelden (OLG Schleswig, IBR 2015, 249).

VIII. Adressat der Bedenkenanmeldung

Gemäß § 4 Abs. 3 VOB/B sind die Bedenken dem **Auftraggeber** anzuzeigen.

Der **Architekt** oder ein **sonstiger Sonderfachmann** ist nur ausnahmsweise der richtige Adressat, nämlich wenn dieser in den jeweiligen technischen Fragen versiert ist (BGH, NJW 74, 188). Anders aber, wenn sich dieser den **mitgeteilten Bedenken verschließt** (vgl. OLG Düsseldorf, NZ-Bau 01, 401, 402). Dann ist in jedem Fall der Auftraggeber zu informieren (OLG Düsseldorf, IBR 2013, 602).

Aus Sicherheitsgründen sollte daher stets die Bedenkenanmeldung dem Auftraggeber zugeleitet werden und dem Architekten bzw. Bauleiter **zur Kenntnis** in Kopie übermittelt werden.

Wichtig ist auch, dass der **Zugang** nachgewiesen wird. Dies kann sicher erfolgen durch **Einschreiben/Rückschein** und Fax vorab und (telefonische) Bestätigung der Sekretärin, dass das Fax **vollständig** und **leserlich** angekommen ist.

Inzwischen ist es auch möglich, den Zugang eines Schriftstückes durch **Einwurfeinschreiben** zu beweisen.

> **Beispiel:**
>
> Der Putzer P meldet gegenüber dem Auftraggeber A Bedenken (und Behinderung) an, weil er aufgrund von Minustemperaturen den Außenputz nicht anbringen kann. Das Schreiben stellt er als Einwurfeinschreiben zu. A behauptet später, er habe das Schreiben nicht erhalten.

Es gibt keine allgemeine Vermutung, dass Schreiben, die in den Postgang gegeben wurden, auch angekommen sind. P muss also den Zugang der Bedenkenanmeldung beweisen. Er muss nun den Mitarbeiter des Zustelldienstes als Zeugen benennen und sich von diesem bestätigen lassen, dass er das Einwurfdatum im Auslieferungsbeleg tatsächlich erst nach dem Einwurf des Schriftstückes einträgt (OLG Saarbrücken, IBR 2007, 601). Gelingt es P nicht, den Mitarbeiter des Zustelldienstes zu ermitteln, wird er in arge Beweisnot geraten. Nach Auffassung des OLG Karlsruhe soll unter Kaufleuten auch der Sendebericht eines Telefaxschreibens mit OK-Vermerk ausreichen (vgl. IBR 2008, 710). Ein Auftragnehmer sollte sich hierauf jedoch nicht verlassen und einen sicheren Weg gehen.

IX. Form der Bedenkenanmeldung

Die Mitteilung muss **schriftlich** erfolgen (vgl. § 4 Abs. 3 VOB/B). Eine Bedenkenanmeldung per E-Mail ist in der Regel nicht ausreichend (vgl. D III. 3.) und sollte daher auf diese Weise auch nicht erfolgen.

Unterlässt der Auftragnehmer den schriftlichen Hinweis, so verletzt er den Vertrag und hat die sich daraus ergebenden Folgen zu tragen (BGH, NJW 75, 1217). Der **Haftungsausschluss** des § 13 Abs. 3 VOB/B kommt ihm dann grundsätzlich **nicht** zugute. Nur der Vollständigkeit halber sei darauf hingewiesen, dass nach Auffassung des OLG Koblenz (IBR 2003, 1081) und des OLG Hamm (IBR 1995, 251; IBR 2013, 603) unter gewissen Umständen auch **mündliche** Bedenkenanmeldungen ausreichen können. Hierauf sollte sich jedoch niemand verlassen. Im Falle eines Prozesses müsste der Auftragnehmer beweisen, dass die Bedenken angemeldet wurden und diese auch **rechtzeitig, vollständig, erschöpfend** und **inhaltlich richtig** vorgebracht wurden. Dieser Beweis dürfte vor allem dann nicht gelingen, wenn der Auftraggeber die Bedenkenanmeldung **ignoriert**.

Es ist auch möglich, die Bedenkenanmeldung in einem **Baustellenprotokoll** niederzuschreiben (KG, IBR 2014, 9). Hier ist jedoch Zurückhaltung geboten. Entscheidendes Kriterium dürfte sein, ob der **Auftraggeber** tatsächlich Kenntnis von dem Baustellenprotokoll erlangt. Problematisch ist dies, wenn der Bauleiter das Protokoll nicht an den Auftraggeber weiterleitet.

X. Rechtsfolgen bei Unterlassen der Bedenkenanmeldung

Rechtsfolge einer unterlassenen Bedenkenanmeldung ist, dass der Auftragnehmer **nicht** in den Genuss des **Haftungsausschlusses** des § 13 Abs. 3 VOB/B gelangt. Er ist daher gewährleistungspflichtig für sämtliche Mängel, die auf seinem unterlassenen Hinweis beruhen. Diese Rechtsfolge ist für den Auftragnehmer insbesondere deshalb schwer zu ertragen, weil er dadurch die **Unzulänglichkeiten anderer Unternehmer** ausbaden muss. Dies kann sogar dazu führen, dass er gewährleistungspflichtig für Folgegewerke wird.

XI. Verhalten des Auftraggebers

Der Auftraggeber hat **drei** Möglichkeiten zu reagieren:

1. Er nimmt die Bedenken **ernst** und vereinbart mit dem Auftragnehmer eine Lösung. Hierbei entsteht in der Regel eine Nachtragsposition.
2. Der Auftraggeber teilt mit, dass er die Bedenken **nicht teilt**,
   oder
3. der Auftraggeber **ignoriert** die Bedenkenanmeldung.

In den beiden letztgenannten Fällen kommt der Auftragnehmer in den Genuss des Haftungsausschlusses gemäß § 13 Abs. 3 VOB/B. Ich möchte jedoch dringend anraten, dies dem Auftraggeber noch mitzuteilen.

Musterschreiben:

Sehr geehrter Herr Auftraggeber,

mit Schreiben vom .... haben wir Ihnen mitgeteilt, dass wir Bedenken gegen die Art der Ausführung haben. Insbesondere haben wir darauf hingewiesen, dass die Stärke der Decke zwischen EG und 1. OG mit nur 8 cm nicht ausreichend dimensioniert ist. Dieses Schreiben ist Ihnen nachweislich am .... zugegangen.

Mit Schreiben vom .... haben Sie uns jedoch darauf hingewiesen, dass Sie unsere Bedenken nicht teilen und auf einer Ausführung entsprechend den vertraglichen Planunterlagen bestehen.

Wir haben nunmehr geprüft, ob wir an der weiteren Ausführung der Leistung aus Rechtsgründen gehindert sind, weil möglicherweise eine Gefahr für Leib und Leben besteht, sind jedoch zu dem Ergebnis gelangt, dass es aus unserer Sicht lediglich zu Rissbildungen kommen wird. Wir werden die Leistung daher nun entsprechend den Planvorgaben ausführen, weisen jedoch nochmals darauf hin, dass die Bedenken nach wie vor Bestand haben.

Sollten die im Schreiben vom .... bereits aufgeführten (oder ähnliche) Schäden auftreten, sind wir gemäß § 13 Abs. 3 VOB/B hierfür nicht verantwortlich.

Mit freundlichen Grüßen

Ein **Zurückbehaltungsrecht** steht dem Auftragnehmer in der Regel nicht zu. Gemäß § 4 Abs. 1 Nr. 4 VOB/B sind die Leistungen auszuführen, wenn nicht **gesetzliche** oder **behördliche** Bestimmungen entgegenstehen. Gleiches gilt für die Gefahr für **Leib und Leben**. In einer sehr versteckten Entscheidung hat der BGH einmal entschieden (BGH, BauR 1985, 77), dass dem Auftragnehmer ein Zurückbehaltungsrecht zusteht, wenn er den Auftraggeber auffordert, einen **Gewährleistungsausschluss** zu erteilen und der Auftraggeber diesem Verlangen nicht nachkommt. Es ist jedoch sehr fraglich, ob es sich bei dieser Entscheidung um eine Einzelfallentscheidung handelt. Angesichts der Regelung des § 13 Abs. 3 VOB/B kommt der Auftragnehmer ohnehin in den Genuss des Gewährleistungsausschlusses, sodass es einer gesonderten Aufforderung eigentlich nicht mehr bedarf.

Dennoch möchte ich ein derartiges Schreiben empfehlen, wenn es mit **Sicherheit** zu **schwerwiegenden Schäden** kommen wird.

> **Musterschreiben:**
>
> *Sehr geehrter Herr Auftraggeber,*
>
> *bereits mit Schreiben vom .... hatte ich Sie gemäß § 4 Abs. 3 VOB/B darauf hingewiesen, dass wir nicht in der Lage sind, die Dämmung im Bereich des Dachgeschosses anzubringen, weil das frisch gedeckte Dach an mehreren Stellen Undichtigkeiten aufweist. Auch hatten wir Ihnen mitgeteilt, dass es nach dem Anbringen der Dämmung und den Trockenbauplatten aufgrund der weiterhin eindringenden Feuchtigkeit zu Schimmelpilz- und Fäulniserscheinungen kommen wird, die eine Nutzung des Dachgeschosses mittelfristig unmöglich machen.*
>
> *Leider haben Sie mit Schreiben vom .... unsere Bedenken nicht geteilt und zurückgewiesen.*
>
> *Wir müssen Sie daher auffordern, uns bis zum .... mitzuteilen, dass Sie uns von jedweder Haftung für sämtliche Mängel und Schäden freistellen, die aufgrund des oben geschilderten Feuchtigkeitseintritts entstehen werden. Sollte uns eine entsprechende Erklärung nicht bis zum .... vorliegen, werden wir von unserem Zurückbehaltungsrecht Gebrauch machen und die weitere Bauleistung einstellen. Vorsorglich zeigen wir an, dass sich dies selbstverständlich auf die Bauzeit auswirken wird.*
>
> *Mit freundlichen Grüßen*

XII. Bedenken für zukünftige Leistungen

§ 13 Abs. 3 VOB/B erwähnt die „Beschaffenheit der **Vorleistung**". Nach Auffassung des OLG Dresden (Entscheidung nicht veröffentlicht) ist der Auftragnehmer jedoch auch verpflichtet, die zukünftigen Gewerke zu betrachten und ggf. Bedenken anzumelden. Aufgrund der eindeutigen Regelung in § 13 Abs. 3 VOB/B bestehen jedoch gegen die Richtigkeit dieser Entscheidung erhebliche Bedenken.

B Prüfungs- und Bedenkenhinweispflicht gemäß § 4 Abs. 3 VOB/B

> **Beispiel:**
>
> Ein Garten- und Landschaftsbauer legt an einem Klinikgebäude einen Kiesstreifen an, der ausschließlich als Spritzwasserschutz dient. Der Putz am Klinikgebäude (Wärmedämmverbundsystem) endet bündig am Erdboden über der Kiesschicht. In der Folgezeit staut sich im Kiesbett unter dem Putz Wasser, die Dämmung und die Putzschicht werden feucht und platzen ab.

Der Garten- und Landschaftsbauer darf nicht nur seine eigene Leistung betrachten, sondern muss auch prüfen, ob bereits vorhandene oder zukünftige Leistungen betroffen sein könnten. Er ist verpflichtet, zumindest optisch zu überprüfen, ob am Fußpunkt des Wärmedämmverbundsystems eine Isolierung gegen Feuchtigkeit angebracht wurde.

XIII. Bedenken gegen die eigene Leistung?

> **Beispiel:**
>
> Der Fußbodenleger F unterbreitet dem Auftraggeber ein Angebot für die Errichtung eines Fußbodens in einer Empfangshalle aus Betonwerkstein. Schon im Angebot weist er darauf hin, dass der Betonwerkstein Flusskies enthalte. Beim Zuschneiden der Platten könne es daher zu größeren Kornausbrüchen kommen.

§ 4 Abs. 3 VOB/B sieht lediglich eine Bedenkenanmeldung gegen **fremde** (Vor-)Leistungen oder **fremdes** Material vor. Der Hinweis des F auf die Kornausbrüche bezieht sich auf die eigene Leistung und schränkt daher seine Gewährleistungsverpflichtung nicht ein. Er ist nach wie vor verpflichtet, eine mangelfreie und DIN-gerechte Leistung zu erbringen. Sollte ihm dies mit dem angebotenen Material nicht möglich sein, sollte er es erst gar nicht anbieten (vgl. hierzu auch B VII.).

C Die Baubehinderung gemäß § 6 VOB/B

I. Definition: Behinderung und Unterbrechung

§ 6 VOB/B unterscheidet zwischen **Behinderung** und **Unterbrechung** (vgl. § 6 Abs. 1, 2 und Abs. 7 VOB/B).

Behinderungen sind alle störenden Ereignisse, die sich auf den vorgesehenen Leistungsablauf **hemmend** oder **verzögernd** auswirken, die Leistung selbst aber nicht, auch nicht für kürzere Zeit, unmöglich machen. Eine Behinderung kann während der Bauausführung auftreten, sie kann aber bereits darin liegen, dass dem Auftragnehmer die **Aufnahme der Bautätigkeit** erschwert wird (Beispiel: keine Baufreiheit, keine Planunterlagen).

Eine **Unterbrechung** liegt vor, wenn bei den Arbeiten, die unmittelbar auf den Leistungserfolg gerichtet sind, ein nur **vorübergehender Stillstand** eintritt. Zum Teil sind die Grenzen zwischen Behinderung und Unterbrechung fließend.

Die Unterbrechung ist wiederum abzugrenzen von der **Unmöglichkeit**, d. h., die Leistung kann überhaupt nicht mehr erbracht werden. Der Fall der Unmöglichkeit ist nicht in § 6 VOB/B geregelt.

II. Pflicht zur Anzeige der Behinderung

Gemäß § 6 Abs. 1 VOB/B hat der Auftragnehmer dem Auftraggeber unverzüglich **schriftlich** (zur E-Mail vgl. B IX. und D III. 3.) anzuzeigen, wenn er glaubt, in der ordnungsgemäßen Ausführung seiner Leistung behindert zu sein. Die Anzeigepflicht besteht selbstverständlich auch für die **Unterbrechung**, als stärkere Form der Behinderung. Angezeigt werden sollte jede Beeinträchtigung des Bauablaufes, die dazu führt, dass die **Ist-Bauzeit** von der **Soll-Bauzeit** abweicht. Geeignete Anhaltspunkte sind insbesondere die **Bauzeitenpläne**. Der Auftragnehmer geht auf Nummer sicher, wenn er lieber eine Baubehinderung **zu viel** anzeigt als eine **zu wenig**.

III. Inhalt der Behinderungsanzeige

Ähnlich wie bei der Bedenkenanmeldung ist auch bei der Behinderungsanzeige die Sicht des **Empfängers** (Auftraggebers) maßgeblich. Die Anzeige muss alle Tatsachen enthalten, aus denen sich für den Auftraggeber mit hinreichender Klarheit die Gründe der Behinderung ergeben (vgl. BGH, BauR 1990, 210). Der Auftragnehmer hat Angaben zu machen, ob und wann seine Arbeiten, die nach dem Bauablauf nunmehr ausgeführt werden müssten, nicht oder nicht wie vorgesehen ausgeführt werden können (vgl. auch BGH, BauR 2000, 722).

Es reicht nicht aus, wenn dem Auftraggeber nur **pauschal** mitgeteilt wird, dass er die Arbeiten nicht wie geplant ausführen kann. Der Auftraggeber hat ein Recht, über die hindernden Umstände genauestens informiert zu werden, damit er die Verantwortlichkeit rechtzeitig klären und die Behinderung beseitigen kann.

Angaben über das Ausmaß oder die **Höhe** eines eventuell eintretenden **Schadens** sind **nicht** erforderlich (BGH, IBR 1990, 212).

Es ist zulässig und sogar zu empfehlen, der Baubehinderungsanzeige Zeichnungen, **Pläne** u. Ä. beizufügen.

Die Mitteilung hat **unverzüglich** (d. h. ohne schuldhaftes Zögern, § 121 BGB) zu erfolgen. Der Auftragnehmer muss demnach sofort handeln, sobald er die Behinderung kennt oder jedenfalls **erkennen kann**, d. h. die begründete Vermutung besteht, dass eine Behinderung eintreten wird, möglichst bereits vor ihrem Eintritt.

IV. Adressat der Behinderungsanzeige

Nach dem klaren Wortlaut des § 6 Abs. 1 S. 1 VOB/B ist Adressat der Behinderungsanzeige immer der **Auftraggeber**. Dies kann auch ein Architekt als Vertreter des Bauherrn sein, jedoch nur, wenn er mit einer entsprechenden **Vertretungsmacht** ausgestattet wurde oder der Auftragnehmer annehmen konnte, dass der Architekt auch mit der Bauüberwachung (Leistungsphase 8 der Anlage 11 HOAI) betraut wurde.

Ähnlich wie bei der Bedenkenanmeldung ist auch hier dem Auftragnehmer anzuraten, auf Nummer sicher zu gehen. Das heißt, Behinderungsanzeige immer an den Auftraggeber und eine **Durchschrift** an den Architekten/Bauleiter. Auch hier hat der Auftragnehmer den Zugang nachzuweisen (vgl. B VIII.).

V. Form der Behinderungsanzeige

Gemäß § 6 Abs. 1 VOB/B ist die Behinderung **schriftlich** (zur E-Mail vgl. B IX. und D III. 3.) anzuzeigen. Es ist dringend anzuraten, diese Form auch einzuhalten.

Allein aus Gründen der Vollständigkeit und als **„Rettungsring"** sei angemerkt, dass auch eine mündliche Behinderungsanzeige genügen kann, weil die Schriftform nur **Beweiszwecken** dient. Hierauf sollte sich jedoch niemand verlassen.

Gleiches gilt für die Entbehrlichkeitsregelung in § 6 Abs. 1, S. 2 VOB/B, wonach die Anzeige entbehrlich sein soll, wenn dem Auftraggeber **offenkundig** die hindernde Wirkung bekannt ist. Auch auf dieses **Glatteis** sollte sich niemand begeben. Zwischen offenkundig bekannt und **kennen müssen** besteht ein elementarer Unterschied.

> **Musterschreiben einer Behinderungsanzeige:**
>
> *BV.: Königsallee 12 in Halle*
> *Hier: Behinderungsanzeige gemäß § 6 Abs. 1 VOB/B*
>
> *Sehr geehrter Herr Auftraggeber,*
>
> *gemäß § 6 Abs. 1 VOB/B müssen wir Ihnen mitteilen, dass wir in der ordnungsgemäßen Ausführung unserer Bauleistung behindert sind. Dies aus folgenden Gründen:*
>
> *Ausweislich § 2 Abs. 12 des Bauvertrages vom 12.11.2007 schulden Sie rechtzeitig vor Baubeginn die Übergabe der Schal- und Bewehrungspläne. Diese haben wir bislang nicht erhalten.*
>
> *Wir weisen Sie auch darauf hin, dass sich gemäß § 6 Abs. 2 VOB/B die Ausführungsfrist aufgrund der oben genannten Baubehinderung verlängert.*
>
> *Schadensersatzansprüche behalten wir uns ausdrücklich vor.*
>
> *Mit freundlichen Grüßen*

In vielen Fällen kann es sinnvoll sein, dem Auftraggeber eine **Frist** zur Beseitigung der Behinderung zu setzen, nämlich dann, wenn die Behinderung durch ihn (selbst) **schuldhaft** herbeigeführt wurde. Mit Fristablauf befindet sich der Auftraggeber dann regelmäßig in **Verzug**. Dies begründet auf Seiten des Auftragnehmers neben § 6 Abs. 6 VOB/B und § 642 BGB einen weiteren Schadensersatzanspruch (vgl. hierzu C IX. 2.) und kann auch eine Vertragskündigung des Auftragnehmers gem. § 9 Abs. 1 Nr. 1 VOB/B ermöglichen.

VI. Pflicht zur Anzeige der Beendigung der Behinderung

Gemäß § 6 Abs. 3 S. 2 VOB/B ist der Auftraggeber zu benachrichtigen, soweit die hindernden Umstände **weggefallen** sind und der Auftragnehmer seine Arbeiten wieder aufnehmen kann.

Auch hieran sollte gedacht werden. Soweit ersichtlich, sind noch keine Fälle bekannt, in denen die fehlende Benachrichtigung des Auftraggebers zu einem Schaden geführt hat. Man sollte jedoch auch hier kein Risiko eingehen.

VII. Verlängerung der Fristen

Gemäß § 6 Abs. 2 VOB/B werden Ausführungsfristen verlängert, soweit die Behinderung verursacht ist:

- durch einen Umstand aus dem **Risikobereich des Auftraggebers**,
- durch **Streik** oder eine von der Berufsvertretung der Arbeitgeber angeordnete **Aussperrung** im Betrieb des Auftragnehmers oder in einem unmittelbar für ihn arbeitenden Betrieb,
- durch **höhere Gewalt** oder andere, für den Auftragnehmer unabwendbare Umstände.

C Die Baubehinderung gemäß § 6 VOB/B

Witterungseinflüsse während der Ausführungszeit, mit denen bei Abgabe des Angebots normalerweise gerechnet werden musste, gelten **nicht** als Behinderung.

> **§ 6 Abs. 4 VOB/B:**
>
> „Die Fristverlängerung wird **berechnet** nach der Dauer der Behinderung und einem **Zuschlag** für die **Wiederaufnahme** der Arbeiten und die etwaige **Verschiebung** in eine ungünstigere Jahreszeit."

1. Witterungseinflüsse

Zu berücksichtigen sind nur **außergewöhnliche** Witterungsverhältnisse, mit denen nicht gerechnet werden musste. Eine starre Regelung kann hier nicht angewendet werden. Sicherlich ist in den Monaten Dezember bis Februar mit **Frost** zu rechnen und in den Monaten April und November mit starkem **Regen**. Es kann jedoch auch zu einer Fristverlängerung führen, wenn im November ein außergewöhnlich starker, mehrere Tage anhaltender Dauerregen auftritt, weil auch hiermit nicht gerechnet werden musste. Der Auftraggeber hat eine Bauzeitverlängerung zu akzeptieren, wenn sich die Arbeiten durch sein Verschulden in die **Wintermonate** verschieben.

Beispiele für eine Verlängerung der Ausführungszeit sind: eine langanhaltende, ungewöhnliche **Kältewelle** oder wolkenbruchartiger **Regen**, mit dem nur alle 20 Jahre gerechnet werden muss. Sollte Streit über die „Außergewöhnlichkeit" der Witterungsverhältnisse entstehen, kann dieser durch Auskünfte beim **Deutschen Wetterdienst** geklärt werden. Es sollte dann auf die Verhältnisse der letzten 10 bis 20 Jahre abgestellt werden. Es ist immer anzuraten, im **Vertrag** Regelungen zu treffen.

Gerät der Auftragnehmer durch **eigenes Verschulden** in die Winterzeit, hat er keinen Anspruch auf Berücksichtigung der hindernden Umstände.

> **Beispiel:**
>
> Der Eigenheimbauer E verpflichtet sich gegenüber seinem Auftraggeber, das Haus bis Ende September fertigzustellen. Da er jedoch nicht genügend Personal auf der Baustelle hat, gerät er in die Winterzeit und kann das Haus erst Ende April fertigstellen.

Der Verzug des E beträgt die vollen sieben Monate. Der Umstand, dass er in die Winterzeit geraten ist, wird nicht berücksichtigt, weil E bereits im September fertig sein musste. Er muss sich auf einen hohen Verzugsschaden oder auf eine hohe Vertragsstrafe einstellen.

2. Umstand aus dem Risikobereich des Auftraggebers

Abzustellen ist auf den **Risikobereich** und nicht auf ein **Verschulden**. Mit der Änderung der VOB wurde die bisherige Rechtsprechung umgesetzt (vgl. nur BGH, ZfBR 99, 138). Entscheidend ist die Sphäre des Auftraggebers (vgl. § 4 Abs. 1 VOB/B).

> **Beispiele sind:**
> - fehlende öffentlich-rechtliche **Genehmigungen**, insbesondere die Baugenehmigung,
> - verspätet und nicht rechtzeitig eingereichte **Pläne**, Ausführungszeichnungen, Statik, Bewehrungspläne usw.,
> - das Grundstück ist nicht **baureif**,
> - unzureichende Aufrechterhaltung der **allgemeinen Ordnung** auf der Baustelle, keine **Koordination** der verschiedenen Gewerke,
> - mangelnde **Vorunternehmerleistung**,
> - **Bürgerinitiativen** und Demonstrationen,
> - Anordnung von **Änderungen** und **zusätzlichen Leistungen**.

3. Höhere Gewalt, unabwendbare Umstände

Bei diesem Begriff ist Zurückhaltung geboten. Insbesondere, wenn diese Umstände **witterungsbedingt** sind, wie z. B. Hochwasser.

Höhere Gewalt ist ein **betriebsfremdes**, von außen durch elementare **Naturkräfte** oder durch Handlungen dritter **Personen** herbeigeführtes Ereignis, das nach menschlicher Einsicht und Erfahrung unvorhersehbar ist, mit wirtschaftlich erträglichen Mitteln auch durch die äußerste nach der Sachlage vernünftigerweise zu erwartende Sorgfalt nicht verhütet oder unschädlich gemacht werden kann und auch nicht wegen seiner Häufigkeit vom Betriebsunternehmer in **Kauf** zu nehmen ist (BGHZ 7, 338, 339).

> **Beispiele sind:**
> Krieg, Erdbeben, manche **Überschwemmungen**, das Hochwasser 1997 im Oderbruch oder 2002 und 2013 in Sachsen, zum Teil **Stürme, politische Unruhen**.

Schon das **geringste Verschulden** schließt höhere Gewalt aus.

In der Regel führen die Fälle der **Beschädigung** und des **Diebstahls** nicht zu einer Fristverlängerung. Vor der Abnahme hat der Auftragnehmer dies regelmäßig zu berücksichtigen (vgl. § 4 Abs. 5 VOB/B). Es ist daher anzuraten, stets für eine ordentliche Sicherung der Baustelle Sorge zu tragen, auch und gerade gegen Diebstahl. Diese Regelung ist für den Auftragnehmer problematisch, vor allem dann, wenn er sich nicht mehr auf der Baustelle befindet, der Auftraggeber jedoch die Abnahme noch nicht erklärt hat. Hier wäre aufgrund der erheblichen praktischen Bedeutung eine ausgleichende Regelung in der VOB wünschenswert. Der Auftragnehmer sollte in diesen Fällen versuchen, eine Teilabnahme oder zumindest eine Zustandsfeststellung gem. § 4 Abs. 10 VOB/B zu erlangen.

Es sind jedoch Fälle denkbar, in denen eine Fristverlängerung zugebilligt werden kann. Dies sind **Zerstörungen Dritter**, mit denen nicht gerechnet werden musste und bei denen die üblichen Sicherheitsvorkehrungen auch versagt hätten.

4. Wiederaufnahme der Arbeiten

Der Auftragnehmer hat unverzüglich **nach Wegfall** der Behinderung die Arbeiten wieder aufzunehmen. Ihm wird jedoch eine kleine **Pufferzeit** für die Vorbereitung der Wiederaufnahme zugebilligt. Diese sollte jedoch nicht überstrapaziert werden. Verzögert der Auftragnehmer die Wiederaufnahme der Arbeiten, verletzt er eine vertragliche Nebenpflicht, was zu Schadensersatzansprüchen führen kann. Weiterhin wird er in **Verzug** geraten, weil die Fristverlängerung nicht zugebilligt wird, also die Bauzeit wieder läuft. Jetzt ist auch § 5 Abs. 3 VOB/B zu beachten (vgl. hierzu D II.). Auch diese Rechtslage führt in der Praxis zu nicht unerheblichen Problemen: Der Auftragnehmer hat sein Auftragsbuch voll. Dauert eine Baubehinderung über einen längeren Zeitraum an, steht ihm in der Regel nicht das Personal zur Verfügung, flexibel genug zu sein, um Mitarbeiter von der aktuellen Baustelle auf die „behinderte" zurückzuverlagern. Auch hier ist eine Änderung der VOB/B nach meiner Auffassung dringend erforderlich.

VIII. Die Berechnung der Fristverlängerung

Für die Berechnung der Fristverlängerung ist zunächst die **Dauer der Behinderung** maßgebend. Dies ist die Zeit, in der die zunächst **geplante**, zügige und ordnungsgemäße Durchführung der geschuldeten Leistung nicht möglich war. Das ist unproblematisch bei einer **Unterbrechung**. Bei erschwerter Leistung ist der Zeitraum anhand eines hypothetischen Bauablaufes zu ermitteln.

Hinzuzusetzen ist ein zeitlicher **Zuschlag** für die **Wiederaufnahme** der Arbeiten. Dieser bemisst sich nach den Umständen des Einzelfalles. Insbesondere sind Dauer und Umfang der Behinderung oder Unterbrechung und die dadurch bedingten **Vorkehrungen** und **Maßnahmen**, die erforderlich sind, um die ordnungsgemäße Ausführung sicherzustellen, zu berücksichtigen. Problematisch sind die Fälle, in denen der Auftragnehmer seine Leute auf einer anderen Baustelle einsetzt und diese nicht wieder abrufen möchte. Diese Problematik ist nicht in § 6 VOB/B geregelt. Bei der Argumentation ist also Zurückhaltung angezeigt (vgl. VII. 4.).

Ein weiterer Zuschlag kann wegen **ungünstiger Witterung** vorgenommen werden, wenn sich die Bauleistung durch die Behinderung in einer ungünstige Jahreszeit verschiebt.

1. Mitwirkung des Auftragnehmers

Gemäß § 6 Abs. 3 VOB/B hat der Auftragnehmer alles zu tun, was ihm **billigerweise** zugemutet werden kann, um die Weiterführung der Arbeiten zu ermöglichen. Er hat zu prüfen, ob er nicht durch geeignete und ihm zumutbare **Umplanungen** die Folge der Behinderung beseitigen und dadurch eine **Bauverzögerung** vermeiden kann. Zum Beispiel durch das Vorziehen anderer Arbeiten. Unter Umständen kann auch eine Verstärkung des Personals verlangt werden (Beschleunigungsmaßnahme, vgl. hierzu C X.).

2. Vertragsstrafe

Zu beachten ist, dass die Intensität der Behinderung dazu führen kann, dass eine vereinbarte Vertragsstrafe nicht mehr geltend gemacht werden kann. Dies wird angenommen, wenn der ursprüngliche Bauablauf in zeitlicher Hinsicht völlig **durcheinandergeraten** ist (vgl. BGH, NJW 1966, 971; BGH, BauR 1974, 206).

IX. Sicherung eigener Ansprüche (insbesondere Nachtragsvergütung)

1. Kündigungsmöglichkeit bei Unterbrechung

Gemäß § 6 Abs. 7 VOB/B kann jeder Teil, also Auftragnehmer und Auftraggeber, den Vertrag kündigen, wenn eine Unterbrechung länger als **drei Monate** andauert.

Voraussetzung ist, wie bereits dargestellt, dass keinerlei Arbeiten mehr ausgeführt werden können, die Leistungsverpflichtung des Auftragnehmers demnach zum Stillstand gekommen ist. Lediglich eine Behinderung reicht nicht aus, um das Kündigungsrecht auf § 6 Abs. 7 VOB/B zu stützen. Das Kündigungsrecht besteht nach Auffassung des OLG Frankfurt auch dann, wenn sich der nach dem Vertrag festgelegte **Baubeginn** um mehr als drei Monate verzögert und der Auftragnehmer dies nicht zu vertreten hat (vgl. OLG Frankfurt, BauR 1999, 774).

Achtung:

Abgerechnet wird nach § 6 Abs. 5 VOB/B. Dies bedeutet, dass die bereits erbrachte Leistung nach den **Vertragspreisen** abzurechnen ist und außerdem die Kosten zu vergüten sind, die dem Auftragnehmer bereits **entstanden** und in den Vertragspreisen des nicht ausgeführten Teils der Leistung enthalten sind. Für den nicht ausgeführten Teil der Leistung entsteht somit **kein** Anspruch auf den **entgangenen Gewinn**. Der Auftragnehmer sollte sich daher genau überlegen, ob er das Kündigungsrecht des § 6 Abs. 7 VOB/B tatsächlich ausübt. Er sollte zunächst versuchen, im Wege der Vertragsverhandlungen eine **Preisanpassung** zu erlangen.

2. Der Schadensersatzanspruch gemäß § 6 Abs. 6 VOB/B

Sind die hindernden Umstände von einem Vertragsteil zu vertreten (= Verschulden), so hat der andere Teil Anspruch auf Ersatz des nachweislich entstandenen Schadens; des **entgangenen Gewinns** aber nur bei Vorsatz oder grober Fahrlässigkeit.

Der weitaus häufigste Fall der Baubehinderung, die **fehlende Vorunternehmerleistung**, wird nach ständiger Rechtsprechung des BGH (vgl. BauR 2000, 722) nicht vom Schadensersatzanspruch des § 6 Abs. 6 VOB/B erfasst. Hier fehle es an einem Verschulden des Auftraggebers. Der Vorunternehmer sei im Verhältnis des Auftraggebers zu seinem Auftragnehmer nicht **Erfüllungsgehilfe** im Sinne des § 278 BGB. Die **Fristverlängerung** wird jedoch gemäß § 6 Abs. 2 Abs. 1a VOB/B zugebilligt. Ein Vergütungsanspruch gemäß § 2 Abs. 5 VOB/B kommt regelmäßig nicht in Betracht, weil es an einer **Anordnung** des Auftraggebers fehlt.

Der BGH hat jedoch im Jahre 2000 entschieden (BGH, IBR 2000, 217), dass dem Auftragnehmer der Entschädigungsanspruch des **§ 642 BGB** zugebilligt werden kann. Dies setzt jedoch voraus, dass sich der Auftraggeber in Annahmeverzug befindet. Erforderlich ist hierzu zumindest ein **wörtliches Leistungsangebot**. Auch dies liegt in der **Behinderungsanzeige**, sodass deren herausragende Bedeutung auch an dieser Stelle nochmals hervorgehoben wird. An § 642 BGB ist somit immer zu denken, vor allem dann, wenn das Verschulden problematisch ist.

Taktisch sollte auf jeden Fall versucht werden, eine **Anordnung des Auftraggebers** i. S. d. § 2 Abs. 5 VOB/B zu erlangen. Diese Ansprüche sind wesentlich einfacher darzulegen und geben dem Auftraggeber weniger Verteidigungsmöglichkeiten.

> **Beispiel:**
>
> Der Trockenbauer T ist in der Ausführung seiner Bauleistung behindert, weil der vom Auftraggeber unmittelbar beauftragte Rohbauer noch nicht die tragenden Wände aus Kalksandstein errichtet hat. Dies zeigt er dem Auftraggeber an. Auf die Frage des T, was er nun machen solle, sagt ihm der Auftraggeber, er müsse nun warten, bis der Rohbauer mit den Wänden fertig sei. T verlangt vom Auftraggeber, er möge ihm das bitte schriftlich geben.

Kommt der Auftraggeber der Bitte des T nach, kann ihm gegenüber die Anordnung eines Baustopps vorliegen. Dann besteht die Möglichkeit, nach § 2 Abs. 5 VOB/B abzurechnen.

Die **Höhe der Entschädigung** im Falle des § 2 Abs. 5 VOB/B berechnet sich nicht aufgrund der tatsächlich entstandenen Kosten, sondern aufgrund der **Angebotskalkulation** (im Einzelnen vgl. G IX. 1.). **Wagnis und Gewinn** sind im Rahmen der Kalkulation zu berücksichtigen.

Demgegenüber umfasst der Schadensersatz gemäß § 6 Abs. 6 VOB/B regelmäßig nicht den **entgangenen Gewinn**. Dieser kann gemäß § 6 Abs. 6, S. 1 VOB/B nur bei Vorsatz und grober Fahrlässigkeit geltend gemacht werden. Erfasst werden jedoch die **störungsbedingten Mehraufwendungen**, wie Stillstandskosten, Mehrkosten wegen Bauzeitverlängerung und teilweise auch die Beschleunigungskosten, soweit diese nicht eine selbstständige Nachtragsposition darstellen.

> **Beispiel:**
>
> Eine vom Auftraggeber verschuldete Unterbrechung der Bauarbeiten dauert drei Wochen. Während dieser Zeit muss der Putzer P ein Gerüst vorhalten, welches er selber angemietet hat. Hierfür zahlt er eine Miete von 80,00 EUR pro Woche. In seiner Kalkulation hat P diese Position mit einem Gewinn von 20,00 EUR beaufschlagt. Nach § 2 Abs. 5 VOB/B kann P 300,00 EUR abrechnen, nach § 6 Abs. 6 VOB/B 240,00 EUR.

Ansprüche des **Auftraggebers** gegen den Auftragnehmer im Zusammenhang mit der Baubehinderung können nur **Verzugs-** bzw. **Vertragsstrafenansprüche** sein. Auch hier gibt es nur ein probates Mittel, um die Ansprüche abzuwehren, nämlich die Behinderungsanzeige.

X. Nachtragsvergütung

1. § 2 Abs. 5 VOB/B

Eine Nachtragssituation kann nur unter den Voraussetzungen des § 2 Abs. 5 VOB/B entstehen. Dies setzt eine (verschuldensunabhängige) **Anordnung** des Auftraggebers voraus, **die sich auf die Bauzeit auswirkt**. Beachtet werden sollten auch die weiteren Voraussetzungen des § 2 Abs. 5 VOB/B, nämlich dass eine **Vereinbarung vor der Ausführung** getroffen werden soll. Es ist ratsam und ausgesprochen hilfreich, den gestörten Bauablauf hinreichend zu **dokumentieren**, z. B. im Bautagebuch. Sonstiger **Schriftverkehr** ist sorgfältig zu führen. **Fotos** sind immer gut. Es ist stets zu beachten, dass der Anspruch gemäß § 2 Abs. 5 VOB/B sich ausschließlich auf **kalkulatorische Grundlagen** stützt. Ein Vorteil besteht jedoch darin, dass auf diesem Wege **Preissteigerungen** bei Personal und Material weitergereicht werden können. In diesen Fällen kann es auch hilfreich sein, ein baubetriebswirtschaftliches Gutachten zu erstellen. Zu berücksichtigen sind jedoch die damit verbundenen Kosten und der Umstand, dass die **Rechtsprechung** diese Gutachten noch nicht einheitlich beurteilt.

Eine Vielzahl der Mehrkostenforderungen scheitert schon daran, dass es sich der Auftragnehmer häufig zu einfach macht. Weil es sich um Mehrkosten handelt, ist immer zuerst darzulegen, wie sich die Vermögenslage des Auftragnehmers denn ohne die Behinderung darstellen würde. Er hat also zunächst den **normalen Bauablauf** und die Kosten vorzutragen. Darauf basierend kann er die Kosten für den Mehreinsatz von **Arbeitskräften**, von **Maschinen** und **Geräten**, die höheren **Baustellengemeinkosten** und **allgemeine Geschäftskosten**, **Materialverteuerungen** und **Lohnerhöhungen** sowie zusätzliche **Winterbaumaßnahmen** u. Ä. beziffern.

In der Praxis scheitern die Ansprüche häufig auch daran, dass der **konkrete Bezug** von der **Behinderung** zum **Schaden** bzw. den Mehrkosten nicht dargelegt werden kann.

> **Beispiel:**
>
> Ein Plan für die Verlegung eines Straßenbahngleises wurde sieben Tage zu spät geliefert. Der Auftragnehmer kann nicht einfach hingehen und verlangen, dass ihm für sieben Tage die Personalkosten, die allgemeinen Geschäftskosten und die Baustellengemeinkosten erstattet werden. Er muss vielmehr konkret darlegen, wie sich diese siebentägige Unterbrechung auf den konkreten Bauablauf ausgewirkt hat. Dies ist nur möglich, wenn diese Störung in den **Bauablaufplan** eingearbeitet wird. Nochmals hingewiesen sei natürlich auf die Behinderungsanzeige, die sorgfältige Dokumentation und die Anzeige des Wegfalls der Behinderung.

2. Sonderfall: Die Beschleunigung

Der Auftragnehmer ist grundsätzlich **nicht verpflichtet**, von sich aus Beschleunigungsmaßnahmen zu treffen, um einen Verzug aufzuholen, den er nicht zu verantworten hat. Es sollte daher äußerste **Zurückhaltung** geboten sein, wenn der Auftragnehmer „im Interesse des Auftraggebers" die Baumaßnahme von sich aus beschleunigt. Bezahlt wird dies in der Regel nicht. Abzuwarten ist daher eine **Anordnung** des Auftraggebers, damit eine Nachtragssituation gemäß § 2 Abs. 5 bzw. § 2 Abs. 6 VOB/B entsteht. Im günstigsten Fall wird sogar gleich der Preis ausgehandelt. Auch ist zu überlegen, ob ein neuer **Bauablaufplan** vereinbart werden sollte. Als Auftraggeber hat man darauf zu achten, dass für diesen Fall die **Vertragsstrafe** erneut vorbehalten werden sollte.

D Das Kündigungsrecht des Auftraggebers/Auftragnehmers

I. Freie Kündigung gemäß § 8 Abs. 1 VOB/B

Der Auftraggeber hat jederzeit das Recht, die sogenannte **„freie"** Kündigung eines Bauvertrages zu erklären. Dies bedeutet, dass er **jederzeit** in der Lage ist, den Bauvertrag ohne Angaben von Gründen zu kündigen. Die Kündigung ist immer wirksam. Der Nachteil dieser Form der Kündigung ist jedoch, dass der Auftraggeber gemäß § 8 Abs. 1 Nr. 2 VOB/B die **vereinbarte Vergütung** zu bezahlen hat, abzüglich der ersparten Kosten. Der Auftraggeber ist daher gut beraten, wenn er den Bauvertrag nicht ohne Grund kündigt. Die Kündigungsgründe des Auftraggebers sind in § 8 VOB/B geregelt.

> **Beispiel:**
>
> Der Künstler K beauftragt den Tischler T, zehn Fenster für sein Einfamilienhaus nach Maß anzufertigen. Die vereinbarte Vergütung beträgt 15.000,00 EUR. T kalkuliert wie folgt: Materialkosten: 8.000,00 EUR, Personal: 80 Stunden × 50,00 EUR, Gewinn: 3.000,00 EUR. Nachdem T das Material eingekauft und 30 Stunden Arbeit aufgewendet hat, kündigt ihm K den Bauvertrag, weil sich seine künstlerische Einstellung zu den Fenstern inzwischen geändert hat.

Weil K keinen nachvollziehbaren Kündigungsgrund hat, hat er den Bauvertrag durch eine freie Kündigung beendet. Gemäß § 8 Abs. 1 Nr. 2 VOB/B ist er nun verpflichtet, T die vereinbarte Vergütung abzüglich der **ersparten** Aufwendungen zu zahlen. Die vereinbarte Vergütung beträgt 15.000,00 EUR. Das Material hat T bereits gekauft. Diese Kosten sind tatsächlich angefallen, also nicht erspart. Angefallen sind auch die 30 Stunden Arbeit, erspart hat T jedoch die 50 nicht ausgeführten Stunden. Er erhält von K (15.000,00 EUR ./. 50 Stunden × 50 EUR =) 12.500,00 EUR.

> **Musterschreiben „freie" Kündigung:**
>
> *An den Nachunternehmer ....*
>
> **BV.: Elsterweg in Koblenz**
>
> **Hier: Kündigung des Bauvertrages**
>
> *Sehr geehrter Herr Auftragnehmer,*
>
> *ich erkläre die Kündigung des Bauvertrages vom 02.05.2014 über die Ausführung des Gewerkes Rohbau mit sofortiger Wirkung.*
>
> *Ich bedaure den Schritt und darf Sie bitten, die bis zu dieser Kündigungserklärung erbrachten Bauleistungen abzurechnen.*
>
> *Mit freundlichen Grüßen*

II. Die Kündigung wegen Verzuges mit der Leistungserbringung gemäß § 8 Abs. 3 VOB/B

1. Allgemeines

Gemäß § 8 Abs. 3 VOB/B kann der Auftraggeber den Vertrag kündigen, wenn in den Fällen des § 5 Abs. 4 VOB/B die gesetzte Frist fruchtlos abgelaufen ist. Die Entziehung des Auftrages kann auf einen in sich abgeschlossenen Teil der vertraglichen Leistung beschränkt werden.

Vorab soll das Problem der **Teilleistung** aufgegriffen werden. Eine Teilleistung setzt einen in sich **abgeschlossenen** und **funktionsfähigen** Teil der Leistung voraus. Bei den meisten Kündigungen einer Teilleistung liegen diese Voraussetzungen nicht vor. Dies wird jedoch von der Rechtsprechung häufig toleriert.

> **Beispiel:**
>
> Der Heizungsbauer hat sich verpflichtet, die komplette Heizanlage in einem großen Wohn- und Geschäftshaus zu errichten. Weil er die Heizkörper nicht rechtzeitig bestellt hat, kann er diese nicht liefern und gerät in Verzug. Der Auftraggeber entzieht ihm dem Auftragsteil „Lieferung und Montage der Heizkörper" und beauftragt ein anderes Unternehmen.

Es liegt keine Kündigung des gesamten Vertrages vor, weil der Heizungsbauer noch andere Leistungen zu erbringen hat. Die Leistung „Heizkörper" beschreibt einen nicht in sich abgeschlossenen Leistungsteil. Streng genommen handelt es sich nicht um eine Teilkündigung gemäß § 8 Abs. 3 VOB/B. Dennoch neigen Gerichte häufig dazu, diese Teilkündigung zu akzeptieren. Es wäre erfreulich gewesen, wenn der Vergabe- und Vertragsausschuss, der für die Überarbeitung der VOB zuständig ist, diese schon längst bekannte Problematik einmal aufgegriffen hätte.

Bei der **Bauzeit** ist zunächst darauf hinzuweisen, dass diese schon im Vertrag möglichst genau angegeben werden sollte. Es reicht nicht aus: **Bauzeit: 16 Monate**. Die Bauzeit muss sich zumindest kalendarisch ermitteln lassen. **Wochen-** und **Monatsangaben** reichen aus, wobei dann der für den Auftragnehmer günstigste Fall anzunehmen ist.

> **Beispiel:**
>
> Fertigstellung Mai 2006 bedeutet: Fertigstellung Ende Mai 2006.

Sofern die Bauzeitenpläne die Bauzeit vertraglich beschreiben sollen, ist darauf hinzuweisen, dass diese im Vertrag als verbindliche Vertragsfristen bezeichnet werden müssen (vgl. § 5 Abs. 1 VOB/B).

2. Kündigungsmöglichkeiten

Die Vorschrift des § 5 Abs. 4 VOB/B enthält **drei** unterschiedliche **Kündigungsgründe**, die alle mit der Problematik der verzögerten Leistungserbringung zusammenhängen:

II. Die Kündigung wegen Verzuges mit der Leistungserbringung gemäß § 8 Abs. 3 VOB/B

- der Auftragnehmer **beginnt** nicht rechtzeitig mit den Arbeiten,
- er gerät mit der **Fertigstellung** (auch Teilleistungen) in Verzug,
- er kommt der **Abhilfeanordnung** des Auftraggebers nach § 5 Abs. 3 VOB/B nicht nach.

Diese drei Kündigungsmöglichkeiten sollten stets einzeln und getrennt voneinander geprüft werden. Liegen alle Kündigungsgründe vor, ist hierauf gesondert hinzuweisen. Eine **Vermischung** ist nicht hilfreich.

Für die Möglichkeiten 2. und 3. sollte folgende Faustregel gelten:

Wurden verbindliche, vertragliche **Zwischentermine** vereinbart, so ist die zweite Möglichkeit (Kündigung wegen Verzuges) zu bevorzugen. Wurden nur **(organisatorische)** Ausführungsfristen vereinbart, ist nach § 5 Abs. 3 VOB/B (Abhilfeanordnung) vorzugehen. Hier kommt dem **Bauablaufplan** eine entscheidende Indizwirkung zu.

a) Verzögerung des Beginns der Ausführung

Der Beginn der Leistung wird verzögert, wenn der Auftragnehmer den vereinbarten Termin für den **Leistungsbeginn** nicht einhält. Ein Verschulden ist nicht erforderlich. Eine Frist, wann das „Verzögern" vorliegen soll, gibt es nicht. Dies beurteilt sich mit Rücksicht auf den Einzelfall und die allgemeinen Regeln des kaufmännischen Geschäftsverkehrs. Zu beachten ist jedoch die Regelung des **§ 5 Abs. 2 VOB/B**. Sollte im Vertrag tatsächlich keine Frist für den Baubeginn vereinbart sein, so hat der Auftraggeber dem Auftragnehmer auf Verlangen Auskunft über den voraussichtlichen Beginn zu erteilen. Der Auftragnehmer hat innerhalb von **zwölf Werktagen** nach Aufforderung zu beginnen. Dies gilt auch dann, wenn der Auftragnehmer keine Auskunft verlangt hat.

> **Beispiel:**
>
> Der Auftraggeber hat im Bauvertrag keine Frist für den Baubeginn festgelegt. Fertigstellungstermin für das Einfamilienhaus soll jedoch Ende November sein. Weil der Auftragnehmer Anfang Mai nicht auf der Baustelle ist, fordert der Auftraggeber ihn am 5. Mai auf, mit den Bauarbeiten zu beginnen. Der Auftragnehmer hat dann innerhalb von zwölf Werktagen (auch Samstag) mit der Bauausführung anzufangen. Erscheint er wieder nicht, kann der Auftraggeber ihm eine Nachfrist setzen und die Kündigung des Vertrages androhen. Verstreicht auch die Nachfrist fruchtlos, kann er den Bauvertrag gemäß § 8 Abs. 3 i. V. m. § 5 Abs. 4 VOB/B kündigen und seine Ansprüche beziffern.

b) Verzug mit der Vollendung

Dieses Instrumentarium sollte, wie bereits dargestellt, dann in Betracht gezogen werden, wenn **verbindliche** Vertragsfristen für Leistungen oder Teilleistungen vereinbart worden sind. Dann kommt der Auftragnehmer gemäß § 286 Abs. 2 BGB **ohne Mahnung** in Verzug, also stets dann, wenn eine kalendarisch bestimmte Frist überschritten wurde. Auch hier ist Vorsicht geboten, bei der bloßen **Bestimmbarkeit** von Fristen, also wenn sich der Fertigstellungstermin nicht ausschließlich aus den vertraglichen Unterlagen entnehmen lässt. Hierbei sollte kein Risiko eingegangen werden. Auch für den Fall der fehlenden Bestimmbarkeit der Fertigstellungstermine kann es ratsam sein, gemäß § 5 Abs. 3 VOB/B (Abhilfeanordnung) vorzugehen. Auch hier gilt, dass der Auftragnehmer **nicht** in Verzug gerät, wenn er zu Recht ein **Zurückbehaltungsrecht** ausübt oder eine **Baubehinderung** vorliegt und angezeigt wurde. Es ist also nicht nur „stur" auf die Ausführungsfrist zu schauen.

> **Beispiel:**
>
> Der Trockenbauer T führt im Auftrag des Bauträgers B die Innenausbauarbeiten in einem Hotel aus. Der Fertigstellungstermin wurde auf den 31. August festgelegt. Am 3. September teilt B dem T schriftlich mit, er befände sich in Verzug, und fordert ihn auf, die Arbeiten bis zum 10. September abzuschließen. T meint, er sei nicht in Verzug. Weil B eine fällige Abschlagsrechnung nicht bezahlt habe, habe er schon im Juni für vier Wochen die Arbeiten einstellen müssen (vgl. § 16 Abs. 5, Nr. 4 VOB/B).

T hat recht. Weil er schon im Juni rechtmäßig von seinem Zurückbehaltungsrecht Gebrauch gemacht hat, kann er mangels Verschulden nicht schon Anfang September in Verzug geraten. B kann den Vertrag nicht gemäß § 8 Abs. 3 VOB/B kündigen.

Der Auftragnehmer gerät gleichfalls mit der **Vollendung seiner Leistung** in Verzug, wenn die übrigen Voraussetzungen des § 286 BGB vorliegen:

Der Leistung hat ein Ereignis vorauszugehen, und eine angemessene Zeit ist für die Leistung in der Weise bestimmt worden, dass sie sich von dem Ereignis an kalendarisch bestimmen lässt.

> **Beispiel:**
>
> Im Bauvertrag ist geregelt, dass die Bauleistung innerhalb von sechs Monaten nach Erteilung der Baugenehmigung fertigzustellen ist. Wird die Baugenehmigung am 5. Februar erteilt, gerät der Auftragnehmer mit Ablauf des 5. August in Verzug, wenn er die Bauleistung nicht fertiggestellt hat und keine Baubehinderung vorliegt, die der Auftraggeber zu verantworten hat.

Verweigert der Auftragnehmer die Ausführung der Leistung **ernsthaft** und **endgültig**, könnte der Auftraggeber den Vertrag sogar ohne vorherige Fristsetzung kündigen. Da es aber häufig schwer zu beurteilen ist, ob tatsächlich eine endgültige und nicht nur eine vorübergehende **Leistungsverweigerung** vorliegt, sollten die Formalien des § 8 Abs. 3 i. V. m. § 5 Abs. 4 VOB/B sicherheitshalber immer eingehalten werden.

> **Beispiel:**
>
> Der Auftraggeber fordert den Auftragnehmer auf, endlich mit dem Bau zu beginnen. Der Auftragnehmer teilt daraufhin mit, er könne den Auftrag nicht ausführen, weil er sich leider verkalkuliert habe. Auch sei sein Auftragsbuch inzwischen mit lukrativeren Aufträgen gefüllt.

Der Auftragnehmer hat die Leistung ernsthaft und endgültig verweigert. Mit Zugang der Mitteilung beim Auftraggeber gerät er in Verzug.

II. Die Kündigung wegen Verzuges mit der Leistungserbringung gemäß § 8 Abs. 3 VOB/B

Weitere Voraussetzung des § 5 Abs. 4 VOB/B ist, dass dem Auftragnehmer **im Verzug** eine angemessene **Frist** gesetzt wird und gleichzeitig die Vertragskündigung angedroht wird. **Höflichkeitsfloskeln** sind tunlichst zu vermeiden.

Die Rechtsprechung hat bislang keine ausreichenden Kriterien herausgearbeitet, wie lange eine „angemessene Frist" sein muss. Auch hier ist auf die allgemeinen Kriterien zurückzugreifen. Die Frist sollte daher derart bemessen sein, dass der Auftragnehmer bei **Ergreifung** der ihm **zumutbaren** Maßnahmen in der Lage ist, das Bauvorhaben auch fertigzustellen. Hierbei sollten die **noch zu erbringenden Leistungen** betrachtet werden.

Die Kündigungsvoraussetzungen sind somit

(1) Verzug,

(2) Fristsetzung mit Kündigungsandrohung und

(3) Kündigungserklärung.

Die Kündigung ist gemäß § 8 Abs. 5 (6) VOB/B **schriftlich** (nicht per Mail) zu erklären. Auch hier ist auf den **Zugang** und die Nachweise des Zugangs hinzuweisen.

Musterschreiben Kündigung:

An den Nachunternehmer ....

BV.: Königsweg 1 in Viersen

Hier: Kündigung des Bauvertrages gemäß § 8 Abs. 3 VOB/B

Sehr geehrter Herr Auftragnehmer,

es ist Ihnen bekannt, dass ausweislich § 2 Abs. 5 des Nachunternehmervertrages vom 04.10.2007 Ihre Bauleistung bis spätestens 23.11.2007 zu erbringen war.

Bereits mit Schreiben vom 30.11.2007 haben wir sie auf den bestehenden Verzug hingewiesen und Sie zur Fertigstellung der Leistung zum 08.12.2007 aufgefordert. Gleichzeitig haben wir Ihnen für den Fall des fruchtlosen Verstreichens der Nachfrist die Vertragskündigung angedroht.

Leider mussten wir feststellen, dass auch am 12.12.2007 Ihre Bauleistung noch nicht fertiggestellt war. Beispielsweise wurden die folgenden Gewerke nicht vollständig ausgeführt: ....

Wir erklären daher die

Kündigung

des Nachunternehmervertrages vom 04.10.2007 gemäß § 8 Abs. 3 i. V. m. § 5 Abs. 4 VOB/B.

Wir werden nunmehr einen anderen Nachunternehmer mit der Fertigstellung der Bauleistung beauftragen. Die damit verbundenen Mehrkosten gehen zu Ihren Lasten. Sämtliche Ansprüche, insbesondere Ansprüche auf Schadensersatz und Vertragsstrafe, behalten wir uns vor.

Gemäß § 8 Abs. 3 Nr. 3 VOB/B erklären wir, dass wir die zur Weiterführung der Arbeiten erforderlichen Geräte, Gerüste sowie auf der Baustelle angelieferten Stoffe und Bauteile

> *in Anspruch nehmen. Hierfür werden Sie eine angemessene Entschädigung erhalten. Eine Aufrechnung behalten wir uns vor.*
>
> *Mit freundlichen Grüßen*

c) Abhilfeanordnung nach § 5 Abs. 3 VOB/B

Die VOB geht davon aus, dass auch die Fristen eines **Bauzeitenplanes**, die keine verbindlichen Vertragsfristen sind, eingehalten werden müssen. Um dies sicherzustellen, wird dem Auftraggeber das Instrumentarium des § 5 Abs. 3 VOB/B zur Verfügung gestellt.

§ 5 Abs. 3 VOB/B ist daher eine Regelung, die mit dem Verzug im Rechtssinne nichts zu tun hat.

§ 5 Abs. 4 VOB/B setzt voraus, dass der Auftragnehmer „der in Abs. 3 erwähnten Verpflichtung" nicht nachkommt. Gemeint ist hier, die berechtigte **Abhilfeanordnung** nach § 5 Abs. 3 VOB/B. Die Anordnung sollte daher nicht vergessen werden, sie sollte schriftlich erfolgen und der **Zugang** im Streitfalle nachweisbar sein.

Voraussetzung ist zunächst, dass auf der Baustelle nur **unzureichend** Arbeitskräfte, Geräte, Gerüste, Stoffe oder Bauteile vorhanden sind, sodass die Ausführungsfristen **offenbar** nicht eingehalten werden können. Auch hier ist maßgebliches Kriterium ein Vergleich des Ist-Zustandes mit dem Bauzeitenplan. „Hinkt" der Auftragnehmer hinter dem Bauzeitenplan her, ohne dass er in seiner Bauausführung behindert war, so liegt ein Fall des § 5 Abs. 3 VOB/B vor. Dann ist die **Abhilfeanordnung** auszusprechen.

Der Auftraggeber hat nun zu beobachten, ob der Auftragnehmer seiner Abhilfeanordnung **nachkommt**. Hierzu ist der Auftragnehmer **unverzüglich** (ohne schuldhaftes Zögern) verpflichtet. Ihm wird jedoch ein Zeitraum von wenigen Tagen zuzubilligen sein. Eine nur **kurzfristige** Abhilfe reicht nicht aus. Der Auftraggeber muss nun eine **Nachfrist** setzen und die Kündigungsandrohung aussprechen. Reihenfolge: **unzureichende Besetzung der Baustelle, Abhilfeanordnung, warten, ob Abhilfe geschaffen wird, Fristsetzung mit Kündigungsandrohung, Kündigungserklärung.**

> **Musterschreiben: Abhilfeanordnung gemäß § 5 Abs. 3 VOB/B**
>
> *Sehr geehrter Herr Auftragnehmer,*
>
> *ausweislich des Bauzeitenplanes, der gemäß § 2 Abs. 7 des Bauvertrages vom 01.06.2005 verbindlicher Vertragsbestandteil ist, sind Sie verpflichtet, die Bodenplatte bis zum 04.07.2005 fertigzustellen.*
>
> *Bereits zum jetzigen Zeitpunkt ist zweifelsfrei erkennbar, dass Sie die Bodenplatte nicht bis zum 04.07.2005 fertigstellen können (bzw. den Termin schon überschritten haben). Wir fordern Sie daher auf, unverzüglich Abhilfe zu schaffen, indem Sie die Baustelle stärker besetzen. Statt bisher lediglich drei Mitarbeiter sind unverzüglich mindestens sechs Mitarbeiter mit der Errichtung der Bodenplatte zu beauftragen.*
>
> *Die oben geforderte Abhilfe erwarten wir unverzüglich.*
>
> *Mit freundlichen Grüßen*

> **Musterschreiben: Mahnung nach fruchtloser Abhilfeanordnung**
>
> *Sehr geehrter Herr Auftragnehmer,*
>
> *bereits mit Schreiben vom ...., Ihnen nachweisbar zugegangen am ...., hatten wir Sie aufgefordert, unverzüglich mindestens sechs Mitarbeiter mit der Ausführung der Bodenplatte zu beauftragen, damit die Leistung kurzfristig fertiggestellt werden kann. Sie sind unserer Aufforderung in keiner Weise nachgekommen. Wir konnten feststellen, dass am .... erneut nur drei Mitarbeiter Ihrer Firma anwesend waren.*
>
> *Wir setzen Ihnen eine Nachfrist, die Baustelle mit der von uns geforderten Personalstärke zu besetzen bis zum ....*
>
> *Sollte auch diese Nachfrist wiederum fruchtlos verstreichen, werden wir Ihnen den Auftrag gemäß § 8 Abs. 3 VOB/B entziehen.*
>
> *Wir werden dann einen anderen Nachunternehmer mit der Fertigstellung der Bauleistung beauftragen. Die damit verbundenen Mehrkosten gehen zu Ihren Lasten. Sämtliche Ansprüche, insbesondere Ansprüche auf Ersatz weiterer Schäden, behalten wir uns ausdrücklich vor.*
>
> *Mit freundlichen Grüßen*

Vor der Kündigung des Vertrages sollte der Auftraggeber prüfen, ob nicht die **Aufrechterhaltung des Vertrages** und das Geltendmachen von Schadensersatz oder der Vertragsstrafe der für ihn günstigere Weg ist. Es sollten daher sämtliche Optionen offengehalten werden.

III. Kündigung wegen Verzuges mit der Mängelbeseitigung

Gemäß § 8 Abs. 3 i. V. m. § 4 Abs. 7 VOB/B hat der Auftraggeber bei einem VOB-Vertrag schon **vor der Abnahme** das Recht, Mängelbeseitigung zu verlangen und dieses Recht auch mit empfindlichen Druckmitteln durchzusetzen. Untechnisch gesprochen handelt es sich um eine Art „Gewährleistung vor Abnahme".

Die Vertragskündigung gemäß § 8 Abs. 3 i. V. m. § 4 Abs. 7 VOB/B hat die folgenden Voraussetzungen:

- Aufforderung zur Mängelbeseitigung (mit Fristsetzung),
- Nachfristsetzung mit Kündigungsandrohung,
- Kündigungserklärung.

Wichtig: § 8 Abs. 3 Nr. 2 VOB/B

Der Auftraggeber ist im Stadium vor Abnahme erst dann zur Beauftragung einer **Ersatzvornahme** (jetzt: Selbstvornahme) berechtigt, wenn er seinem Auftragnehmer vorher gemäß § 8 Abs. 3 VOB/B den Vertrag **gekündigt** hat. Die Rechtsprechung sieht dieses Erfordernis ausgesprochen streng und lässt keine Ausnahmen zu. Der Bundesgerichtshof hält die vorherige Kündigung nur dann für entbehrlich, wenn der Auftragnehmer die vertragsgemäße Fertigstellung der Leistung ernsthaft verweigert hat (BGH, IBR 2009, 14). Dies wird häufig übersehen.

> **Beispiel:**
>
> Nachdem der Bauherr den Dachdecker D dreimal vergeblich zur ordnungsgemäßen Verklebung der Dampfsperre aufgefordert hat, lässt er diese Arbeit kurzerhand vom Inneneinrichter I ausführen und verlangt von D Kostenerstattung.

Der Bauherr hat keinen Anspruch auf Kostenerstattung. Er hätte den Vertrag mit D vorher wirksam (teil-)kündigen müssen.

1. Beweispflicht für die Mangelhaftigkeit der Leistung

Der Bauvertrag befindet sich im Stadium vor Abnahme, also muss der **Auftragnehmer** die Mangelfreiheit seiner Leistung beweisen. Dies gilt uneingeschränkt. Es kann jedoch in Einzelfällen aus Sicherheitsgründen angebracht sein, dass auch durch den Auftraggeber eine **Beweissicherung** in einem gewissen Umfang durchgeführt wird. Wird die mangelhafte Leistung vollständig entfernt, so ist **weiteren Streitigkeiten**, z. B. über die Angemessenheit der Nachbesserung, aus dem Wege zu gehen. Den Auftraggebern ist daher zu empfehlen, Beweise durch eine umfangreiche **Fotodokumentation** und ggf. auch durch ein Gutachten zu sichern. Dabei sollte man sich eines öffentlich bestellten und vereidigten Sachverständigen und nicht des befreundeten Architekten bedienen (vgl. hierzu E).

Auf der anderen Seite muss natürlich der Auftragnehmer daran interessiert sein, die Leistung sowohl dem Umfang nach als auch in Bezug auf die Mangelfreiheit feststellen zu lassen. **§ 8 Abs. 6 (7) VOB/B** gibt ihm daher das Recht, vom Auftraggeber ein Aufmaß und eine Abnahme der bis zur Kündigung erbrachten Leistungen zu verlangen. Die Feststellung der erbrachten Leistung ist für den Auftragnehmer von herausragendem **Interesse**. Er muss davon ausgehen, dass der Auftraggeber nach der Kündigung einfach **weiterbaut** und er dann nicht mehr in der Lage ist, seine Leistung und die Mangelfreiheit darzustellen. Er muss **handeln**. Kommt der Auftraggeber der Aufforderung zur Feststellung des Aufmaßes und zur Abnahme innerhalb einer zu setzenden **Frist** nicht nach, muss er mit einem Gutachter das Aufmaß und die Mangelfreiheit selbst feststellen lassen. Erteilt der Auftraggeber ein **Baustellenverbot**, ist ggf. mit einer einstweiligen Verfügung der Zugang zur Baustelle durchzusetzen. Ob in diesen Fällen auch ein **gerichtliches Beweisverfahren** im Wege der einstweiligen Verfügung durchzusetzen ist, ist noch nicht abschließend geklärt. Einige Amtsgerichte sind hier großzügig.

2. Form und Inhalt der Mängelrüge

Es ist von entscheidender Bedeutung, dass der Mangel derart konkret benannt wird, dass der Auftragnehmer unschwer in die Lage versetzt wird, den Mangel zu erkennen und zu beseitigen.

> **Beispiele für nicht ausreichende Mängelrügen:**
> - Der Putz ist mangelhaft. (Die konkreten Mängel sind zu bezeichnen und örtlich einzugrenzen.)
> - Die Rollladenkästen müssen nachgearbeitet werden. (Es ist zu beschreiben, warum nachgearbeitet werden muss.)
> - Ordnungsgemäßheit der Abdichtung ist nachzuweisen. (Ein Auftragnehmer schuldet nur selten Nachweise. Geschuldet ist eine mangelfreie Abdichtung.)
> - Die Dachterrasse ist nicht DIN-gerecht. (Wo liegt genau der Verstoß gegen welche DIN-Vorschrift?)

Zu beachten ist, dass es ausreicht, wenn das **Symptom**, also das **Erscheinungsbild** eines Mangels, angezeigt wird (sehr weitgehend OLG Hamm, IBR 2008, 731). Die Bezugnahme auf ein Gutachten reicht aus, wenn das Gutachten der Mängelrüge beigefügt ist (vgl. BGH, IBR 2009, 17). Ausführungen zur **Mangelursache** sind nicht erforderlich. Sie schaden nicht, können sogar sehr hilfreich sein. Hier ist jedoch Zurückhaltung geboten. Es darf nicht dazu führen, dass dem **Auftragnehmer** eine gewisse **Art** und **Weise** der **Mängelbeseitigung** vorgeschrieben wird. Es ist sein Recht und steht in seinem Ermessen, wie er die Mängelbeseitigung durchführt.

Dringend gewarnt wird vor der „Unsitte", mit einer Mängelrüge **Baustellenverbote** (Hausverbote) zu erteilen. Diese vereiteln das Mängelbeseitigungsrecht des Auftragnehmers und können deshalb nur schaden.

Die **Schriftform** ist zwar nicht zwingend vorgeschrieben (anders nach Abnahme, vgl. § 13 Abs. 5 Nr. 1 VOB/B. Bitte die nachfolgenden Ausführungen unter Ziff. 3. unbedingt lesen!). Aus Beweisgründen sollte jedoch die Schriftform gewählt werden. Die bisherigen Ausführungen zum **Nachweis** des Zuganges gelten entsprechend.

Die **Angemessenheit** der Frist orientiert sich an den Arbeiten, die zur Mängelbeseitigung **erforderlich** sind. Die Frist muss derart bemessen sein, dass die Mängelbeseitigung bei zügiger Arbeit auch möglich ist. Technische Besonderheiten sind zu berücksichtigen.

Der **Verzug** des Auftragnehmers mit der Mängelbeseitigung gibt dem Auftraggeber, auch im Stadium vor Abnahme, das Recht, eine **Abschlagszahlung** zurückzuhalten. Entweder ist die Abschlagszahlung noch nicht **fällig**, weil die vertragliche Fälligkeitsvoraussetzung (z. B. der Leistungsstand) nicht erfüllt ist, oder es ist ein Betrag für die Mängelbeseitigungskosten zurückzuhalten. § 641 Abs. 3 BGB ist vor Abnahme nicht anwendbar. Der zweifache Betrag, den die Mängelbeseitigung kosten würde, ist jedoch sicherlich ein brauchbarer Anhaltspunkt.

3. Exkurs: Mängelbeseitigung nach Abnahme gemäß § 13 Abs. 5 VOB/B

Im Vorgriff auf die Ausführungen zur Gewährleistung (jetzt: Mängelansprüche, vgl. hierzu J) soll zur Verdeutlichung und Abgrenzung schon an dieser Stelle einmal kurz auf die Mangelhaftigkeit nach Abnahme eingegangen werden. Nach Abnahme ist gemäß § 13 Abs. 5 VOB/B nur noch eine **Mängelrüge** mit Fristsetzung erforderlich.

§ 13 Abs. 5 Nr. 2 VOB/B regelt ausdrücklich, dass der Auftraggeber berechtigt ist, die Mängel auf Kosten des Auftragnehmers beseitigen zu lassen, wenn der Auftragnehmer der Aufforderung zur Mängelbeseitigung innerhalb **einer** vom Auftraggeber gesetzten angemessenen Frist nicht nachgekommen ist (vgl. hierzu unten J I. 1.)

Eine Kündigung ist nicht möglich, weil der **Vertrag** bereits **erfüllt** ist. Der Auftraggeber hat nach dem fruchtlosen Ablauf einer Frist das Recht, die Ersatzvornahme durchzuführen.

Dies muss der Auftragnehmer unbedingt beachten. Er verliert sein eigenes **Mängelbeseitigungsrecht** bereits nach dem Verstreichen nur einer Frist. Frühere Voraussetzungen, wie z. B. ein Vertrauensverlust in die Leistungsfähigkeit des Auftragnehmers, sind Rechtsgeschichte. Dies ist vor allem problematisch, wenn Streit über die Mangelhaftigkeit der Leistung besteht.

> **Beispiel:**
>
> Der Auftraggeber fordert den Rohbauer R zwei Jahre nach der Abnahme auf, den Mangel „Feuchtigkeit im Waschkeller" zu beseitigen. R lässt die zur Mängelbeseitigung gesetzte Frist verstreichen und meint, es läge kein Mangel vor. Der Auftraggeber bzw. der Nutzer habe falsch gelüftet. Im Übrigen würde durch die Waschgeräte zu viel Wärme ausgestrahlt, was im Ergebnis zu einer Schwitzwasserbildung an den Wänden führe. Daraufhin wird ein gerichtliches Beweisverfahren durchgeführt, in dem festgestellt wird, dass die Bitumendickbeschichtung an der Außenwand lückenhaft aufgetragen wurde. R findet sich nunmehr mit der Mangelhaftigkeit seiner Leistung ab und fragt an, wann er die Nachbesserung durchführen könne.

Die R gesetzte Frist ist fruchtlos verstrichen. Der Auftraggeber hat nun ein Wahlrecht, ob er R die Arbeiten ausführen oder zu seinen Lasten eine Ersatzvornahme (jetzt: Selbstvornahme) durchführen lässt.

Nach Abnahme müssen die Aufforderung zur Mängelbeseitigung und die Fristsetzung zwingend schriftlich erfolgen. Eine Mängelrüge per **E-Mail** ist nicht ausreichend (OLG Jena, IBR 2015,11; LG Frankfurt, Urteil vom 08.01.2015 – 2-20 O 229/13). Demensprechend dürfte es auch nicht ausreichen, wenn die Mängelrüge als **PDF-Datei** eingescannt wird und einer E-Mail als Anhang beigefügt wird.

4. Aufforderung zur Mängelbeseitigung

Der Auftragnehmer ist aufzufordern, die Mängel zu beseitigen. Er ist nicht aufzufordern:

- ein Sanierungskonzept zu erstellen (OLG Brandenburg, Urteil vom 20.09.2007 – 12 U 86/06),
- Auskunft zu erteilen, wie er sich die Mängelbeseitigung vorstelle,
- seine Bereitschaft zur Mängelbeseitigung zu erklären.

III. Kündigung wegen Verzuges mit der Mängelbeseitigung

> **Musterschreiben: Aufforderung zur Mängelbeseitigung vor Abnahme**
>
> *BV.: Bachstr. 15 in Leipzig*
>
> *Hier: Aufforderung zur Mängelbeseitigung gemäß § 4 Abs. 7 VOB/B*
>
> Sehr geehrter Herr Auftragnehmer,
>
> bei einer Besichtigung der Baustelle am heutigen Tage haben wir festgestellt, dass Ihre Bauleistung den folgenden Mangel aufweist:
>
> Entgegen der Leistungsbeschreibung wurden in den Bädern im EG, 1. OG und 2. OG nicht die imprägnierten grünen Gipskartonplatten, sondern nicht imprägnierte weiße Gipskartonplatten angebracht.
>
> Wir fordern Sie auf, unverzüglich, spätestens bis zum .... (zwei Tage), den Mangel zu beseitigen.
>
> Mit freundlichen Grüßen

Der Auftragnehmer darf die Mängelbeseitigung nicht davon abhängig machen, dass er zunächst auf der Bezahlung einer **offenen Abschlagsrechnung** besteht (vgl. OLG Karlsruhe, IBR 2012, 514). Eine Mängelrüge bezieht sich immer auf bereits erbrachte Leistungen. Der Auftragnehmer ist vorleistungspflichtig und darf deshalb die Bereitschaft zur Beseitigung berechtigter Mängel grundsätzlich nicht mit offenen Forderungen aus Abschlagsrechnungen verbinden.

5. (Nach-)Fristsetzung mit Kündigungsandrohung

Die Kündigungsmöglichkeit des § 8 Abs. 3 VOB/B i. V. m. § 4 Abs. 7 VOB/B setzt nicht zwingend eine Fristsetzung bei der (ersten) Anzeige des Mangels und der (ersten) Aufforderung zur Mängelbeseitigung voraus. Es ist jedoch zweckmäßig, die Anzeige des Mangels schon gleich mit einer Fristsetzung zu verbinden (vgl. Musterschreiben unter D III. 4.) Deshalb geht auch das nachfolgende Musterschreiben von einer Nachfristsetzung aus.

> **Musterschreiben:**
>
> *BV.: Bachstr. 15 in Leipzig*
>
> *Hier: Aufforderung zur Mängelbeseitigung gemäß § 4 Abs. 7 VOB/B und Androhung der Auftragsentziehung*
>
> Sehr geehrter Herr Auftragnehmer,
>
> bereits mit Schreiben vom ...., Ihnen nachweislich zugegangen am ...., hatten wir Sie unter Fristsetzung zum .... aufgefordert, in den Bädern im EG, 1. OG und 2. OG die weißen Gipskartonplatten durch grüne Gipskartonplatten zu ersetzen. Dieser Aufforderung sind Sie leider bislang nicht nachgekommen.

> Wir setzen Ihnen daher eine Nachfrist zur Mängelbeseitigung zum .... (zwei Tage). Sollte auch diese Frist fruchtlos verstreichen, werden wir Ihnen den Auftrag hinsichtlich des Gewerkes „Trockenbau/Bäder" entziehen und die Arbeiten zu Ihren Lasten durch ein anderes Unternehmen ausführen lassen. Für weiter entstehende Schäden werden wir Sie haftbar machen.
>
> Mit freundlichen Grüßen

6. Kündigungserklärung

Der Auftraggeber darf nicht vergessen, die (Teil-)Kündigung auch zu **erklären**, weil andernfalls gemäß § 8 Abs. 3 Nr. 2 VOB/B die Ersatzvornahmekosten (jetzt: Selbstvornahme) nicht geltend gemacht werden können.

> **Musterschreiben:**
>
> *BV.: Bachstr. 15 in Leipzig*
>
> *Hier: Auftragsentziehung*
>
> *Sehr geehrter Herr Auftragnehmer,*
>
> *bereits mit Schreiben vom .... haben wir Sie unter Fristsetzung zum .... aufgefordert, die in diesem Schreiben näher bezeichneten Mängel zu beseitigen. Gleichzeitig haben wir Ihnen für den Fall des fruchtlosen Verstreichens der Nachfrist die Vertragskündigung angedroht.*
>
> *Leider mussten wir feststellen, dass auch die Nachfrist fruchtlos verstrichen ist.*
>
> *Wir erklären daher die*
>
> *Kündigung*
>
> *des Gewerkes „Trockenbau/Bäder" gemäß § 8 Abs. 3 i. V. m. § 4 Abs. 7 VOB/B.*
>
> *Wir werden nunmehr einen anderen Nachunternehmer mit der Mängelbeseitigung beauftragen. Die damit verbundenen Mehrkosten gehen zu Ihren Lasten. Sämtliche Ansprüche, insbesondere Ansprüche auf Schadensersatz und Vertragsstrafe, behalten wir uns vor.*
>
> *Mit freundlichen Grüßen*

IV. Kündigung wegen des rechtswidrigen Einsatzes von Nachunternehmern gemäß § 8 Abs. 3 VOB/B

Die Regelung des § 4 Abs. 8 Nr. 1 VOB/B lautet:

> „Der Auftragnehmer hat die Leistung im eigenen Betrieb auszuführen. Mit schriftlicher Zustimmung des Auftraggebers darf er sie an Nachunternehmer übertragen. Die Zustimmung ist nicht notwendig bei Leistungen, auf die der Betrieb des Auftragnehmers **nicht eingerichtet** ist. Erbringt der Auftragnehmer ohne schriftliche Zustimmung des Auftraggebers Leistungen nicht im eigenen Betrieb, obwohl sein Betrieb darauf eingerichtet ist, kann der Auftraggeber ihm eine angemessene Frist zur Aufnahme der Leistung im eigenen Betrieb setzen und erklären, dass er ihm nach fruchtlosem Ablauf der Frist den Auftrag entziehe (§ 8 Abs. 3)."

Diese Vorschrift hat mit der Neufassung der VOB 2000 Einzug in das Regelwerk gehalten. Sie ist **praxisfern** und wird in der Regel **noch weitgehend nicht beachtet**. Sie kann jedoch erhebliche Konsequenzen haben, da dem Auftraggeber ein Kündigungsrecht eingeräumt wird.

Droht der Auftraggeber die Kündigung an, muss der Auftragnehmer sich von seinem Nachunternehmer trennen, wenn er nicht die Vertragskündigung riskieren will. Dies stellt ihn vor erhebliche rechtliche und auch **wirtschaftliche** Schwierigkeiten. In der Regel wird er gegenüber dem Nachunternehmer keinen Kündigungsgrund haben. Auch ist es zweifelhaft, ob er die Leistungen im eigenen Betrieb so günstig erbringen kann wie sein Nachunternehmer.

Es ist daher zu empfehlen, sich schon bei **Vertragsschluss** das Recht einräumen zu lassen, dass die Leistung zum Teil durch Nachunternehmer erbracht werden kann.

Mit Einführung der VOB 2016 wurde § 4 Abs. 8 Nr. 3 VOB/B dahingehend erweitert, dass der Auftragnehmer nunmehr verpflichtet ist, dem Auftraggeber spätestens bis zum Leistungsbeginn des Nachunternehmers **ohne Aufforderung** Folgendes mitzuteilen: Name des Nachunternehmers, gesetzlicher Vertreter und dessen Kontaktdaten. Auf **Verlangen** des Auftraggebers hat der Auftragnehmer für seine Nachunternehmer Erklärungen und Nachweise zur Eignung vorzulegen.

Die Verletzung dieser Pflicht führt jedoch nicht zu einem Kündigungsrecht des Auftraggebers.

V. Kündigung wegen Vergabeverstoßes gem. § 8 Abs. 4 VOB/B

Mit Einführung der VOB 2016 wurde die Kündigungsmöglichkeit des Auftraggebers wegen Verstößen des Auftragnehmers im Vergabeverfahren spezifiziert und erweitert. Zudem wurde für Änderungen in der Rechtslage des Vergaberechts eine Kündigungsmöglichkeit des Auftragnehmers gegenüber seinen Nachunternehmern eingeführt, vgl. § 8 Abs. 5 VOB/B.

Die praktische Relevanz dieses Kündigungsgrundes war jedoch schon in der Vergangenheit außergewöhnlich gering. Es wird daher an dieser Stelle darauf verzichtet, die hier einschlägigen Regelungen des Vergaberechts, die ohne Vorkenntnisse ohnehin nicht verständlich sind, darzustellen.

VI. Die Kündigung aus wichtigem Grund durch den Auftraggeber

Neben den zuvor beschriebenen Kündigungsmöglichkeiten, die alle ausdrücklich in der VOB geregelt sind, hat die Rechtsprechung einen weiteren Kündigungsgrund entwickelt, die sog. „Kündigung aus wichtigem Grund". In den Fällen, in denen das zwischen dem Auftraggeber und dem Auftragnehmer erforderliche **Vertrauensverhältnis** so nachhaltig gestört ist, dass einer der Vertragsparteien ein Festhalten am Vertrag nicht mehr zugemutet werden kann, soll diese Kündigungsform zulässig sein, auch wenn die sonstigen Voraussetzungen einer Kündigung (Frist, Nachfrist mit Kündigungsandrohung) nicht vorliegen (vgl. BGH, BauR 2007, 1404).

Zunächst muss darauf hingewiesen werden, dass diese Kündigungsmöglichkeit eine **Ausnahme** von der Regel ist, dass die in den §§ 8 und 9 VOB/B geregelten Kündigungsvoraussetzungen vorliegen müssen. Es sollte daher nur sehr **zurückhaltend** von dieser Kündigungsform Gebrauch gemacht werden und vor allem sollte stets geprüft werden, ob nicht die Möglichkeit besteht, den sicheren Weg über die ausdrücklich geregelten Kündigungsmöglichkeiten zu gehen. Häufig hat der Auftragnehmer oder der Auftraggeber einfach die Nase voll, weil er sich sehr über die andere Vertragspartei geärgert hat, und wird aus dieser subjektiven Stimmung vorschnell das gestörte Vertrauensverhältnis bejahen und die Kündigung erklären. Ob diese Kündigung dann vor Gericht Bestand hat, ist mehr als fraglich.

> **Beispiel** (nach BGH, IBR 2007, 469):
>
> Der Heizungsbauer H soll für den Auftraggeber (AG) Wärmedämmarbeiten in der Heizzentrale einer Justizvollzugsanstalt ausführen. Er weist den AG darauf hin, dass die HeizAnlV nicht eingehalten werde, weil der erforderliche Abstand zwischen den gedämmten Rohren und der Wand zu gering sei. Daraufhin verlangt der AG von H, dass dieser eine geringere Dämmung anbringen soll, was wieder zu einem Verstoß gegen die HeizAnlV geführt hätte. H teilt dem AG dies mit und nimmt die Arbeiten trotz einer Fristsetzung durch den AG nicht wieder auf. Daraufhin kündigt der AG den Vertrag.

Die Kündigungsvoraussetzungen des § 8 Abs. 3 VOB/B wurden nicht eingehalten. Es fehlt an einer Nachfristsetzung und an einer Kündigungsandrohung. Nach Auffassung des BGH lagen auch die Voraussetzungen einer Kündigung aus wichtigem Grund nicht vor. Der AG war nicht berechtigt, sofort die „dicke Keule" Kündigung herauszuholen. Er hätte zunächst das Gespräch mit H suchen müssen. Der AG hat somit eine „freie Kündigung gem. § 8 Abs. 1 VOB/B erklärt (vgl. I.). Er muss H nun seinen „entgangenen Gewinn" erstatten.

Das Problem bei der Beurteilung, ob eine Kündigung aus wichtigem Grund vor Gericht standhält, lieg darin, dass von der Rechtsprechung keine klaren Linien vorgegeben werden. Die Gerichte treffen immer **Einzelfallentscheidungen**, bei denen eine andere Betrachtung auch vertretbar gewesen wäre.

VII. Kündigung wegen fehlender Mitwirkung des Auftraggebers gemäß § 9 Abs. 1 Nr. 1 VOB/B

> **Beispiel** (nach OLG München, Urt. vom 22.02.2011 – 9 U 1731/10):
>
> Der Stahlbauer S führt im Auftrag des Bauherrn B die Montage einer Stahlunterkonstruktion für eine textile Unterdecke in einer Halle durch. Zwischen S und B kommt es zu Streitigkeiten über die Fälligkeit einer Abschlagsrechnung. S will Druck auf B ausüben und verringert die für das Bauvorhaben erforderliche Personalstärke von 20 auf 10 Personen. B fordert S auf, binnen 24 Stunden das Personal wieder aufzustocken. Als S dieser Aufforderung nicht nachkommt, kündigt B den Vertrag.

Das OLG München gibt B recht und hält die Kündigung aus wichtigem Grund für wirksam. Die Haltung des S stelle im Ergebnis eine Leistungsverweigerung dar, die B in Anbetracht der engen Bauzeit zur sofortigen Kündigung berechtigt habe.

Ich halte die Entscheidung für problematisch, weil B eigentlich den Weg der Kündigung gem. § 8 Abs. 3 VOB/B i. V. m. § 5 Abs. 3 und 4 VOB/B hätte gehen müssen. Eine enge Bauzeit und sogar ein bestehender Bauverzug sind keine außergewöhnlichen Ereignisse, die den Auftraggeber bei einer Vertragskündigung privilegieren sollten.

Die Kündigung aus wichtigem Grund ist stets möglich, wenn der Auftragnehmer die Arbeiten zu Unrecht und **endgültig** einstellt (OLG Koblenz, IBR 2014, 199). Dies gilt auch, wenn der Auftragnehmer den Bauvertrag grundlos kündigt.

VII. Kündigung wegen fehlender Mitwirkung des Auftraggebers gemäß § 9 Abs. 1 Nr. 1 VOB/B

Schon ein Vergleich des Umfanges der Texte von § 8 VOB/B (Kündigungsrecht des Auftraggebers) und § 9 VOB/B (Kündigungsrecht des Auftragnehmers) verdeutlicht, dass die Kündigungsmöglichkeiten des Auftraggebers sehr viel ausführlicher geregelt sind. Das Recht zur „freien Kündigung" (vgl. hierzu D I.) steht dem Auftragnehmer nicht zu. Das bedeutet, dass er stets einen **Kündigungsgrund** vortragen muss und dazu noch die in § 9 VOB/B geregelten Formalien einhalten muss. Andernfalls ist seine Kündigung unwirksam mit der Folge, dass der Bauvertrag nicht beendet wird, sondern fortbesteht. Dies führt häufig dazu, dass nunmehr der Auftraggeber in die Offensive geht und seinerseits die Kündigung des Vertrages erklärt. Der Auftragnehmer sollte daher stets sorgfältig prüfen, ob seine Kündigung tatsächlich **„wasserdicht"** ist.

§ 4 VOB/B regelt eine Vielzahl von Pflichten, die dem Auftraggeber bei der Ausführung eines Bauvorhabens obliegen. So hat er z. B. für die Aufrechterhaltung der allgemeinen Ordnung auf der Baustelle zu sorgen, das Zusammenwirken der verschiedenen Unternehmer zu regeln und die erforderlichen öffentlich-rechtlichen Genehmigungen und Erlaubnisse einzuholen. Kommt der Auftraggeber dieser Verpflichtung nicht nach, erschwert er zwangsläufig die Arbeit des Auftragnehmers. Die VOB räumt dem Auftragnehmer in diesen Fällen ein Kündigungsrecht ein.

Beispiel:

Der Eigenheimbauer E hat sich gegenüber dem Lehrer L verpflichtet, dessen Eigenheim, welches der Architekt des L geplant hat, zu errichten. Der Bauvertrag sieht den Baubeginn zum 01.11. vor. Ende Oktober teilt L dem E mit, dass er mit seiner Bauleistung noch nicht anfangen könne, weil die erforderliche Baugenehmigung noch nicht vorläge.

E sollte L nunmehr mit angemessener Fristsetzung auffordern, die erforderliche Handlung nachzuholen.

Musterschreiben:

BV.: Schillerstraße 17 in Köln

Vorlage der Baugenehmigung

Sehr geehrter Herr Auftraggeber,

es ist Ihnen sicherlich bekannt, dass in § 8 unseres Bauvertrages vom .... der Baubeginn für den 01.11. .... vereinbart wurde. Mit Schreiben vom .... haben Sie mir mitgeteilt, dass die Baugenehmigung noch nicht vorliegt und wir mit den Bauarbeiten nicht beginnen können.

Ich bitte um Verständnis, dass auch wir auf einer Einhaltung der abgesprochenen Termine bestehen müssen, da andernfalls ein geordneter Geschäftsbetrieb in unserem Unternehmen nicht möglich ist.

Ich fordere Sie daher auf, die Baugenehmigung unverzüglich, spätestens bis zum .... (zwei Wochen), vorzulegen und damit für die erforderliche Baufreiheit zu sorgen.

Vorsorglich zeigen wir an, dass wir durch die fehlende Baugenehmigung in der Bauausführung behindert sind.

Mit freundlichen Grüßen

Verstreicht die vom Auftragnehmer gesetzte Frist, ohne dass der Auftraggeber die erforderliche Handlung vornimmt, muss ihm der Auftragnehmer eine Nachfrist setzen und erklären, dass er nach fruchtlosem Verstreichen der Frist den Bauvertrag kündige.

Musterschreiben:

BV.: Schillerstraße 17 in Köln

Vorlage der Baugenehmigung, Kündigungsandrohung

Sehr geehrter Herr Auftraggeber,

wir haben Sie mit Schreiben vom .... unter Fristsetzung zum .... aufgefordert, die erforderliche Baugenehmigung vorzulegen, damit wir endlich mit den Bauarbeiten

> beginnen können. Leider haben wir seitdem nichts mehr von Ihnen gehört. Die von uns gesetzte Frist ist fruchtlos verstrichen.
>
> Wir fordern Sie daher nochmals auf, die Baugenehmigung bis zum .... (zwei Wochen) vorzulegen. Sollte die Baugenehmigung nicht bis zum .... erteilt sein, werden wir den Bauvertrag gem. § 9 Abs 1 Nr. 1 VOB/B kündigen und unsere Ansprüche gem. § 9 Abs. 3 VOB/B beziffern.
>
> Mit freundlichen Grüßen

Nach Ablauf der Nachfrist kann der Auftragnehmer den Vertrag **schriftlich** kündigen.

VIII. Kündigung wegen Zahlungsverzuges des Auftraggebers gemäß § 9 Abs. 1 Nr. 2 VOB/B

§ 9 Abs. 1 Nr. 2 VOB/B räumt dem Auftragnehmer das Recht ein, den Bauvertrag zu kündigen, falls der Auftraggeber in Zahlungsverzug gerät. Ich möchte darauf hinweisen, dass von dieser Kündigungsmöglichkeit nur sehr zurückhaltend Gebrauch gemacht werden sollte. Zahlt der Auftraggeber eine fällige (21 Tage gem. § 16 Abs. 1 Nr. 3 VOB/B) Abschlagszahlung nicht, kann der Auftragnehmer ihm eine Nachfrist setzen und gem. § 16 Abs. 5 Nr. 4 VOB/B sein Zurückbehaltungsrecht mit der Bauleistung ausüben. Häufig ist ihm schon damit gedient, erst einmal nicht in Vorleistung gehen zu müssen. Er kann jetzt in aller Ruhe abwarten, wie der Auftraggeber reagiert. Empfehlenswert ist in dieser Situation auch der Weg über § 648a BGB (vgl. unten I, S. 99 ff.).

§ 9 Abs. 1 Nr. 2 VOB/B setzt zunächst voraus, dass der Auftraggeber sich mit der Bezahlung einer Abschlagsrechnung in Zahlungsverzug befindet. Hierzu ist es bei Abschlagsrechnungen erforderlich, dass der Auftragnehmer dem Auftraggeber eine angemessene Frist zur Zahlung setzt. Diese sollte mindestens zehn Tage betragen.

Zahlt der Auftraggeber innerhalb der vom Auftragnehmer gesetzten Frist nicht, muss ihm der Auftragnehmer eine Nachfrist setzen (zehn Tage) und die Kündigung des Bauvertrages androhen.

Nach Ablauf der Nachfrist kann der Auftragnehmer den Vertrag **schriftlich** kündigen.

IX. Die Kündigung aus wichtigem Grund durch den Auftragnehmer

Die Grundsätze der Kündigung aus „wichtigem Grund" wurden schon unter D VI. aus Sicht des Auftraggebers dargestellt. Diese Ausführungen haben spiegelbildlich auch für das Kündigungsrecht des Auftragnehmers Geltung. Wiederholt sei darauf hingewiesen, dass grundsätzlich Zurückhaltung angebracht ist und nicht die subjektive Wahrnehmung des Auftragnehmers streitentscheidend ist, sondern eine objektive Betrachtungsweise.

> **Beispiel** (nach OLG Schleswig – 5 U 123/08):
>
> Der Generalunternehmer (GU) errichtet im Auftrage des Bauherrn B ein 4-Sterne-Hotel in Lübeck. Das gesamte Auftragsvolumen beträgt 4,6 Millionen Euro netto. B verlangt vom GU die Entsorgung eines vorgefundenen Tennisplatzes, die Verkleidung der Balkonunterseiten und den Einbau eines zusätzlichen Fensters. Der GU macht Mehrkosten i. H. v. 68.000,00 EUR geltend. B lehnt diese unter Hinweis auf den Pauschalpreisvertrag ab. Daraufhin kündigt der GU den Bauvertrag.

Zu Unrecht. Der GU durfte den Vertrag nicht gleich kündigen. Die fehlende Nachtragsbeauftragung durch B gibt ihm nicht das Recht, gleich das „scharfe Schwert" Kündigung herauszuholen, zumal die Nachtragsposition insgesamt nur einen Betrag i. H. v. 1,5 % des gesamten Vertragsvolumens ausmachte.

Aus Sicht des Auftragnehmers ist die fehlende Bezahlung von Rechnungen sicherlich das am häufigsten auftretende Ärgernis. Die **Zahlungsverweigerung** gibt dem Auftragnehmer aber so gut wie nie ein Recht zur Kündigung aus „wichtigem Grund", weil der Auftragnehmer immer die Möglichkeit hat, nach § 9 Abs. 1 Nr. 2 VOB/B (vgl. D VIII.) vorzugehen.

X. Das Erfordernis der Abnahme bei gekündigten Verträgen

Der Bundesgerichtshof hat bis Mai 2006 die durchaus praktikable Rechtsprechung aufrechtgehalten, dass bei gekündigten Bauverträgen die **Abnahme** nicht Fälligkeitsvoraussetzung für die Schlussrechnung des Auftragnehmers ist. Diese Rechtsprechung war zu begrüßen, denn sie trug dem Umstand Rechnung, dass nach einer Vertragskündigung die Parteien des Bauvertrages zerstritten sind und es in der Praxis den Auftragnehmer vor große Probleme stellt, von dem missgelaunten Auftraggeber noch eine Abnahme zu erlangen. Dies gilt insbesondere dann, wenn der Auftraggeber den Bauvertrag wegen **mangelhafter Leistung** gemäß § 8 Abs. 3 VOB/B i. V. m. § 4 Abs. 7 VOB/B gekündigt hat. Diese Rechtsprechung hat der Bundesgerichtshof mit Urteil vom 11.05.2006 = IBR 2006, 440, 441 geändert und entschieden, dass nunmehr auch bei gekündigten Bauverträgen die Abnahme grundsätzlich Fälligkeitsvoraussetzung für den Vergütungsanspruch ist. Zur Begründung führt der Bundesgerichtshof aus, dass gemäß § 641 Abs. 1 BGB eine Schlussrechnung erst nach Abnahme fällig werde und das BGB nicht zwischen gekündigten und ordnungsgemäß abgewickelten Verträgen unterscheide. Es sei kein rechtlich tragfähiger Grund dafür ersichtlich, an die Fälligkeitsvoraussetzungen des für den **erbrachten Leistungsteil geschuldeten Vergütungsanspruchs** geringere Anforderungen zu stellen, als sie für den Fall des vollständig durchgeführten Vertrages bestehen. Vielmehr würde eine Reduzierung dieser Anforderungen, ein Verzicht auf die Abnahme als Fälligkeitsvoraussetzung, den Auftragnehmer zu Unrecht bevorzugen. Etwas anderes soll nach Auffassung des Bundesgerichtshofes jedoch dann gelten, wenn der Auftraggeber keinerlei Bauleistungen mehr vom Auftragnehmer (auch nicht ihm Rahmen der Mängelbeseitigung) verlangt, sondern ausschließlich **Schadensersatz** oder **Minderung** geltend macht (sog. Abrechnungsverhältnis).

X. Das Erfordernis der Abnahme bei gekündigten Verträgen

> **Beispiel:**
>
> Der Generalunternehmer G hat mit dem Bauträger B einen Pauschalpreisvertrag über die Errichtung eines großen Wohn- und Geschäftshauses in der Münchener Innenstadt abgeschlossen. B kündigt einen Monat vor dem Fertigstellungstermin den Bauvertrag mit der Behauptung, die Bauleistung sei mangelhaft gemäß § 8 Abs. 3 VOB/B i. V. m. § 4 Abs. 7 VOB/B. G verlangt keine Abnahme, sondern erstellt eine Schlussrechnung, die er mangels Zahlung beim Landgericht München I einklagt. Im Prozess verteidigt sich B zunächst mit dem Argument, die Rechnung des G sei mangels Abnahme nicht fällig. Auch sei ihm durch die mangelhafte Leistung des G ein Schaden i. H. v. 1.000.000,00 EUR entstanden, mit dem er aufrechne.

Die Schlussrechnung ist fällig. Die Abnahme ist nicht mehr Voraussetzung für die Fälligkeit, weil B Schadensersatz geltend macht und damit der Vertrag in ein **Abrechnungsverhältnis** (vgl. auch OLG Celle, BauR 2008, 1637) eingetreten ist. Ob und in welcher Höhe G mit seiner Klage erfolgreich ist, beurteilt sich danach, ob die Schadensersatzansprüche des B berechtigt sind oder nicht. Hierüber ist Beweis zu erheben. G muss jedoch beachten, dass er mangels Abnahme weiterhin die Beweislast für die Mangelfreiheit seiner Bauleistung trägt. Der Umstand, dass die Abnahme keine Fälligkeitsvoraussetzung ist, bedeutet nicht, dass eine **Beweislastumkehr** eintritt. Dies würde nur dann gelten, wenn B die Abnahme unberechtigt verweigert hat (vgl. F VII.).

Die o. g. Rechtsprechung ist aber nicht nur wegen ihrer Praxisferne zu kritisieren, sondern auch, weil sie ein großes rechtliches Problem bereitet: Nach ständiger Rechtsprechung des Bundesgerichtshofes liegt ein Mangel i. S. d. Baurechts vor, wenn der **Ist-Zustand** einer Bauleistung von der vertraglich vereinbarten **Soll-Beschaffenheit** abweicht. Genau dies ist aber bei einer nicht fertiggestellten Bauleistung auch der Fall. Die erforderliche Abgrenzung ist in vielen Fällen nicht durchführbar.

> **Beispiel:**
>
> (wie oben) B trägt vor, er habe den Bauvertrag u. a. deshalb kündigen müssen, weil G den Mangel *„keine ausreichende Dämmung hinter der Abseitenwand"* trotz mehrfacher Fristsetzung und Kündigungsandrohung nicht beseitigt habe. G behauptet, er sei noch nicht fertig gewesen. Er habe die Arbeiten jedoch aufgrund der Vertragskündigung nicht abschließen können.

E Die Beweissicherung

I. Das Privatgutachten

Als Privatgutachten bezeichnet man ein Gutachten, welches ausschließlich von einer Partei des Bauvertrages im Wege eines Werkvertrages in Auftrag gegeben wurde. Deshalb wird es auch häufig als **Parteigutachten** bezeichnet. Der Auftragnehmer ist, wie bereits dargestellt, im Stadium vor der Abnahme weiterhin vollumfänglich beweisbelastet (vgl. BGH, BauR 2006, 2040). Es wird daher nochmals in Erinnerung gerufen, dass der Auftragnehmer den Auftraggeber nach einer **Vertragskündigung** unbedingt unter **Fristsetzung** zur Ab- und Aufmaßnahme auffordern muss. Reagiert der Auftraggeber nicht, muss der Auftragnehmer eigenverantwortlich tätig werden. Die sicherste Möglichkeit der Beweissicherung wäre die Durchführung eines gerichtlichen Beweisverfahrens. Hierzu fehlt dem Auftragnehmer jedoch in den meisten Fällen die Zeit, weil dies regelmäßig sechs Monate dauert. Die Zeitnot gilt insbesondere für den Fall, dass der Auftraggeber die Bauleistung des Auftragnehmers fertigstellen lässt.

Um die erforderliche, gerichtlich verwertbare Dokumentation zu erlangen, muss sich der Auftragnehmer der Hilfe eines Sachverständigen bedienen. Weil die Parteigutachten jedoch schon grundsätzlich nur einen eingeschränkten Beweiswert haben, sollte sorgfältig vorgegangen und die nachfolgenden Grundsätze unbedingt beachtet werden.

1. Auswahl des Sachverständigen

Die Titel „Sachverständiger" oder „Gutacher" sind gesetzlich nicht geschützt. Das bedeutet, dass sich jeder diese Bezeichnung zulegen kann und viele das auch tun, obwohl sie alles andere als qualifiziert sind. Leider ist auch zu beobachten, dass viele professionelle „Mängelsucher" ihr Unwesen treiben, die gerade private Bauherren verrückt machen. Bei der Auswahl des Sachverständigen sollte auf keinen Fall der befreundete Architekt oder Bauingenieur mal eben ein günstiges Gefälligkeitsgutachten erstellen. Ich empfehle, sich ausschließlich an einen **öffentlich bestellten** und vereidigten Gutachter zu wenden. Ein im Baurecht versierter Anwalt kann sicherlich eine Empfehlung darüber aussprechen, ob der Gutachter beim zuständigen Landgericht einen **guten Ruf** genießt.

2. Inhalt des Gutachtens

Inhaltlich sollte sich das Gutachten auch deutlich von einem „Gefälligkeitsgutachten" unterscheiden. D. h., es ist mit der gleichen **Sorgfalt** zu erstellen wie ein gerichtlich beauftragtes Gutachten und sollte auch in sonstiger Hinsicht den gleichen, hohen Anforderungen genügen; schließlich soll es ja auch vor Gericht standhalten. Der Sachverständige hat also genau den zu begutachtenden Sachverhalt zu untersuchen; er hat auch Umstände zu berücksichtigen, die gegen seinen Auftraggeber (des Gutachtens) sprechen. Seine Ausführungen müssen **nachvollziehbar, klar, verständlich, widerspruchsfrei** und vor allem **wissenschaftlich korrekt** und **gut**

begründet sein. Die Ausführungen sind anhand einer ausführlichen **Fotodokumentation** zu belegen, die sogar noch die Anforderungen eines gerichtlichen Gutachtens übertreffen sollte, denn es besteht ja die Möglichkeit, dass die Bausubstanz nicht mehr einer weiteren Begutachtung zugeführt werden kann, weil der Auftraggeber weiterbaut oder die Mängel beseitigen lässt. Mit einem flüchtigen „Gefälligkeitsgutachten", das einem gerichtlichen Verfahren nicht standhält, ist niemandem geholfen.

II. Das gerichtliche Beweisverfahren

Das gerichtliche Beweisverfahren, häufig wird auch noch die alte Bezeichnung „Beweissicherungsverfahren" verwendet, ist sicherlich kein juristisches Instrument, das ein Bauleiter beherrschen muss. Es wird daher hier nur in den Grundzügen dargestellt:

Zunächst ist anzumerken, dass das Verfahren der gerichtlichen Beweissicherung den größten Beweiswert hat, den es gibt. Wenn also die Zeit für ein derartiges Verfahren vorhanden ist, sollte es auf jeden Fall ernsthaft in Erwägung gezogen werden. Als Verfahrensdauer sollte jedoch ein Zeitraum von ca. **sechs Monaten** einkalkuliert werden. Technisch gesehen ist das gerichtliche Beweisverfahren eine Beweisaufnahme, die außerhalb eines sonst üblichen, ordentlichen Gerichtsverfahrens durchgeführt wird. Die **Beweisaufnahme** wird praktisch vorweggenommen in der Hoffnung, dass ein aufwendiges Gerichtsverfahren nach Abschluss des Beweisverfahrens nicht mehr erforderlich wird, weil beide Parteien die Feststellungen akzeptieren und nicht weiter streiten. Ist dies nicht der Fall, kann das Ergebnis des selbstständigen Beweisverfahrens auch zur Grundlage eines anschließenden Gerichtsverfahrens gemacht werden, in dem dann meist keine weitere Beweisaufnahme mehr erforderlich ist.

Ob überhaupt ein Beweisverfahren sinnvoll ist, bestimmt sich ausschließlich nach **taktischen** Erwägungen, die im Einzelfall zu berücksichtigen sind und sich nur schwer verallgemeinern lassen. Grundsätzlich kann jedoch gesagt werden, dass die Einleitung eines gerichtlichen Beweisverfahrens in der Regel keinen Sinn macht, wenn schon absehbar ist, dass die Parteien auch nach Abschluss des Verfahrens noch weiter streiten. Dann sollte gleich ein „normales" Gerichtsverfahren geführt werden.

Das selbstständige Beweisverfahren wird durch einen Antrag beim zuständigen Amts- oder Landgericht eingeleitet. In diesem Antrag werden die Beweisfragen formuliert, die an den vom Gericht zu beauftragenden Sachverständigen gerichtet sind.

> Beispiel:
>
> Es wird beantragt, Beweis zu erheben über die folgenden Fragen:
> 1. Ist der Außenputz an dem Bauvorhaben Schumannstr. 27 in der Weise mangelhaft ausgeführt, dass an der straßenseitigen Fassade im Bereich des Giebels Rissbildungen aufgetreten sind?
> 2. Welche Maßnahmen sind erforderlich, um diese Risse zu beseitigen?
> 3. Welche Kosten werden die Mängelbeseitigungsarbeiten verursachen?

Nachdem dem Antragsgegner Gelegenheit zur Stellungnahme gegeben und der erforderliche Vorschuss für den Sachverständigen entrichtet wurde, beauftragt das Gericht einen Sachverständigen mit der Begutachtung. Der führt dann in Anwesenheit der Parteien einen oder mehrere Ortstermine durch und erstellt sein Gutachten, zu dem die Parteien Stellung nehmen können. Das selbstständige Beweisverfahren ist beendet, wenn die Parteien keine Fragen mehr an den Gutachter richten. Ein formeller, das Verfahren beendender Beschluss findet häufig nicht statt.

F   Die Abnahme gemäß § 12 VOB/B

Die Abnahme ist die Erklärung des **Auftraggebers**, dass er das Werk körperlich **annimmt** und im Wesentlichen als **vertragsgemäß** billigt.

Die Pflicht zur Erklärung der Abnahme (Hauptleistungspflicht) trifft also nur den **Auftraggeber**. Dies gilt auch für die förmliche Abnahme, bei der der Auftragnehmer gewisse Mitwirkungspflichten hat. Selbstverständlich kann sich der Auftraggeber bei der Abnahme auch durch einen Bauleiter oder Sachverständigen vertreten lassen (OLG Düsseldorf, IBR 2013, 526). Die Abnahme ist sowohl bei BGB-Verträgen als auch bei VOB-Verträgen Voraussetzung für die **Fälligkeit** der Vergütung.

I.   Abnahmeformen

1.   Die förmliche Abnahme gemäß § 12 Abs. 4 VOB/B

Eine förmliche Abnahme hat stattzufinden, wenn eine Vertragspartei es (ausdrücklich) verlangt. Die „förmliche" Abnahme bedarf, wie der Name schon sagt, einer gewissen **Form**. Dies ist die schriftliche Niederlegung des Abnahmeergebnisses bei gleichzeitiger Anwesenheit beider Vertragsparteien.

In den Standardverträgen, die von den verschiedenen Gruppierungen der Bauwirtschaft herausgegeben werden, ist regelmäßig die **förmliche Abnahme** vorgeschrieben, wobei noch klarstellend hinzugefügt wird, das die übrigen Abnahmeformen des § 12 Abs. 5 VOB/B ausgeschlossen sind. Damit scheiden alle anderen Abnahmeformen aus. Seltene Ausnahme ist nur der **Verzicht** (nicht zu verwechseln mit der Abnahmeverweigerung) des Auftraggebers auf die förmliche Abnahme. Hier ist jedoch Zurückhaltung geboten. Anzunehmen wäre dies z. B., wenn der Auftraggeber über mehrere Monate keine Abnahme verlangt und die **Schlussrechnung** vollständig bezahlt.

2.   Die fiktive Abnahme gemäß § 12 Abs. 5 Nr. 1 VOB/B

Wird keine Abnahme verlangt, gilt die Leistung als abgenommen mit Ablauf von zwölf Werktagen nach schriftlicher Mitteilung über die **Fertigstellung der Leistung**. Wie bereits dargestellt, kommt diese Abnahmeform nur dann zur Anwendung, wenn keine förmliche Abnahme vereinbart wurde oder verlangt wird. Auch eine ausdrückliche **Abnahmeverweigerung** oder eine **Mängelrüge** schließen diese Abnahmeform aus. Trotzdem ist der Auftragnehmer gut beraten, eine Fertigstellungsanzeige zu versenden. Dies kann nicht schaden, weil der Fertigstellungstermin auch aus anderen Gründen von Bedeutung ist, z. B. für die Bemessung der Vertragsstrafe. Es ist anerkannt, dass auch die Zusendung einer **Schlussrechnung** als Fertigstellungsanzeige aufzufassen ist (OLG Koblenz, IBR 1998, 422). Da regelmäßig eine förmliche Abnahme vereinbart wird, ist diese fiktive Abnahmeform sehr selten. Sie kommt jedoch ab und zu einmal vor.

Ist § 12 Abs. 5 Nr. 1 VOB/B anwendbar, treten seine Rechtswirkungen in der Regel auch ein. Der Auftraggeber erhält die Schlussrechnung, meint, er müsse in dem nächsten Monat (vgl. § 16 Abs. 3 VOB/B) nichts tun, und nimmt „fiktiv" nach zwölf Werktagen ab.

3. Die Abnahme durch Ingebrauchnahme des Werkes gemäß § 12 Abs. 5 Nr. 2 VOB/B

Diese Abnahmeform wird richtigerweise als **konkludente** Abnahme bezeichnet.

Manchmal wird sie jedoch auch fälschlicherweise **fiktive** Abnahme genannt.

Gemäß § 12 Abs. 5 Nr. 2 VOB/B hat der Auftraggeber die Leistung oder einen Teil der Leistung mit einer Verzögerung von sechs Werktagen abgenommen, wenn er die Leistung in Benutzung genommen hat. Auch bei der konkludenten Abnahme durch Ingebrauchnahme des Werkes ist darauf hinzuweisen, dass diese Abnahmeform nicht einschlägig ist, wenn eine **förmliche** Abnahme vereinbart wurde, die Abnahme **ausdrücklich** verweigert wird oder **wesentliche** Mängel gerügt werden (vgl. BGH, IBR 2016, 78).

Regelmäßig wird die Abnahme dadurch erklärt, dass der Auftraggeber das Bauwerk in **Gebrauch** nimmt, also einzieht. Es ist nicht erforderlich, dass der Bauherr selbst einzieht, die Vermietung reicht aus. Dies gilt jedoch nicht, wenn der Einzug wegen einer gewissen **Zwangslage** erfolgt, z. B. weil der Bauherr seine Mietwohnung räumen muss (vgl. BGH, IBR 2004, 128; BGH IBR 1999, 405).

Die „Nutzung" zur **Fortführung** anderer **Arbeiten** stellt gemäß § 12 Abs. 5 Nr. 2, S. 2 VOB/B keine Abnahme dar.

> **Beispiel:**
>
> Der Bauherr B hat den Estrichleger E mit der Ausführung der Estricharbeiten beauftragt. Eine förmliche Abnahme wurde nicht vereinbart. Als E seine Arbeiten abgeschlossen hat, verlässt er die Baustelle. B lässt auf dem Estrich das Parkett durch den Parkettleger P verlegen. Als B den P auf die Welligkeit des Parketts anspricht, meint dieser, er könne überhaupt nichts dafür, der Estrich sei schon so wellig gewesen. Daraufhin rügt P den Mangel bei E. E meint, das müsse B ihm erst einmal beweisen, B habe spätestens durch die Verlegung des Parketts die Leistung des E abgenommen.

B muss die Mangelhaftigkeit nur dann beweisen, wenn er die Leistung des E abgenommen hat. Eine förmliche Abnahme wurde nicht vereinbart und auch nicht durchgeführt. Eine konkludente Abnahme scheidet aus, weil B noch nicht in das Haus eingezogen ist. Eine fiktive Abnahme wurde auch nicht erklärt, weil E die Fertigstellung seiner Leistung nicht angezeigt hat. Da auch in der Verlegung des Parketts keine Abnahme gesehen werden kann, ist E mangels Abnahme weiter beweisbelastet. Natürlich wird auch P zur Verantwortung gezogen, denn er hätte Bedenken gemäß § 4 Abs. 3 VOB/B anmelden müssen.

Wie bei der fiktiven Abnahme kann es auch bei der konkludenten Abnahme durch Ingebrauchnahme des Werkes Fälle geben, in denen der Auftraggeber auf die Durchführung der förmlichen Abnahme verzichtet. Entgegen einer weitverbreiteten Ansicht reicht jedoch der bloße Zeitablauf nicht aus. Es gibt keine Abnahme durch **Zeitablauf**! Auch hier müssen andere Umstände hinzutreten, z. B. die vollständige Bezahlung einer Schlussrechnung.

4. Exkurs: Mängelvorbehalte (Mängelliste)

Zunächst ist darauf hinzuweisen, dass es aus meiner Sicht wenig Sinn macht, ein Abnahmeprotokoll zu erstellen, dem eine **umfangreiche** Mängelliste beigefügt ist. Sollten tatsächlich noch wesentliche Mängel vorhanden sein, ist der Auftraggeber berechtigt, die Abnahme zu verweigern. Ein Mängelvorbehalt sollte daher nur dann erklärt werden, wenn das Werk nur mit unwesentlichen Mängeln behaftet ist.

Auch bei einem umfangreichen Mängelprotokoll wird eine Abnahme der **gesamten Leistung**, also auch der in der Mängelliste vorbehaltenen Mängel, erklärt. Es handelt sich **nicht um eine Teilabnahme**. Dies wäre auch rechtlich gar nicht möglich, weil sich die Teilabnahme nur auf in sich selbstständige und funktionsfähige Leistungsteile erstrecken könnte. Rechtsfolge des Mangelvorbehaltes ist, dass sich für die vorbehaltenen Mängel die **Beweislast** nicht umkehrt und die Rechtswirkungen des **§ 640 Abs. 2 BGB** nicht eintreten. Ansonsten treten alle anderen Abnahmewirkungen ein, insbesondere der Beginn der **Gewährleistungsfrist**, die Fälligkeit der Schlussrechnung (ggf. Zurückbehaltungsrecht) und der Gefahrübergang. Es ist wichtig, dass der Auftraggeber sich die bekannten Mängel bei Abnahme bzw. innerhalb der Fristen des § 12 Abs. 5 Nr. 2 VOB/B vorbehält, d. h. nicht **vorher** und nicht **nachher**. Gleiches gilt für die Vertragsstrafe. Die Vertragsstrafe kann sonst nicht mehr geltend gemacht werden, vgl. § 11 Abs. 4 VOB/B (Ausnahme: Der Auftraggeber hat bereits vor der Abnahme mit einem Vertragsstrafenanspruch die Aufrechnung erklärt, BGH, IBR 2016, 75). Bei nicht vorbehaltenen, aber bekannten Mängeln können gemäß § 640 Abs. 2 BGB die Gewährleistungsansprüche (Ausnahme: Schadensersatz) nicht mehr geltend gemacht werden. Das Gesetz stellt auf die **„Kenntnis"** des Mangels ab. In der untergerichtlichen Rechtsprechung wird zum Teil vertreten, dass auch das „Kennen müssen" ausreicht. Es bestehen jedoch erhebliche Zweifel, ob diese Rechtsprechung in Anbetracht des eindeutigen Gesetzestextes richtig ist.

> **Beispiel:**
> Während des Baus ihres Einfamilienhauses hat die Sozialpädagogin S den Garten- und Landschaftsbauer G mehrfach darauf hingewiesen, dass der von ihm verwendete Mutterboden einen zu hohen Kadmium-Anteil aufweise. Bei der Abnahme behält sie sich den Mangel nicht vor. Als sie im nächsten Sommer auf ihrer Wiese einen toten Maulwurf findet, verlangt sie Minderung wegen nachhaltiger Gesundheitsgefahren.

G muss sich den Mangel nicht entgegenhalten lassen. Der angebliche Mangel war S bekannt. Ihr Minderungsrecht ist gemäß § 640 Abs. 2 BGB ausgeschlossen, weil sie sich den Mangel bei Abnahme nicht vorbehalten hat.

> **Beispiel** (nach OLG München, IBR 2014, 136):
> Der Fensterbauer F errichtet im Auftrag des Auftraggebers (AG) Fenster und Türen in einem Geschäftshaus. Der AG rügt nach der Abnahme, die Oberflächenbehandlung der Fenster und Außentüren sei mangelhaft, weil sie nicht den anerkannten Regeln der Technik entspreche. Der F meint, das hätte dem AG bereits bei der Abnahme auffallen müssen und er hätte sich den Mangel schon bei der Abnahme vorbehalten müssen.

Der AG hat recht. Das bloße „Kennenmüssen" eines Mangels reicht für den Verlust des Gewährleistungsrechts nicht aus.

Schadensersatzansprüche werden durch § 640 Abs. 2 BGB nicht ausgeschlossen. Diese setzen jedoch Verschulden voraus (vgl. OLG Hamm, IBR 1991, 22).

5. § 640 Abs. 1 S. 3 BGB

Der Abnahme steht es gleich, wenn der Besteller das Werk nicht innerhalb einer vom Unternehmer bestimmten angemessenen Frist abnimmt, obwohl er dazu verpflichtet ist.

Diese Abnahmefiktion hat die folgenden Voraussetzungen:

- das Werk muss **abnahmereif** fertiggestellt sein, d. h., es darf nicht mit wesentlichen Mängeln behaftet sein,
- der Auftragnehmer muss den **Auftraggeber** zur Abnahme **aufgefordert** und hierzu eine angemessene **Frist** gesetzt haben.

Diese Vorschrift schadet nicht, ihr Nutzen hält sich jedoch auch stark in Grenzen. Auch nach bisheriger Rechtslage war es so, dass im Falle der Abnahmereife eines Werkes die Schlussrechnung auch ohne Abnahmeerklärung fällig wurde, weil in diesen Fällen regelmäßig von einer unberechtigten **Abnahmeverweigerung** durch den Auftraggeber ausgegangen werden konnte (vgl. hierzu F VII.). Das Problem des Auftragnehmers besteht nach wie vor darin, die „Abnahmereife" darzulegen und zu beweisen. Hierfür ist, mangels Abnahme, der Auftragnehmer nach wie vor beweisbelastet. Trotzdem ist dem Auftragnehmer immer anzuraten, den Auftraggeber unter einer Fristsetzung zur Abnahme aufzufordern, weil dadurch der Auftraggeber in **Abnahmeverzug** gesetzt wird.

II. Wirkungen der Abnahme

- Die Leistungsverpflichtung des Auftragnehmers hat das **Erfüllungsstadium** erreicht. Eine Vertragskündigung ist nicht mehr möglich.
- Bei BGB-Verträgen wird gem. § 641 BGB die vereinbarte Vergütung (auch ohne Rechnung) fällig. Bei VOB-Verträgen ist **zusätzlich** eine prüffähige Schlussrechnung erforderlich.
- Die **Gefahr** des zufälligen Unterganges geht gemäß § 12 Abs. 6 und § 7 VOB/B auf den Auftraggeber über.
- Die **Beweislast** geht vom Auftragnehmer auf den Auftraggeber über.
- Die Gewährleistung beginnt.
- Bei BGB-Verträgen ist gemäß §§ 641 Abs. 4, 246 BGB die Vergütung mit vier Prozentpunkten zu **verzinsen**.
- Eine **Vertragsstrafe** kann nicht mehr geltend gemacht werden, wenn sie nicht bei der Abnahme vorbehalten wurde.

- Für Mängel, die der Auftraggeber bei der Abnahme **kannte**, die er sich bei der Abnahme jedoch nicht vorbehalten hat, kann er gemäß § 640 Abs. 2 BGB keine verschuldensunabhängigen Gewährleistungsansprüche mehr geltend machen.

> **Beispiel:**
>
> Der Bauherr B rügt schon während der Bauphase mehrfach, dass das Parkett zu stark federe. Der Parkettleger P meint, das sei alles noch im Bereich der zulässigen Toleranzen, und unternimmt nichts. Bei der Abnahme behält sich B den Mangel nicht vor. Drei Wochen später verlangt B Minderung der Vergütung.

B hat sein Minderungsrecht gemäß § 640 Abs. 2 BGB verloren. Gleiches gilt für Nacherfüllung und die Selbstvornahme (Ersatzvornahme). Er kann jedoch noch Schadensersatz verlangen, falls die Voraussetzungen dafür vorliegen.

III. Die Teilabnahme gemäß § 12 Abs. 2 VOB/B

§ 12 Abs. 2 VOB/B regelt das Recht des Auftragnehmers und des Auftraggebers, eine Teilabnahme für **in sich abgeschlossene** Teile der Leistung zu verlangen. Häufig wird die Teilabnahme im Bauvertrag **ausgeschlossen**. Dieser Ausschluss ist wirksam.

Das Tatbestandsmerkmal „**in sich abgeschlossener Leistungsteil**" ist an zwei Voraussetzungen geknüpft. Der Leistungsteil muss von der Gesamtleistung **funktionell trennbar** und auch **selbstständig gebrauchsfähig** sein. Beispiele sind die Fertigstellung einzelner Häuser im Rahmen eines gesamten Wohnkomplexes, die komplette und vollständige Installation einer Heizungsanlage, eventuell auch die Fertigstellung einzelner Etagen, jedoch nicht beim Gewerk Rohbau.

Die Teilabnahme ist rechtlich wie eine Schlussabnahme (für die Teilleistung) zu behandeln.

IV. Die Zustandsfeststellung gemäß § 4 Abs. 10 VOB/B

Diese Regelung ersetzt die „technische Abnahme", die bis zur Geltung der VOB 2000 in der VOB geregelt war. Die Zustandsfeststellung ist **keine Abnahme**, und daher treten auch **nicht** die bereits unter F II. dargestellten Abnahmewirkungen ein. Sie kann sich auf abgeschlossene, aber auch auf nicht abgeschlossene Teile der Leistung erstrecken. Entscheidend ist, dass die Leistung aufgrund der **Weiterführung** der Bauarbeiten einer **Prüfung entzogen** wird (z. B. Rohre unter Putz, Bewehrung, Estrich).

Das Ergebnis ist gemäß § 4 Abs. 10, S. 2 VOB/B **schriftlich** niederzulegen.

Das Verfahren dient der **Beweissicherung**. Ist ein angeblicher Mangel nicht im Prüfergebnis schriftlich niedergelegt, trägt der Auftraggeber die Beweislast für das Vorhandensein des Mangels.

Der Auftraggeber sollte ggf. schriftlich zur Zustandsfeststellung gemäß § 4 Abs. 10 VOB/B aufgefordert werden. Verweigert er seine Mitwirkung, sind die sich hieraus ergebenen **Rechtsfolgen** noch nicht abschließend geklärt. Im Schrifttum wird gelegentlich vertreten, auch bei einer Verweigerung der Mitwirkung durch den Auftraggeber würden die Rechtswirkungen der **Beweislastumkehr** eintreten. Diese Meinung wurde bislang von der höchstrichterlichen Rechtsprechung nicht bestätigt. Verweigert der Auftraggeber seine Mitwirkung, sollte der Auftragnehmer in wichtigen Fällen die Begutachtung durch einen Sachverständigen vornehmen lassen.

V. Die Wesentlichkeit eines Mangels

Gemäß § 640 Abs. 1 S. 2 BGB kann die Abnahme nicht wegen unwesentlicher Mängel verweigert werden. Es gibt keine festen Kriterien, wann ein Mangel wesentlich ist. Insbesondere gibt es keine **Prozentsätze**. Die Bewertung ist stets eine **Einzelfallbewertung**, stets eine Ermessensentscheidung. Der Mangel ist zur **gesamten Bauleistung** ins Verhältnis zu setzen. Wenn bei einem großen Wohn- und Geschäftshaus eine Wand ungleichmäßig gestrichen wurde, ist dies sicherlich ein unwesentlicher Mangel. Wenn nur eine Wohnung gestrichen werden sollte, ist dies ein wesentlicher Mangel. Ein entscheidendes Kriterium ist die **Funktionsfähigkeit** des Werkes und das **öffentliche Recht**, insbesondere Sicherheitsvorschriften.

> **Beispiel:**
>
> Der Auftragnehmer baut einen Supermarkt, bringt jedoch an einer Rampe das aus Sicherheitsgründen zwingend vorgeschriebene Geländer nicht an. Obwohl der Preis hierfür nur verhältnismäßig gering ist, hat das Werk einen wesentlichen Mangel. Auch **viele kleine Mängel** können ein wesentlicher Mangel sein.

Das OLG München (IBR 2009, 78) hat für die Abgrenzung, ob ein **wesentlicher** oder unwesentlicher Mangel vorliegt, die folgenden Kriterien aufgestellt:

- Umfang der Mängelbeseitigungsmaßnahmen, insbesondere die Höhe der Mängelbeseitigungskosten,
- Auswirkungen des Mangels auf die Funktionsfähigkeit der Gesamtleistung,
- Maß der möglicherweise nur optischen Beeinträchtigung.

Schuldet der Auftragnehmer auch eine Dokumentation seiner Leistungen, so ist das Werk nicht abnahmefähig, wenn die **Dokumentation** nicht zur Abnahme vorgelegt wird (vgl. OLG Bamberg, Urt. vom 08.12.2010 – 3 U 93/09). Dies gilt jedoch nur dann, wenn die Unterlagen für die Funktionstauglichkeit des Werks zwingend erforderlich sind (vgl. OLG Köln, Urteil vom 07.08.2015 – 19 U 104/14). Dies gilt z. B. nicht für die Protokolle einer Druck- und Dichtigkeitsprüfung.

VI. Der Auftraggeber reagiert nicht auf das Abnahmeverlangen

Es wurde bereits dargelegt, dass der Auftraggeber unter Fristsetzung zur Abnahme schriftlich aufzufordern ist. Es hat sich in der Praxis bewährt, gleich drei Termine anzubieten. Verstreicht diese Frist kommentarlos, sollte eine **weitere Frist** gesetzt werden. Verstreicht auch diese, ist der Auftraggeber zunächst mit der Abnahme in **Verzug**. Gemäß § 644 Abs. 1 S. 1 BGB geht sodann die **Gefahr** auf den Auftraggeber über.

> Musterschreiben für eine Aufforderung zur Abnahme
>
> *BV.: Große Kirchgasse in Hamburg*
>
> *Hier: Aufforderung zur Abnahme*
>
> *Sehr geehrter Herr Auftraggeber,*
>
> *wir haben die uns mit Bauvertrag vom 10.09.2007 übertragene Bauleistung am 16.10.2007 vollständig und mangelfrei fertiggestellt.*
>
> *In § 12 des Bauvertrages vom 10.09.2007 wurde geregelt, dass eine förmliche Abnahme durchzuführen ist.*
>
> *Ich darf Sie daher zur unverzüglichen Abnahme der Bauleistung auffordern.*
>
> *Hierzu schlage ich die folgenden Termine vor:*
>
> *– Mittwoch, den 17.10.2007, 9.00 Uhr*
> *– Donnerstag, den 18.10.2007, 9.00 Uhr*
> *– Freitag, den 19.10.2007, 9.00 Uhr*
>
> *Ich darf Sie bitten, mir den Ihnen angenehmen Termin zu bestätigen.*
>
> *Mit freundlichen Grüßen*

> Musterschreiben für eine weitere Fristsetzung zur Abnahme
>
> *BV.: Große Kirchgasse in Hamburg*
>
> *Hier: Aufforderung zur Abnahme*
>
> *Sehr geehrter Herr Auftraggeber,*
>
> *bereits mit Schreiben vom .... hatten wir Sie aufgefordert, die Bauleistung unverzüglich abzunehmen. Hierzu hatten wir Ihnen drei Terminvorschläge unterbreitet.*
>
> *Leider haben Sie sämtliche Termine unentschuldigt verstreichen lassen. Sie befinden sich daher bereits in Verzug mit der Abnahme.*
>
> *Wir fordern Sie nochmals auf, die Bauleistung unverzüglich, spätestens bis zum ...., abzunehmen. Sollte auch diese Frist fruchtlos verstreichen, gehen wir von einer Verweigerung der Abnahme aus.*
>
> *Hochachtungsvoll*

VII. Die Abnahmeverweigerung

Sämtliche **Wirkungen** der Abnahme treten ein, wenn der Auftraggeber die Abnahme zu Unrecht verweigert hat. Dies ist der Fall, wenn der Auftraggeber einem **berechtigten** Abnahmeverlangen des Auftragnehmers auch nach einer Nachfristsetzung unentschuldigt ferngeblieben ist. Voraussetzung ist jedoch stets, dass die Leistung tatsächlich nicht mit wesentlichen Mängeln behaftet ist. Das Risiko trägt der Auftragnehmer.

> **Beispiel:**
>
> In einem Bauprozess behauptet der Auftraggeber (Beklagter), er habe auf das Abnahmeverlangen des Auftragnehmers (Kläger) zu Recht nicht reagiert, weil die Bauleistung überhaupt nicht abnahmereif gewesen sei. Er habe erfahren, dass das Mauerwerk unter dem Putz nicht im Verband gemauert worden sei. Der Kläger bestreitet dies.

Im Prozess muss der Kläger darlegen und beweisen, dass seine Leistung abnahmereif war, also das Mauerwerk ordnungsgemäß errichtet wurde. Gelingt ihm der Beweis, liegt eine unberechtigte Abnahmeverweigerung vor, der Vergütungsanspruch ist fällig. Gelingt ihm der Beweis nicht, kann die Klage auf Zahlung der Werklohnforderung (Schlussrechnung) mangels Abnahme als nicht fällig abgewiesen werden.

Von einer Abnahmeverweigerung ist auch auszugehen, wenn der Auftraggeber seine fehlende Abnahmebereitschaft ausschließlich mit **unwesentlichen** Mängeln begründet.

> **Beispiel:**
>
> Der Eigenheimbesitzer E wird vom Bauunternehmer B aufgefordert, die Leistung abzunehmen. Dies verweigert er mit der Begründung, die Haustürschwelle dürfe nicht aus drei Einzelteilen bestehen (vgl. OLG Hamm, BauR 2003).

Sollte sich herausstellen, dass es sich tatsächlich um eine mangelhafte Türschwelle handelt, wäre ein unwesentlicher optischer Mangel vorhanden, der nicht dazu berechtigt, die Abnahme des gesamten Hauses zu verweigern.

VIII. Sicherheitsleistung vor Abnahme: die Vertragserfüllungsbürgschaft

Der Auftraggeber verlangt häufig vom Auftragnehmer, dass ihm dieser für die vertragsgerechte Erbringung seiner Bauleistung eine Sicherheit in Form einer Bürgschaft leistet. Eine derartige Sicherheit, die regelmäßig vor der ersten Abschlagsrechnung zu übergeben ist, nennt man **Vertragserfüllungs- oder Ausführungsbürgschaft**. Diese Bürgschaft wird nicht ausdrücklich in der

VOB/B erwähnt. Sie muss daher im Bauvertrag vereinbart werden. Bei Bauverträgen, an denen ein Verbraucher beteiligt ist (überwiegend im Eigenheimbau), ist die Vertragserfüllungssicherheit gem. § 632a BGB i. H. v. 5 % zwingend vorgeschrieben.

Die Vertragserfüllungsbürgschaft sichert, wie der Name schon sagt, die ordnungsgemäße Leistungserbringung durch den Auftragnehmer. In erster Line sollen Ansprüche des Auftraggebers bei **Bauzeitüberschreitung** (Vertragsstrafe, Verzugsschaden) und natürlich etwaige Ansprüche wegen **Baumängeln** abgesichert werden. **Kündigt** der Auftraggeber den Bauvertrag gem. § 8 Abs. 2 oder 3 VOB/B, kann er die ihm durch die Kündigung entstandenen Mehrkosten gleichfalls gegen den Bürgen geltend machen. Hat der Auftragnehmer seine Bauleistung erbracht und der Auftraggeber die Abnahme erklärt, ist die Bürgschaft zurückzugeben. Das Sicherungsbedürfnis des Auftraggebers entfällt somit mit der **Abnahme**.

Der Auftraggeber darf die **Höhe** der Vertragserfüllungsbürgschaft nicht unbegrenzt festlegen. Der BGH hält einen Betrag i. H. v. 10 % der Auftragssumme noch für zulässig (vgl. BGH, IBR 2011, 139). Damit dürfte die Grenze des Zulässigen auch schon erreicht sein.

> **Beispiel** (nach OLG München, IBR 2012, 584):
>
> Der Auftragnehmer hat sich gegenüber dem Auftraggeber verpflichtet, ein Einkaufs- und Freizeitzentrum zu errichten. In dem Vertragsformular, das vom Auftraggeber vorgegeben wurde, ist vereinbart, dass der Auftragnehmer eine Vertragserfüllungsbürgschaft i. H. v. 15 % zu übergeben hat. Der Auftragnehmer nimmt die bürgende Bank wegen angeblicher Mängelbeseitigungskosten in Anspruch. Die Bank verweigert die Zahlung mit der Begründung, die Vereinbarung sei unwirksam.

Die Bank hat recht. Die Vereinbarung einer Vertragserfüllungsbürgschaft in Höhe von 15 % benachteiligt den Auftragnehmer unangemessen und ist daher unwirksam. Die Bank muss nicht zahlen.

G Nachträge

I. Wichtige Normen

> **§ 1 Abs. 3 VOB/B**
> „Änderungen des Bauentwurfes anzuordnen, bleibt dem Auftraggeber vorbehalten."
>
> **§ 1 Abs. 4 VOB/B**
> „Nicht vereinbarte Leistungen, die zur Ausführung der vertraglichen Leistung erforderlich werden, hat der Auftragnehmer auf Verlangen des Auftraggebers mit auszuführen, außer wenn sein Betrieb auf derartige Leistungen nicht eingerichtet ist. Andere Leistungen können dem Auftragnehmer nur mit seiner Zustimmung übertragen werden."
>
> **§ 2 Abs. 5 VOB/B**
> „Werden durch Änderungen des Bauentwurfs oder andere Anordnungen des Auftraggebers die Grundlagen des Preises für eine im Vertrag vorgesehene Leistung geändert, so ist ein neuer Preis unter Berücksichtigung der Mehr- oder Minderkosten zu vereinbaren. Die Vereinbarung soll vor der Ausführung getroffen werden."
>
> **§ 2 Abs. 6 VOB/B**
> „(1) Wird eine im Vertrag nicht vorgesehene Leistung gefordert, so hat der Auftragnehmer Anspruch auf besondere Vergütung. Er muss jedoch den Anspruch dem Auftraggeber ankündigen, bevor er mit der Ausführung seiner Leistung beginnt.
> (2) Die Vergütung bestimmt sich nach den Grundlagen der Preisermittlung für die vertragliche Leistung und den besonderen Kosten der geforderten Leistung. Sie ist möglichst vor Beginn der Ausführung zu vereinbaren."

II. Allgemeines

Sämtliche **Vergütungsansprüche** sind in § 2 VOB/B geregelt. Andere Vergütungsgrundlagen enthält die VOB nicht. Die Vergütungsvorschriften korrespondieren mit anderen Vorschriften der VOB, insbesondere mit der Privilegierung des § 1 Abs. 3 und des § 1 Abs. 4 VOB/B. Es ist eine im deutschen Recht außergewöhnlich große „**Freiheit**", dem Auftraggeber **nach Vertragsschluss** das Recht einzuräumen, eine Leistung zu ändern oder zu erweitern. Die **Vergütungsfolgen** sollen durch § 2 Abs. 5 und § 2 Abs. 6 VOB/B erfasst werden.

Alle Nachtragsvorschriften, auch § 2 Abs. 7 VOB/B (Pauschalpreis), setzen voraus, dass sich die ursprüngliche **Bauleistung** geändert oder erweitert hat. Bei der Anordnung einer geänderten oder zusätzlichen Leistung stellt sich regelmäßig die **Vollmacht**sproblematik des vom Auftraggeber eingesetzten **Bauleiters**. Grundsätzlich gilt hier der „alte" Spruch, „die Vollmacht des Bauleiters endet am Portemonnaie des Bauherrn". Dies bedeutet, dass der Bauleiter in der Regel nicht berechtigt ist, Anweisungen zu erteilen, die den Bauherrn finanziell belasten. Dies gilt auch und insbesondere für **Leistungsänderungen** und sogar für **Materialänderungen** (vgl. Kammergericht, IBR 2014, 409) und die Beauftragung von Stundenlohnarbeiten (OLG Hamm, IBR 2015, 7). Etwas anderes kann gelten, wenn der Bauleiter alleiniger Ansprechpartner des Auftragnehmers ist und in Kenntnis des Bauherrn mehrfach Nachträge verhandelt hat (OLG München, IBR 2013, 457).

Wird die Leistung so, wie sie im Vertrag und in der Leistungsbeschreibung niedergeschrieben ist, ausgeführt, besteht kein Raum für Nachträge. Es ist daher unerlässlich, zunächst das **Bausoll**, d. h. die geschuldete Leistung zu ermitteln.

III. Bausoll

Das Bausoll ist anhand der **gesamten vertraglichen Unterlagen**, also des Vertragstextes, des Verhandlungsprotokolls, des Leistungsverzeichnisses und der beim Vertragsschluss übergebenen Pläne zu bestimmen.

Bei Widersprüchen ist der **tatsächliche Wille** der Vertragsschließenden durch **Auslegung** zu ermitteln. Die Vertragshierarchie des § 1 Abs. 2 VOB/B ist für die Auslegung nicht bindend.

1. Problem: Komplettheits- oder Vollständigkeitsklauseln

> **Formulierungsbeispiel:**
>
> *„Die Angebots- und Vertragspreise gelten für die fertige Leistung bzw. Lieferung frei Bau einschließlich Abladen und Verpackung. Für die angebotenen Leistungen übernimmt der AN die Verpflichtung der Vollständigkeit, d. h., Leistungen und Nebenleistungen, die sich aus den Positionen zwangsläufig ergeben, sind einzukalkulieren, auch wenn sie im Leistungsverzeichnis nicht ausdrücklich erwähnt sind. Der Bieter wird ausdrücklich angehalten, sich vor Kalkulation des Angebots von der Situation an Ort und Stelle zu informieren. Nachforderungen aufgrund unberücksichtigter Schwierigkeit werden grundsätzlich nicht anerkannt."*

Der Bundesgerichtshof (IBR 2004, 300) hat noch nicht abschließend entschieden, ob diese Klauseln im Lichte des AGB-Gesetzes (jetzt: §§ 305 ff. BGB) **wirksam** sind. Er hat jedoch ein deutliches Indiz gegeben, indem er eine derartige Klausel als **bedenklich** bezeichnet hat. Entschieden hat der BGH bereits, dass diese Klauseln keine Übertragung des **Massenänderungsrisikos** auf den Auftragnehmer darstellen (vgl. BGH, BauR 2004, 995).

Das OLG Düsseldorf (IBR 2004, 61) hält diese Komplettheitsklausel für wirksam, wenn der Auftragnehmer das Leistungsverzeichnis selbst erstellt hat. Das Kammergericht in Berlin (BauR 2006, 836) hält die Komplettheitsklausel bei einem Pauschalpreisvertrag mit **garantiertem Festpreis** für zulässig. Das Kammergericht knüpft hierbei an die strenge Rechtsprechung des BGH zur Risikoverteilung bei funktionalen Leistungsbeschreibungen an, die bereits unter B IV. dargestellt wurde.

Liegt einem Bauvertrag (auch einem Pauschalpreisvertrag) ein detailliertes Leistungsverzeichnis zugrunde, so kann dies nicht durch eine Komplettheitsklausel (Schlüsselfertigkeitsabrede) erweitert werden (OLG Koblenz, IBR 2010, 313; großzügiger: OLG Düsseldorf, IBR 2015, 3). Das Leistungsverzeichnis gilt dann vorrangig.

2. Höchstpreisklauseln

Nach Auffassung des Bundesgerichtshofes (IBR 2005, 1) ist die folgende Klausel **unwirksam**:
„Auch bei einem Einheitspreisvertrag ist die Auftragssumme limitiert."

3. Baubeschreibung

Weicht die Baubeschreibung von einem angegebenen Referenzobjekt ab, sind nach zutreffender Auffassung des OLG Celle (IBR 2005, 129) die Angaben in der **Baubeschreibung vorrangig** zu berücksichtigen.

> **Beispiel:**
> Der Bauherr eines Möbelhauses beauftragt ein System-Fertigbauunternehmen mit der schlüsselfertigen Errichtung eines Möbelhauses zum Preis von 9.000.000,00 EUR. Im Bauvertrag wird vermerkt, dass das Objekt wie ein Referenzobjekt in einem Nachbarort ausgeführt wird. Für die Elektroinstallation wird eine detaillierte Baubeschreibung beigefügt, die über den Standard des Referenzobjektes hinausgeht. Das Bauunternehmen baut abweichend von der detaillierten Baubeschreibung die Elektroinstallation so wie im Nachbarort.

Die Ermittlung des Bausolls anhand der gesamten Vertragsunterlagen ist häufig sehr schwierig. In diesem Fall war der Bauunternehmer aber fahrlässig. Es ist eine Selbstverständlichkeit im deutschen Recht, dass die speziellere Leistungsbeschreibung im detaillierten Leistungsverzeichnis der allgemeinen Beschreibung „wie im Nachbarort" vorgeht. Wahrscheinlich hatte er sich darauf verlassen, dass schon alles identisch sein wird, und deshalb die Vertragsunterlagen nicht genau durchgelesen. Ein verhänngisvoller Fehler.

Das OLG Düsseldorf (IBR 2005, 360) hält für die Abgrenzung zwischen vertraglich **geschuldeter** und **zusätzlicher** Leistung bei einem Detailpauschalpreisvertrag das Leistungsverzeichnis für maßgeblich, obwohl die „schlüsselfertige Erstellung" des Bauvorhabens geschuldet war. Anders sei dies nur bei einem Globalpauschalvertrag, der Nachtragsforderungen von vornherein **ausschließe**. Zu ermitteln sei, ob das „Leistungsziel" in den **vertraglichen Vordergrund** gerückt worden sei.

Die vorstehenden Beispiele verdeutlichen, dass die Abgrenzung zwischen vertraglich geschuldeter und zusätzlicher Leistung stets das größte Problem darstellt. Das richtige, jedoch häufig nicht zufriedenstellende Ergebnis kann nur durch Auslegung ermittelt werden. Im Streitfall muss ein Richter entscheiden, also eine Person, die an den Vertragsverhandlungen überhaupt nicht teilgenommen hat.

IV. Das Bausoll im Lichte der einzelnen Vertragstypen

1. Einheitspreisvertrag

Der Einheitspreisvertrag ist in § 4 Abs. 1 Nr. 1 VOB/A geregelt. Danach sind Leistungspositionen zu bestimmen, deren Menge nach **Maß**, **Gewicht** oder **Stückzahl** (sog. Vordersätze) angegeben werden können. Bei der jeweiligen Position werden dann die tatsächlich ausgeführten Massen mit dem vereinbarten Einheitspreis multipliziert. Der Nachweis der ausgeführten Leistung ist durch ein Aufmaß zu erbringen, ansonsten ist eine Rechnung nicht prüffähig, vgl. § 14 VOB/B.

Mehr- und Mindermengen sind gemäß § 2 Abs. 3 VOB/B anzupassen.

Bei diesen Einheitspreisverträgen ist die Beurteilung einer Nachtragssituation – im Vergleich zu den anderen Vertragstypen – noch **einfach**. Jedoch ist der Auftragnehmer auch hier nicht vor Problemfällen sicher:

> **Beispiel** (OLG Braunschweig, OLGR 1994, 180):
>
> In den Vorbemerkungen des Leistungsverzeichnisses eines Einheitspreisvertrages steht: *„Die Bewehrung ist in besonderen Positionen erfasst, soweit nicht das Leistungsverzeichnis etwas anderes besagt."* In den nachfolgenden Positionen finden sich mehr oder weniger detaillierte eigene Positionen für den Baustahl, die in kg angegeben sind. Die im Streit stehende Position lautet: *„Fertigteildecke als Filigran-Elementdecke, Plattendicke 4 cm, aus Stahlbeton werksfertig, liefern und verlegen"* in m^2.

Bei der Abrechnung stellt der Auftragnehmer den in den Filigrandecken enthaltenen Bewehrungsstahl separat mit Einheitspreisen (kg) in Rechnung. Der Auftraggeber ist der Auffassung, der Stahl sei bereits in dem Begriff „aus Stahlbeton" enthalten.

Das Oberlandesgericht gibt dem Auftragnehmer recht. Weil die Position keine Massenangabe für den Stahl in kg enthalte und zudem der Stahl auch vom Lieferanten gesondert berechnet werde, sei die Abrechnung des Auftragnehmers richtig.

Nach meiner Einschätzung hat das Oberlandesgericht diesen Rechtsstreit nicht richtig entschieden: Die Filigrandecken werden als Fertigteile geliefert, sodass eine Abrechnung nach m^2 zulässig und zutreffend ist. In der m^2-Position ist dann aber auch der Stahl enthalten. Es wird ja auch nicht der im Beton enthaltene Kies separat in Rechnung gestellt.

Exkurs:

Wegen § 16 Abs. 1 Nr. 1 VOB/A sollte hier keinesfalls die **Leistungsposition** im Vergabeverfahren **geändert** werden. Begehrt der Bieter vor Zuschlagserteilung Klarheit, sollte er ein Aufklärungsgespräch suchen.

In der Regel stellt eine Leistung, die nicht im Leistungsverzeichnis enthalten ist, eine Nachtragsposition dar.

2. Detail-Pauschalpreisvertrag

Einem Detail-Pauschalpreisvertrag liegt, ähnlich wie bei einem Einheitspreisvertrag, ein **ausführliches Leistungsverzeichnis** zugrunde. Dadurch wird die Bauleistung in der Regel abschließend festgelegt. Häufig wird sogar auf Grundlage eines aus Einheitspreisen ermittelten Angebotes die Pauschale durch Abrunden ermittelt. Pauschaliert wird also nur der **Preis**, nicht die **Leistung**.

Auch der Detail-Pauschalpreisvertrag ist ein **Pauschalpreisvertrag**. Dies bedeutet zunächst, dass für Mengenunter- und -überschreitungen nicht § 2 Abs. 3 VOB/B, sondern § 2 Abs. 7 Nr. 1 VOB/B anwendbar ist. Bei einer Abweichung der dem Pauschalpreis zugrunde liegenden Mengen bleibt die Vergütung grundsätzlich **unverändert**. Ein Nachtrag kommt aber gemäß § 2 Abs. 7 Nr. 2 i. V. m. § 2 Abs. 5 oder Abs. 6 VOB/B in Betracht, wenn andere Leistungen, als im Leistungsverzeichnis vorgesehen, auszuführen sind.

Im Klartext: Das Risiko für eine **Mengenmehrung** trägt der Auftragnehmer, das Risiko einer **Mengenminderung** dagegen der Auftraggeber. Das Risiko der **Unvollständigkeit** des Leistungsverzeichnisses trägt der Auftraggeber. Eine **Geringfügigkeitsgrenze** gibt es hierbei nicht (BGH, IBR 2002, 655; BGH, IBR 2000, 480).

3. Global-Pauschalpreisvertrag

Bei einem Global-Pauschalpreisvertrag ist regelmäßig **kein** Leistungsverzeichnis, zumindest kein detailliertes, vorhanden. Die Leistung wird nur „funktional" beschrieben. Das Bausoll definiert sich daher nicht in erster Linie durch eine Leistungsbeschreibung, sondern enthält alle Leistungen, die erforderlich sind, um ein **funktionsgerechtes Bauwerk** zu erstellen. Es werden daher auch Leistungen erfasst, die nicht in der Leistungsbeschreibung erwähnt wurden.

> **Beispiel:**
> Der Auftragnehmer schuldet die Erstellung eines „schlüsselfertigen" Einfamilienhauses. Die Vertragsunterlagen enthalten viele Bilder, Grundrisspläne und eine „Baubeschreibung". Der Estrich wurde nirgends erwähnt.

Der Auftragnehmer hat keinen Anspruch auf einen Nachtrag, weil die Ausführung der Estricharbeiten zum Bausoll gehörte. Es handelt sich **nicht** um eine **Nachtragsposition**, weil bei einem Global-Pauschalpreisvertrag die Leistung durch das Bausoll „schlüsselfertig" vorgezeichnet wurde.

Charakteristisch ist, dass der Auftragnehmer auch wesentliche Teile der **Ausführungsplanung**, manchmal sogar die gesamte Ausführungsplanung übernimmt. Nicht selten schuldet er auch die Entwurfsplanung. Somit übernimmt der Auftragnehmer auch das **Planungsrisiko**.

Weiterhin schuldet der Auftragnehmer auch den Erfolg dafür, dass sich seine Leistung, wie von ihm vorgesehen, **umsetzen** lässt.

> **Beispiel:**
>
> Der Auftragnehmer, ein Fachbetrieb für Tortechnik, verpflichtet sich u. a., zwei Hallentore gegen Schlagregen abzudichten. Die Leistung wird nur funktional beschrieben. Der Auftragnehmer führt Arbeiten am Tor aus, eine vollständige Dichtheit lässt sich jedoch nicht erzielen.
>
> Der Auftragnehmer klagt den vereinbarten Werklohn ein, der Auftraggeber verteidigt sich mit dem Argument, die Leistung sei weiterhin mangelhaft. Darauf erwidert der Auftragnehmer, er habe die Aufgabenstellung bestmöglich umgesetzt. Eine vollständige Dichtigkeit ließe sich nur durch umfangreiche Baumaßnahmen umsetzen (vgl. AG Karlsruhe, Urteil vom 07.12.2007 – 6 C 482/06).

Der Auftraggeber hat recht. Durch die funktionale Beschreibung des Bausolls „Dichtigkeit" musste der Auftragnehmer erreichen, dass tatsächlich kein Schlagregen mehr eintritt. Dies ist ihm jedoch nicht gelungen. Der Vollständigkeit halber sei noch darauf hingewiesen, dass die Rechtslage auch bei einem Einheitspreis nicht anders zu beurteilen wäre. Auch hier hat der Auftragnehmer dafür Sorge zu tragen, dass der geschuldete Leistungserfolg eintritt.

4. Mischformen

Die vorstehend beschriebenen Vertragstypen kommen in der Praxis nur äußerst selten in ihrer Reinform vor. Häufig enthält ein Vertrag Elemente verschiedener Vertragstypen. Bei Mischformen ist auf den **„spezielleren"** Vertragstyp abzustellen.

> **Beispiel:**
>
> Baustelleneinrichtung als Pauschale im Einheitspreisvertrag.

> **Beispiel (Wechsel vom Einheitspreis- zum Global-Pauschalpreisvertrag):**
>
> Ein GU beauftragt den Gerüstbauer G, eine Fassade „OK Terrain bis OK Gesamthöhe" einzurüsten. Der GU übergibt G zunächst ein sog. Anfrageleistungsverzeichnis. G trägt seine Einheitspreise ein. Dann wird ein Abschlag von 11 % ausgehandelt. In den Vertrag wird die folgende Komplettheitsklausel aufgenommen: „Herstellen, Liefern und Montieren der kompletten Rüstung einschließlich aller erforderlichen Neben- und besonderen Leistungen gemäß VOB/C in fix und fertiger Leistung, gebrauchsfähig, funktionstüchtig und abnahmereif." Das Verhandlungsprotokoll soll vorrangig vor dem Leistungsverzeichnis gelten. Darin werden alle Mengenangaben durchgestrichen und durch die Zahl 1 ersetzt. Der Pauschalpreis beträgt 69.700,00 EUR netto. G hat statt 6.144 m^2 7.843 m^2 eingerüstet und verlangt Mehrkosten. Er habe die Fassade auch im Bereich nicht verfüllter Baugruben einrüsten müssen. Dies sei im Vertrag nicht vorgesehen gewesen.

Falsch gedacht. G verliert den Rechtsstreit aus zwei Gründen: Zum einen hatte er ausdrücklich vereinbart, dass das Verhandlungsprotokoll vorrangig vor dem Leistungsverzeichnis gelten soll. Zum anderen hat er durch die Streichung der Vordersätze deutlich zum Ausdruck gebracht, dass er sich nicht an den ursprünglichen Massen festhalten lasse (KG, IBR 2003, 343).

V. Die Ankündigung i. S. d. § 2 Abs. 5 VOB/B

Der Auftraggeber ist, wie bereits dargestellt, berechtigt, **nachträglich** in einen bestehenden Vertrag **einzugreifen** (vgl. § 1 Abs. 3 VOB/B). Im Gegenzug hierzu hat der Auftragnehmer gemäß § 2 Abs. 5 VOB/B einen Anspruch auf **Preisanpassung**. Gemäß § 2 Abs. 5 S. 2 VOB/B **soll** die Preisvereinbarung vor der Ausführung getroffen werden.

Die Preisanpassung findet somit auf **Verlangen** des AN, des AG oder sogar beider Vertragsparteien statt. Regelmäßig ist es jedoch der Auftragnehmer, der die Preisanpassung verlangt, weil er hierin Vorteile sieht.

Durch das Verlangen des neuen Preises wird der bisherige Preis **unwirksam**, und es entsteht ein **Anspruch** auf einen neuen Preis, zu dessen Vereinbarung die andere Partei verpflichtet ist. Auch dies ist Ausfluss der bauvertraglichen **Kooperationspflicht**.

Ein einseitiges Bestimmungsrecht des Berechtigten besteht nicht. Können sich die Parteien – wie so häufig – nicht auf einen neuen Preis einigen, eröffnen sich zwei Möglichkeiten:

- Sie einigen sich vertraglich auf die Bestimmung des neuen Preises durch einen Dritten, oder
- sie führen eine gerichtliche Entscheidung herbei.

§ 2 Abs. 5 S. 2 VOB/B ist eine „Soll"-Vorschrift. Nach der VOB/B ist der Auftragnehmer daher nicht zwingend verpflichtet, das Verlangen **vor** Ausführung der Leistung auszusprechen. Die vorherige Ankündigung kann in bestimmten Situationen jedoch eine vertragliche Nebenpflicht sein. Grundsätzlich sollte, ähnlich wie bei sonstigen Anzeigen nach der VOB, das Verlangen auf Preisanpassung so **früh wie möglich** ausgesprochen werden.

VI. Die Ankündigung i. S. d. § 2 Abs. 6 VOB/B

Diese Regelung unterscheidet sich erheblich von der zuvor erwähnten Regelung des § 2 Abs. 5 VOB/B. Gemäß § 2 Abs. 6 VOB/B **muss** der Auftragnehmer den Anspruch auf besondere Vergütung dem Auftraggeber ankündigen, **bevor** er mit der Ausführung beginnt.

Nach der Rechtsprechung des BGH (BauR 1996, 542) ist die Ankündigung grundsätzlich **Anspruchsvoraussetzung** für die besondere Vergütung von notwendigen und nicht notwendigen Zusatzleistungen. Auch hier gilt: Die Ankündigung hat so früh wie möglich zu erfolgen und sollte bereits aus Beweisgründen **schriftlich** erfolgen, obwohl die Schriftform nicht zwingend vorgeschrieben ist. Die **Höhe** der beanspruchten Vergütung muss in der Ankündigung noch nicht enthalten sein.

Die Ankündigung ist gegenüber dem **Auftraggeber** zu erklären.

Aus Gründen der Vollständigkeit sei noch erwähnt, dass die Rechtsprechung (vgl. BGH, BauR 2000, 409) **Ausnahmen** vom Ankündigungserfordernis einräumt. Dies wird angenommen, wenn das Ankündigungserfordernis ohne **Funktion** ist, d. h., wenn der Auftraggeber bei Forderung der Leistung offenkundig von ihrer Entgeltlichkeit **ausging** oder ausgehen musste. Die Darlegungs- und Beweislast für diese Behauptung trägt vollumfänglich der Auftragnehmer (OLG Köln, IBR 2013, 66). Der Auftraggeber kann dem Vergütungsanspruch in diesem Fall jedoch das Argument entgegensetzen, dass er im Falle einer rechtzeitigen Ankündigung anders disponiert hätte und somit durch die fehlende Ankündigung einen Schaden erlitten hat.

Wird eine erforderliche und nicht entbehrliche Ankündigung **unterlassen**, hat der AN **keinen** Anspruch auf zusätzliche Vergütung. Andere Anspruchsgrundlagen (z. B. Bereicherungsrecht) sind ausgeschlossen.

§ 2 Abs. 6 VOB/B regelt die „klassische" Nachtragsposition, also den Fall, dass der Auftraggeber **eine im Vertrag nicht vorgesehene** Leistung verlangt. Erforderlich ist daher immer eine Willensäußerung des Auftraggebers, dass er die zusätzliche Leistung haben möchte. Bauleistungen, die der Auftragnehmer ausführt, weil er sie selbst für erforderlich hält und darauf vertraut, dass der Auftraggeber diese dann auch bezahlen wird, werden nicht über § 2 Abs. 6 VOB/B vergütet. Erforderlich ist jedoch nur, dass der Auftraggeber den Nachtrag (dem Grunde nach) beauftragt, nicht auch, dass man sich schon über den Preis einig geworden ist (vgl. BGH, IBR 2012, 441).

Beauftragt der Auftraggeber den Auftragnehmer ohne vorherige Preisabstimmung, hat der Auftragnehmer die Leistung gem. § 1 Abs. 4 VOB/B auszuführen. Er darf die Arbeiten **nicht einstellen**, bis sich beide einig geworden sind.

VII. AGB-Klauseln

Auftraggeber versuchen häufig bereits mit Vertragsschluss mögliche Ansprüche des Auftragnehmers auf Zusatzvergütung durch Allgemeine Geschäftsbedingungen (AGB) auszuschließen. Derartige Klauseln halten nicht in jedem Fall einer gerichtlichen Überprüfung stand:

1. Eine Regelung in AGB (Formularverträgen), wonach der Auftragnehmer im Falle von Änderungsanordnungen (oder Nachträgen) eine geänderte Vergütung nur dann bekommen soll, wenn er vor der Ausführung der zu ändernden Leistung ein **Nachtragsangebot einreicht**, verstößt **nicht** gegen die AGB-Vorschriften (§§ 305 ff. BGB).
2. Folgende Klauseln hat der BGH jedoch für nichtig erklärt (IBR 2005, 1):

    „Auch bei einem Einheitspreisvertrag ist die Auftragssumme limitiert."

    „Zusätzliche Leistungen werden nur nach schriftlich erteiltem Auftrag bezahlt."

VIII. Leistungsverweigerungsrecht

Vor allem, wenn Streit über den Grund und die Höhe der zusätzlichen Vergütung besteht, stellt sich die Frage, ob der Auftragnehmer berechtigt ist, die Leistung **nicht auszuführen**, wenn der Auftraggeber die Zahlung der Sondervergütung ablehnt.

Zunächst ist darauf hinzuweisen, dass sowohl § 1 Abs. 3 VOB/B als auch § 1 Abs. 4 VOB/B kein Zurückbehaltungsrecht vorsehen. Im Gegenteil, sie verlangen, dass der Auftragnehmer die Leistung **ausführt**.

Das **Leistungsverweigerungsrecht** besteht jedoch, wenn der Auftraggeber **unberechtigt** und grundlos eine **Vergütung verweigert** (OLG Düsseldorf, IBR 2002, 5; OLG Zweibrücken, IBR 1995, 49). Dies gilt jedoch nur, wenn das Verlangen des Auftragnehmers **berechtigt** ist und er nicht überhöhte Preise fordert (lesenswert: OLG Koblenz, Urteil vom 06.11.2014 – 6 U 245/14 = IBR 2015, 9).

> **Beispiel:**
> Der Bauherr B beauftragt den Putzer P im Wege eines Einheitspreisvertrages, den vorhandenen Putz an der Vorderfront seines Hauses abzuschlagen und neuen Putz anzubringen. B erhofft sich dadurch eine nachhaltige Beseitigung der aufgetretenen Risse. Als P den Putz abgeschlagen hat, betrachtet er sich die Risse und stellt fest, dass diese aufgetreten sind, weil die Vorderseite des Gebäudes geringfügig abgesackt ist. Es sind Unterfangungsmaßnahmen dringend erforderlich. Er erarbeitet ein Nachtragsangebot und legt dies dem B vor. B lehnt eine Vergütung mit der Begründung ab, es handele sich nicht um einen Nachtrag, weil diese Leistung bereits im Ursprungsauftrag enthalten sei.

P muss diesen Nachtrag nicht ausführen, weil der B die Vergütung schon von vornherein zu Unrecht verweigert hat. Er ist aber auch nicht in der Lage, den Putz mangelfrei aufzubringen, weil die Risse zwangsläufig wieder auftreten. Er muss nun Bedenken anmelden und sollte beim B zusätzlich einen Gewährleistungsausschluss anfordern (Muster: B XI.). Stellt der B sich weiter stur, steht dem P ein Zurückbehaltungsrecht zu. Er sollte sich dann über § 9 Abs. 1a) VOB/B vom Vertrag lösen.

IX. Vergütungshöhe und Berechnung

1. § 2 Abs. 5 VOB/B

Gemäß § 2 Abs. 5 VOB/B ist der neue Preis „unter Berücksichtigung der Mehr- oder Minderkosten" zu vereinbaren.

Dem Wortlaut ist zunächst zu entnehmen, dass die Vorschrift sowohl bei Mehrvergütungen als auch bei Vergütungsreduzierungen anwendbar ist. Grundlage der neu zu berechnenden Vergütungen sind immer die Preisermittlungsgrundlagen, also die **Angebotskalkulation**:

Zunächst sind die **ursprünglich** kalkulierten Kosten für die unveränderte Leistung zu ermitteln. Anschließend sind diejenigen Kosten zu berechnen, die aufgrund der Änderungsanordnung des Auftraggebers entstehen.

Grundsatz: „Ein guter Preis bleibt ein guter Preis und ein schlechter Preis bleibt ein schlechter Preis."

Maßgeblich für die Neuberechnung des Preises ist jedoch der Beginn der Ausführung. Es sind die dann maßgeblichen Preisverhältnisse zugrunde zu legen, Kostensteigerungen (z. B. Material) gehen zulasten des Auftraggebers. Der Auftragnehmer hat seine bisherige Preiskalkulation **offenzulegen**.

Zeitabhängige Mehrkosten sind zu berücksichtigen. Der Deckungsanteil für **Wagnis und Gewinn** bleibt in vollem Umfang erhalten. Gleiches kann für die Baustellengemeinkosten und **die allgemeinen Geschäftskosten** gelten.

Liegt keine Kalkulation vor, muss diese **nachträglich** plausibel anhand der Gesamtkalkulation des Auftrages erstellt werden.

Die Festlegung des neuen Preises ist grundsätzlich für jede **einzelne**, von den Mehr- oder Minderkosten betroffene Position vorzunehmen (BGH, BauR 1972, 381), auch wenn dies im Einzelfall problematisch ist. Preisnachlässe sind zu berücksichtigen.

Vorsicht ist geboten, wenn bestimmte Positionen, (z. B. Verlegen von Leerrohren, Baustraße, Bewehrung) **bewusst niedrig** kalkuliert werden, weil der Auftragnehmer darauf vertraut, der Auftraggeber werde diese Leistungen nur im geringen Umfang abrufen. Erfolgt eine Anordnung des Auftraggebers, die diese Leistungsposition erheblich erweitert, hat der Preis der Angebotskalkulation weiterhin Bestand, wobei regelmäßig nur die tatsächlichen Materialpreiserhöhungen an den Auftraggeber weitergereicht werden können. Dieses Risiko besteht auch bei den „**pyramidenförmigen**" Kalkulationen. Die Leistungen, die zuerst ausgeführt und dann auch zuerst abgerechnet werden, werden häufig großzügiger kalkuliert, um Geld zum Bauen zu haben. Die Leistungen, die am Ende ausgeführt werden, sind häufig nicht kostendeckend. Wird nun ein Nachtrag beauftragt, der anhand der oberen Positionen in der Pyramide zu berechnen ist, hat der Auftragnehmer schlechte Karten.

2.   Vergütung für zusätzliche Leistung gemäß § 2 Abs. 6 VOB/B

Auch im Rahmen des § 2 Abs. 6 VOB/B ist Grundlage des neuen Preises die **Angebotskalkulation**. Zu berücksichtigen sind auch die besonderen Kosten der geforderten Leistung. Ein wesentlicher technischer Unterschied zur Regelung des § 2 Abs. 5 VOB/B besteht nicht.

Bei der **Ermittlung** des neuen Preises ist zunächst zu prüfen, ob diese Position schon in der Ursprungskalkulation **enthalten** ist. Da das Preisgefüge des Gesamtvertrages maßgeblich ist, ist anschließend zu prüfen, ob dort zumindest eine **vergleichbare** Position enthalten ist. Ist auch dies nicht der Fall, ist eine angemessene Vergütung zu ermitteln, die sich jedoch am Preisgefüge des gesamten Vertrages orientieren muss. Dies kann im Streitfall durch einen Sachverständigen mit baubetriebswirtschaftlichen Kenntnissen ermittelt werden.

Besondere Kosten, also Kosten, die speziell mit dieser Maßnahme verbunden sind, sind immer im Rahmen des **tatsächlichen Umfanges** zu zahlen.

X. Verhalten, wenn ein erforderlicher Nachtrag nicht erteilt wird

> **Beispiel:**
> Bei Errichtung einer Toilette stellt der Auftragnehmer fest, dass er diese nicht anschließen kann, weil das Abwasserrohr defekt ist. Er zeigt den Nachtrag ordnungsgemäß gegenüber dem Auftraggeber an. Dieser weigert sich, den Nachtrag zu erteilen.

In der Verweigerung der Nachtragserteilung ist eine **Verweigerung** der **Vergütung** zu sehen. Dem Auftragnehmer steht somit ein Leistungsverweigerungsrecht zu. Dadurch ist er in der weiteren Ausführung seiner Bauleistung **behindert**. Diese Behinderung ist dem Auftraggeber **anzuzeigen**.

> **Kontrollbeispiel:**
> Der Auftragnehmer hat sich vertraglich verpflichtet, einen Altbau zu sanieren. An den Decken befinden sich Stuckelemente, die z. T. erneuert bzw. ausgebessert werden müssen. Der Auftraggeber verlangt vom Auftragnehmer die (natürlich kostenlose) Ausführung der Leistung, die im Leistungsverzeichnis nicht enthalten ist.

Der Auftragnehmer muss die Leistung kostenneutral ausführen, wenn sie im Bausoll „Altbausanierung" enthalten ist.

H Mengenänderung

I. Wichtige Normen

> **§ 2 Abs. 3 VOB/B (Einheitspreisvertrag)**
>
> „(1) Weicht die ausgeführte Menge der unter einem Einheitspreis erfassten Leistung oder Teilleistung um nicht mehr als 10 v. H. von dem im Vertrag vorgesehenen Umfang ab, so gilt der vertragliche Einheitspreis.
>
> (2) Für die über 10 v. H. hinausgehende Überschreitung des Mengenansatzes ist auf Verlangen ein neuer Preis unter Berücksichtigung der Mehr- oder Minderkosten zu vereinbaren.
>
> (3) Bei einer über 10 v. H. hinausgehenden Unterschreitung des Mengenansatzes ist auf Verlangen der Einheitspreis für die tatsächlich ausgeführte Menge der Leistung oder Teilleistung zu erhöhen, soweit der Auftragnehmer nicht durch Erhöhung der Mengen bei anderen Ordnungszahlen (Positionen) oder in anderer Weise ein Ausgleich erhält. Die Erhöhung des Einheitspreises soll im Wesentlichen dem Mehrbetrag entsprechen, der sich durch Verteilung der Baustelleneinrichtungs- und Baustellengemeinkosten und der allgemeinen Geschäftskosten auf die verringerte Menge ergibt. Die Umsatzsteuer wird entsprechend dem neuen Preis vergütet."
>
> **§ 2 Abs. 7 VOB/B (Pauschalvertrag)**
>
> „(1) Ist als Vergütung der Leistung eine Pauschalsumme vereinbart, so bleibt die Vergütung unverändert. Weicht jedoch die ausgeführte Leistung von der vertraglich vorgesehenen Leistung so erheblich ab, dass ein Festhalten an der Pauschalsumme nicht zumutbar ist (§ 313 BGB), so ist auf Verlangen ein Ausgleich unter Berücksichtigung der Mehr- oder Minderkosten zu gewähren. Für die Bemessung des Ausgleichs ist von den Grundlagen der Preisermittlung auszugehen.
>
> (2) Die Regelungen der Abs. 4, 5 und 6 gelten auch bei Vereinbarung einer Pauschalsumme."

II. Allgemeines

Bei einem **Einheitspreisvertrag** sind die abgerechneten Mengen zu vergüten. Erhöhen sich die Mengen, erhöht sich „automatisch" der Vergütungsanspruch. Verringern sich die Mengen, verringert sich auch der Vergütungsanspruch. § 2 Abs. 3 VOB/B legt nun fest, ab welchem Umfang die Mengenänderung sich auf den Einheitspreis auswirkt.

III. Die Mengenänderung

Um den Begriff „Mengenänderung" näher zu umschreiben, ist zunächst eine **negative** Abgrenzung durchzuführen. Die **Nachtragserteilung** (§ 2 Abs. 6 VOB/B) und vor allem die **Anordnung** des Auftraggebers (§ 2 Abs. 5 VOB/B) sind **keine** Mengenmehrungen. Eine Mengenmehrung liegt nur dann vor, wenn der im Leistungsverzeichnis angegebene Vordersatz falsch ist und es „ohne Eingriff in den ursprünglichen Leistungsumfang" also **zufällig** zu der Mengenmehrung gekommen ist (BGH, IBR 2004, 124). Häufig sind die Angaben im Leistungsverzeichnis schlichtweg nicht zutreffend.

§ 2 Abs. 3 VOB/B findet daher insbesondere bei **Planänderungen** und Teilkündigungen keine Anwendung.

IV. Mengenänderung im Einheitspreisvertrag

Der Auftragnehmer kalkuliert seine Einheitspreise auf Grundlage der vom Auftraggeber angegebenen Mengen und Massen.

> **Beispiel:**
>
> Ausweislich des Leistungsverzeichnisses hat sich der Auftragnehmer verpflichtet, für den Bau einer Straße **1.000** Kubikmeter **Schotter** einzubringen. **Verdoppelt** sich nun diese Position, geht die VOB davon aus, dass er das Material günstiger bekommt und die längere Vorhaltung eines Baggers sich gleichfalls nicht Kosten verdoppelnd auswirkt. Der Auftraggeber kann daher verlangen, dass sich der vertraglich vereinbarte Einheitspreis für die über 110 % hinausgehende Mehrmenge reduziert. In unserem Beispiel kann das Preisanpassungsverlangen daher für 900 Kubikmeter Schotter ausgeübt werden. Im Rahmen des § 2 Abs. 3 VOB/B sind auch die Kosten mit einzubeziehen, die sich aus einer mehrmengenbedingten Verlängerung der **Ausführungszeit** ergeben (z. B. erhöhte Baustellengemeinkosten).

Nach Auffassung des OLG Nürnberg (IBR 2003, 55) können sogar die **allgemeinen Geschäftskosten (AGK)** bei der Ermittlung des neuen Preises herangezogen werden. Kann der Auftragnehmer darlegen, dass in dem ursprünglichen Preis ein Anteil von z. B. 5 % für die AGKs enthalten ist, ist dies auch bei den Mehrmengen zu kalkulieren.

Maßgeblich für die Berechnung des neuen Preises ist auch im Rahmen des § 2 Abs. 3 VOB/B die **Urkalkulation**. Auch hier gilt daher der Grundsatz: „Guter Preis bleibt guter Preis, schlechter Preis bleibt schlechter Preis."

Vor spekulativen Positionen ist daher zu warnen.

Es ist auch der Fall denkbar, dass sich durch die Mehrmengen der Einheitspreis **erhöhen** muss, z. B. weil mehr Personal auf der Baustelle erforderlich ist, es sogar zu einer Erhöhung der Baustellengemeinkosten kommt oder sich die Materialpreise erhöhen. Diese Vorgehensweise lässt § 2 Abs. 3 Nr. 2 VOB zu.

IV. Mengenänderung im Einheitspreisvertrag

> **Beispiel:**
> Das Leistungsverzeichnis eines Einheitspreisvertrages sieht das Anbringen von 65 Lampen vor. Der Auftragnehmer stellt während der Bauausführung fest, dass tatsächlich 75 Lampen anzubringen sind. Er muss zehn Lampen nachkaufen und kommt daher nicht mehr in den Genuss des günstigen Mengenrabattes.

1. Das Verlangen

In der Regel wirken sich Mengenmehrungen nicht preiserhöhend aus. Der Auftragnehmer wird daher nichts unternehmen. Er kann warten, bis der **Auftraggeber** das Verlangen äußert. Der BGH (BauR 2005, 1152) hat entschieden, dass es für dieses Preisanpassungsverlangen keinen zeitlichen Rahmen gibt. Insbesondere gilt nicht die 30-Tagesfrist des § 16 Abs. 3 VOB/B. Es kann daher sogar noch im **Prozess** das Preisanpassungsverlangen geäußert werden.

2. Die Mengenunterschreitung von mehr als 10 % (§ 2 Abs. 3 Nr. 3 VOB/B)

Bei der Mengenunterschreitung ist gleichfalls eine Abweichung von bis zu 10 % unbeachtlich. Bei einer Unterschreitung von mehr als 10 % ist auf **Verlangen** der Einheitspreis zu **erhöhen**, jedoch für die **gesamte tatsächlich** ausgeführte Leistung.

> **Beispiel:**
> Ein Fliesenleger soll 1.000 m² Fliesen verlegen. Die tatsächliche Menge beträgt jedoch nur 850 m². Für die gesamten 850 m² ist ein neuer Preis zu bilden.

Entfällt die betreffende Einheitspreis-Position in Gänze, ist § 2 Abs. 3 Nr. 3 VOB/B dennoch anwendbar, sofern nicht eine Anordnung gemäß § 2 Abs. 5 VOB/B vorliegt. In der Regel wird jedoch eine Teilkündigung vorliegen, sodass gemäß § 8 Abs. 1 VOB/B vorzugehen ist.

Ein Anspruch auf **Verringerung** der Einheitspreise bei einer Mengenunterschreitung kann **nicht** in Betracht kommen. Dies schließt die VOB aus.

3. Die Berechnung des neuen Einheitspreises

Die VOB macht strenge Vorgaben. Sie sagt, die Erhöhung des Einheitspreises soll im Wesentlichen dem Mehrbetrag entsprechen, der sich durch die Verteilung der **Baustelleneinrichtungs-** und **Baustellengemeinkosten** und der **Allgemeinen Geschäftskosten** auf die verringerte Menge ergibt. Die Berechnung des neuen Einheitspreises war lange Gegenstand wissenschaftlicher Diskussionen, bis das OLG Koblenz (BauR 2008, 1893) in einer richtungsweisenden Entscheidung für Klarheit gesorgt hat. Nach richtiger Auffassung des Gerichts soll der Auftragnehmer den kalkulierten Gewinn „behalten" dürfen.

H Mengenänderung

Beispiel (nach OLG Koblenz, BauR 2008, 1893 (vereinfacht)):

Der Auftragnehmer wurde beauftragt, an einer Mülldeponie Rekultivierungsarbeiten durchzuführen. Für den Transport und den Einbau neuen Bodens hat er einen Einheitspreis von 60,00 EUR/Kubikmeter kalkuliert, der ins Leistungsverzeichnis Eingang gefunden hat. Der Einheitspreis setzt sich wie folgt zusammen:

Arbeits- und Gerätekosten:	8,00 EUR/Kubikmeter
Wegebefestigung:	12,00 EUR/Kubikmeter
Geräte An- und Abtransport:	8,00 EUR/Kubikmeter
Einzelkosten Teilleistung Insgesamt:	28,00 EUR/Kubikmeter
Baustellengemeinkosten 10 % von 28,00 EUR:	2,80 EUR/Kubikmeter
AGK 10 % von 28,00 EUR:	2,80 EUR/Kubikmeter
Wagnis + Gewinn:	26,40 EUR/Kubikmeter
Insgesamt:	**60,00 EUR/Kubikmeter**

Für die über 10 % hinausgehende Menge sind beim Auftragnehmer tatsächlich die folgenden Kosten angefallen:

Arbeits- und Gerätekosten:	5,00 EUR/Kubikmeter
Wegebefestigung:	0,00 EUR/Kubikmeter
Geräte An- und Abtransport:	0,00 EUR/Kubikmeter
Einzelkosten Teilleistung Insgesamt:	5,00 EUR/Kubikmeter
Baustellengemeinkosten:	0,00 EUR/Kubikmeter
AGK 10 % von 5,00 EUR:	0,50 EUR/Kubikmeter
Wagnis + Gewinn	26,40 EUR/Kubikmeter
Neuer Einheitspreis:	**31,90 EUR/Kubikmeter**

Das obige Beispiel verdeutlicht sehr schön, dass die Berechnung des neuen Einheitspreises kein „Hexenwerk" ist. Es sollte der Unsitte Einhalt gebieten, den neuen Einheitspreis mit dem „dicken Daumen" zu bestimmen und irgendwelche Zahlen fernab jeder Kalkulation vorzutragen. Sollte keine Ursprungskalkulation vorhanden sein, kann diese auch nachträglich erstellt werden. Die Kalkulation ist dem Sachverständigenbeweis zugänglich. Der Auftragnehmer braucht nicht zu befürchten, dass er Gewinneinbußen hinnehmen muss. „Guter Preis bleibt guter Preis und schlechter Preis bleibt schlechter Preis."

Der Bundesgerichtshof (IBR 2009, 127,128) hatte diesem Grundsatz bislang nur dort eine Grenze gesetzt, wo der kalkulierte Einheitspreis um das 894-Fache den ortsüblichen Einheitspreis überstieg. Hier war nach den Grundsätzen von Treu und Glauben eine Korrektur vorzunehmen.

Inzwischen hat der BGH diese Rechtsprechung in der Weise fortgeführt, dass sogar schon die Überschreitung des 8-Fachen des ortsüblichen Preises unzulässig sein soll (BGH, IBR 2013, 330). Der Auftragnehmer habe dann nur Anspruch auf Vergütung des ortsüblichen Preises.

4. Ausgleich „in anderer Weise"

Diese Regelung kommt in Betracht, soweit eine Mengenüberschreitung von mehr als 10 % vorliegt und **nicht** bereits ein neuer Preis nach § 2 Abs. 3 Abs. 2 VOB/B gebildet wurde (BGH, BauR 1987, 217).

V. Mengenänderung beim Pauschalpreisvertrag (§ 2 Abs. 7 VOB/B)

1. Detail-Pauschalpreisvertrag

Die Regelung des § 2 Abs. 7 VOB/B geht erkennbar von einem Detail-Pauschalpreisvertrag aus, weil nur in diesem Massen vorgegeben werden. In diesem Zusammenhang ist zunächst darauf hinzuweisen, dass auch beim Pauschalpreisvertrag gemäß § 2 Abs. 7 Nr. 2 VOB/B die Abs. 4, 5 und 6 des § 2 VOB/B gelten. § 2 Abs. 3 VOB/B ist nicht anwendbar, weil diese Regelung nur für Einheitspreisverträge gilt.

2. Global-Pauschalpreisvertrag

§ 2 Abs. 7 VOB/B findet bei einem Global-Pauschalpreisvertrag (funktionale Baubeschreibung) **keine** Anwendung. Der Auftragnehmer ist verpflichtet, im Rahmen des Pauschalpreises eine funktionsgerechte, vollständige und mangelfreie Leistung herzustellen, **unabhängig** von den konkret zur Ausführung gelangten **Mengen**.

3. Erheblichkeit für die Preisanpassung

§ 2 Abs. 7 VOB/B erwähnt keine feste Grenze, sondern orientiert sich an dem Maßstab von Treu und Glauben gemäß § 313 BGB. Zudem enthält die Regelung unbestimmte Rechtsbegriffe wie „erheblich" und „nicht mehr zumutbar".

Im Gegensatz zu § 2 Abs. 3 VOB/B, der jede einzelne Position betrachtet, ist im Rahmen des § 2 Abs. 7 VOB/B eine **Gesamtbetrachtung** anzustellen. Auch die Rechtsprechung weigert sich strikt, eine feste Grenze festzulegen. Sie stellt stets darauf ab, dass eine **Einzelfallbetrachtung** vorzunehmen ist. Die Grenze dürfte zwischen 20 % und 30 % liegen.

4. Bewusste Falschangaben

Keine Verpflichtungen entstehen, wenn der Auftraggeber den Auftragnehmer bewusst im Dunkeln lässt, also ihm keine Möglichkeit einräumt, die tatsächlichen Verhältnisse auf der Baustelle durch Besichtigung oder das Studium von Plänen zu erkunden.

> **Beispiel:**
>
> Der Auftraggeber fragt telefonisch beim Auftragnehmer an, was die Verlegung von 600 m^2 Fliesen, Typ XY, kosten würde. Man einigt sich auf eine Pauschale von 10.500,00 EUR. Bei Besichtigung der Baustelle stellt der Auftragnehmer fest, dass tatsächlich 800 m^2 Fliesen zu verlegen sind. Er ist nicht an die Pauschale gebunden.

VI. AGB-Regelungen

Der BGH (IBR 2016, 3) hat die folgende Formularklausel für unwirksam erklärt:

„Massenänderungen – auch über 10 % – sind vorbehalten und berechtigen nicht zur Preiskorrektur".

Verwendet der Auftraggeber eine derartige Klausel, schließe er zumindest auch das Recht des Auftragnehmers aus, bei Mindermengen eine Preisanpassung zu seinen Gunsten vorzunehmen.

Diese Rechtsauffassung trifft natürlich erst recht zu, wenn das Recht des Auftragnehmers, eine Anpassung des Preises zu verlangen, **einseitig** ausgeschlossen wird.

> **Beispiel:**
>
> Im Falle einer Mengenmehrung verringern sich die abzurechnenden Einheitspreise. Ansonsten bleiben sie unverändert.

Der Ausschluss der Preisanpassungsmöglichkeit in § 2 Abs. 7 VOB/B dürfte gleichfalls in allgemeinen Geschäftsbedingungen **unwirksam** sein (OLG Hamburg, IBR 1998, 99).

I   Die Sicherheit gemäß § 648a BGB

I.   Allgemeines

Die Sicherheit gemäß § 648a BGB ist ein nicht zu unterschätzendes Instrumentarium. § 648a BGB räumt jedem Auftragnehmer das Recht ein, für das **gesamte Bauvolumen** eine Sicherheit zu verlangen. Ein Auftragnehmer ist daher (in der Regel) nicht verpflichtet, ungesichert eine Vorleistung zu erbringen. § 648a BGB war eine Reaktion des Gesetzgebers auf die „Schneider-Pleiten" Anfang der neunziger Jahre, die bundesweit für Aufsehen sorgten. Mit Inkrafttreten des Forderungssicherungsgesetzes zum 01.01.2009 hat § 648a BGB nochmals eine wesentliche Verschärfung zugunsten der Bauhandwerker erhalten, die für alle Bauverträge gilt, die nach dem 01.01.2009 abgeschlossen wurden. Die Handhabung der Vorschrift wurde vereinfacht und die Rechtsfolgen erweitert (vgl. I VI.).

In der **Praxis** wird von den Rechten aus § 648a BGB jedoch (zu) wenig Gebrauch gemacht. Der Grund hierfür ist eine **Rücksichtnahme** auf den Auftraggeber. Der Auftragnehmer befürchtet, das Klima auf der Baustelle zu vergiften und von dem Auftraggeber bei zukünftigen Aufträgen nicht mehr berücksichtigt zu werden.

Dieser Einwand des Auftragnehmers ist selbstverständlich berechtigt, und auch an dieser Stelle soll nicht zur Geltendmachung der Rechte aus § 648a BGB „angestachelt" werden. Ich möchte jedoch dringend anraten, im Einzelfall ordentlich und unter Berücksichtigung kaufmännischer Gesichtspunkte abzuwägen, ob die **Rücksichtnahme** auf den Auftraggeber tatsächlich **angebracht** ist. Dies ist insbesondere infrage zu stellen, wenn Auftraggeber kleinere GmbH's sind, Zahlungen nur schleppend geleistet werden oder es sich um GBR's handelt, deren Gesellschafter nicht erkennbar sind (z. B. Waldstr. 5 GBR).

Stets sollte jedoch an den § 648a BGB als **taktisches Instrumentarium** gedacht werden (vgl. hierzu I III.).

II.   Anwendungsbereich

Der Anwendungsbereich des § 648a BGB lässt sich am besten negativ abgrenzen.

Er gilt nicht, wenn der Besteller eine **juristische Person** des öffentlichen Rechts oder ein öffentlich-rechtliches Sondervermögen oder eine **natürliche Person** ist und sie die Bauarbeiten zur Herstellung oder Instandsetzung eines Einfamilienhauses mit oder ohne Anliegerwohnung ausführen lässt (vgl. § 648a Abs. 6 BGB).

1.   Öffentlicher Auftraggeber

Entscheidend ist allein die Rechtsform, also ob es sich um juristische Personen des öffentlichen Rechts handelt, z. B. Städte und Gemeinden, weil bei ihnen kein Insolvenzrisiko besteht.

I Die Sicherheit gemäß § 648a BGB

Bei GmbH's, deren **Gesellschafter** zu 100 % die Gemeinde ist (z. B. Stadtwerke GmbH), ist § 648a BGB anwendbar (vgl. BGH, IBR 2007, 336 und § 648a Abs. 6 Nr. 1 a. E. BGB). Gleiches gilt, wenn die finanziellen Mittel zu 100 % oder auch zum Teil aus öffentlichen Mitteln (Fördergelder) stammen, z. B. Zentralstadion Leipzig.

> **Beispiel:**
>
> Der Bauunternehmer B saniert im Auftrag der Wohnungsbaugesellschaft mbH der Gemeinde G ein Gründerzeithaus. Aus der Zeitung erfährt er, dass die Wohnungsbaugesellschaft kurz vor der Pleite stehe. Daraufhin verlangt er eine Sicherheit gem. § 648a BGB. Der Geschäftsführer GF teilt ihm daraufhin mit, er müsse die Sicherheit nicht leisten, weil die Gesellschaft zu 100 % der Gemeinde G gehöre und er deshalb öffentlicher Auftraggeber sei.

Der GF irrt. Die Gesellschaft unterliegt als GmbH dem Privatrecht und ist somit kein öffentlicher Auftraggeber.

2. Das Einfamilienhaus

Hier gelten keine Besonderheiten. Es ist der Zweck des Bauwerkes zu beachten. Der Gesetzgeber geht davon aus, dass es in diesem Bereich keinen Ärger gibt. Diese Einschätzung des Gesetzgebers ist aus meiner Sicht antiquiert. Gerade im Eigenheimbereich ist eine zunehmende Streitlust zu verzeichnen, häufig noch angestachelt durch selbsternannte Sachverständige. Aber die Rechtslage ist eindeutig.

Die Herausnahme des Eigenheimes aus dem Anwendungsbereich des § 648a BGB gilt jedoch nur gegenüber dem Bauherrn als natürliche Person und nicht gegenüber gewerblich tätigen Unternehmen. Dies kann den Generalübernehmer in eine missliche Situation bringen.

> **Beispiel:**
>
> Der Lehrer L hat den Bauunternehmer B beauftragt, sein Reihenendhaus zu errichten. Die Abschlagsrechnungen werden nur sehr schleppend bezahlt, die letzte Abschlagsrechnung gar nicht. B erfährt durch Zufall, dass L schon vor zwei Monaten aus disziplinarischen Gründen vom Schuldienst suspendiert wurde. Er fragt, ob er nicht eine Sicherheit nach § 648a BGB verlangen könne.

B kann das nicht, weil L kein Gewerbe betreibt. Auf der anderen Seite sind jedoch seine Nachunternehmer berechtigt, die Sicherheit von B anzufordern. Dies wird möglicherweise eintreten, wenn die Nachunternehmer das Vertrauen in B verlieren, weil ihre Abschlagsrechnungen nicht bezahlt werden. B sollte noch prüfen, ob er über § 321 BGB (vgl. hierzu I VIII.) in den Genuss einer Sicherheit kommen kann.

III. Taktischer Einsatz

Die taktische **Stärke** des § 648a BGB besteht darin, dass er dem Auftragnehmer bei korrekter Anforderung der Sicherheit und Nichtleistung der Sicherheit durch den Auftraggeber ein **Zurückbehaltungsrecht** gibt. Dies ist vor allem dann von Interesse, wenn Streit über die Höhe der Abschlagsrechnung besteht.

> **Beispiel:**
> Der Auftragnehmer ist der Auffassung, der Auftraggeber habe seine Abschlagsrechnung zu Unrecht um 30.000,00 EUR gekürzt. Der Auftraggeber behauptet, er sei noch äußerst gnädig gewesen, tatsächlich hätte er die Abschlagsrechnung um 50.000,00 EUR kürzen müssen, er wolle jedoch kein Unmensch sein.

Der Auftragnehmer muss nun sein Zurückbehaltungsrecht ausüben, um den Auftraggeber unter Druck zu setzen. Er sollte nicht weiter in Vorleistung gehen, wenn schon seine Abschlagsrechnung nicht bezahlt wird. Es besteht jedoch ein Risiko, ob dem Auftragnehmer das Zurückbehaltungsrecht wegen Zahlungsverzuges gemäß § 16 Abs. 5, Nr. 4 VOB/B tatsächlich zusteht. Sollte sich im Nachhinein herausstellen, dass seine Abschlagsrechnung tatsächlich nicht in der von ihm gewünschten Höhe fällig war, hat er zu Unrecht das Zurückbehaltungsrecht ausgeübt und ist dem Auftraggeber zum Schadensersatz verpflichtet. Er räumt diesem sogar eine Kündigungsmöglichkeit ein. In diesen Fällen sollte daher **zusätzlich** die Sicherheit gemäß § 648a BGB angefordert werden.

Dies hat die folgenden Vorteile:

Leistet der Auftraggeber die Sicherheit nicht, hat der Auftragnehmer ein **Zurückbehaltungsrecht**, ohne über die Höhe der Abschlagsrechnung in diesem Zusammenhang diskutieren zu müssen. Leistet der Auftraggeber die Sicherheit, muss der Auftragnehmer zumindest nicht mehr ungesichert in Vorleistung gehen. Er kann dann in Ruhe überlegen, ob er sich auf das Zurückbehaltungsrecht gemäß § 16 Abs. 5, Nr. 4 VOB beruft.

> **Musterschreiben:**
>
> *Sehr geehrter Herr Auftraggeber,*
>
> *1.*
>
> *Meine Abschlagsrechnung vom 01.10.2007 i. H. v. 25.000,00 EUR, Ihnen zugegangen am 02.10.2007, ist bereits seit dem 24.10.2007 zur Zahlung fällig. Einen Zahlungseingang konnte ich bislang nicht verzeichnen.*
>
> *Ich fordere Sie auf, den offenen Rechnungsbetrag i. H. v. 25.000,00 EUR unverzüglich, spätestens jedoch bis zum 05.11.2007, auf mein unten angegebenes Konto zu zahlen.*
>
> *Sollte ich bis zum 05.11.2007 keinen vollständigen Zahlungseingang verzeichnen, werde ich von meinem Zurückbehaltungsrecht gemäß § 16 Abs. 5 Nr. 4 VOB/B Gebrauch machen und keine weiteren Bauleistungen erbringen.*

I Die Sicherheit gemäß § 648a BGB

> 2.
>
> *Leider sehe ich mich aufgrund Ihres bisherigen Zahlungsverhaltens veranlasst, eine Sicherheit anzufordern, die den Anforderungen des § 648a BGB genügt. Die Sicherheit stellen Sie bitte über einen Betrag i. H. v. 75.000,00 EUR aus.*
>
> *Für die Vorlage der Sicherheit setze ich Ihnen gleichfalls eine Frist zum 05.11.2007. Sollte die Sicherheit nicht bis zum 05.11.2007 vorliegen, werde ich auch aus diesem Grunde von der Ausübung meines Zurückbehaltungsrechtes Gebrauch machen und keine weiteren Bauleistungen erbringen.*
>
> *Selbstverständlich sind Sie berechtigt, weitere künftige Zahlungen von der Höhe der Sicherheit in Abzug zu bringen.*
>
> *Mit freundlichen Grüßen*
>
> *Auftragnehmer*

IV. Form, Inhalt und typische Fehler

Bei der Anfertigung eines Schreibens auf Grundlage des § 648a BGB sollte vom Gesetzestext ausgegangen werden. Demnach kann der Unternehmer vom Besteller eine **„Sicherheit"** verlangen. Neben der Bürgschaft sieht § 232 BGB noch andere Möglichkeiten der Sicherheitsleistung vor, z. B. die Hinterlegung von Geld. Der Auftraggeber leistet diese Sicherheit zwar regelmäßig in Form einer Bürgschaft, in Anbetracht des Gesetzestextes sollte jedoch eine Bürgschaft nicht verlangt werden.

Die **Höhe** der Sicherheit ist in brutto anzugeben. Dies ist die **vereinbarte Vergütung** abzüglich bereits **erhaltener Zahlungen**. Für Nebenforderungen darf der Auftragnehmer einen Zuschlag von 10 % des zu sichernden Vergütungsanspruches erheben.

Nachträge sind zu berücksichtigen, soweit sie beauftragt sind. **Mängeleinbehalte** sind nicht zu berücksichtigen (vgl. BGH IBR 2001, 17; IBR 2007, 675). Soweit aufgrund der Vorschrift des § 13b UStG eine Netto-Abrechnung zu erstellen ist, ist natürlich vom Netto-Betrag auszugehen.

Leistet der Auftraggeber die Sicherheit in nicht ausreichender Höhe, kann der Auftragnehmer seine Rechte uneingeschränkt geltend machen.

> **Beispiel:**
>
> Der Auftraggeber (AG) beauftragt den Bauunternehmer B mit der Errichtung eines Rohbaus für ein Studentenwohnheim. Die vereinbarte Vergütung beträgt 3,5 Millionen Euro. Noch vor Beginn der Bauarbeiten kommt es zwischen dem AG und B zu Meinungsverschiedenheiten. Der B verlangt eine Sicherheit gem. § 648a BGB i. H. v. 3,85 Millionen Euro (3,5 Millionen Euro zuzüglich 10 %). Der AG übergibt dem B eine Bürgschaft über 2 Millionen Euro. Er ist der Auffassung, diese sei zunächst ausreichend, der B könne ja erst einmal den Bürgschaftsbetrag „abarbeiten".

B darf seine Leistung einstellen oder den Vertrag kündigen. Er ist nicht verpflichtet, seine Bauleistung anteilig zu erbringen (OLG Jena, IBR 2014, 146).

Die **Frist** zur Leistung der Sicherheit sollte eine Woche nicht unterschreiten, besser zehn Tage. Die Ausübung des Zurückbehaltungsrechts für den Fall des fruchtlosen Fristablaufes ist **anzudrohen**.

> **Muster:**
>
> *Wir fordern Sie auf, uns eine Sicherheit zu übergeben, die den Anforderungen des § 648a BGB genügt. Die Sicherheit ist über einen Betrag in Höhe von 50.000,00 EUR (brutto) auszustellen.*
>
> *Für den Eingang der Sicherheit setzen wir Ihnen eine Frist bis zum 03.12.2007. Sollte die o. g. Frist fruchtlos verstreichen, werden wir von unserem gesetzlichen Zurückbehaltungsrecht Gebrauch machen und die weitere Leistung verweigern oder den Vertrag kündigen.*

V. Kosten der Sicherheit

Gemäß § 648 Abs. 3 BGB hat der Unternehmer dem Besteller die üblichen Kosten der Sicherheit bis zu einem Höchstsatz von 2 % p. a. zu erstatten. Der Auftraggeber darf somit die **tatsächlichen Kosten** der Sicherheit umlegen, jedoch nur bis zu einem Höchstsatz von 2 %. Dem Wort „erstatten" ist zu entnehmen, dass ein Vorschussanspruch nicht besteht. Sind die Kosten jedoch bereits beim Auftraggeber angefallen, darf er sie von der Abschlags- bzw. Schlussrechnung in Abzug bringen.

VI. Rechtsfolgen bei Nichtstellung der Sicherheit

1. Arbeitseinstellung, Kündigung und Klage

Verstreicht die Frist zur Leistung der Sicherheit fruchtlos, so steht dem Auftragnehmer ein **Zurückbehaltungsrecht** zu. Er kann nun abwarten, ob und wie der Auftraggeber weiter reagiert. Eine Leistungsverpflichtung trifft ihn nicht, er kann nicht in Verzug geraten.

Für Bauverträge, die nach dem **01.01.2009** abgeschlossen wurden, besteht auch die Möglichkeit, den Vertrag nach Fristablauf sofort und ohne vorherige Androhung und Nachfristsetzung zu kündigen. Rechtsfolge einer **Kündigung** ist, dass die bis zur Kündigung erbrachte Leistung nach den Vertragspreisen abzurechnen ist. Der nicht erbrachte Leistungsteil, also die Leistungen, die aufgrund der Kündigung nicht mehr erbracht werden können, sind gem. § 648a Abs. 5 BGB abzurechnen. Diese Abrechnungsweise ist identisch mit der Abrechnungsmöglichkeit des § 649 BGB bzw. § 8 Abs. 1 VOB/B (vgl. hierzu ausführlich D I.). Dabei wird gesetzlich **vermutet**, dass dem Auftragnehmer **5 %** der auf den noch nicht erbrachten Teil der Leistung entfallenden vereinbarten Vergütung zustehen (vgl. § 648a Abs. 5 BGB).

I Die Sicherheit gemäß § 648a BGB

> **Beispiel:**
>
> Der Rohbauer R muss enttäuscht feststellen, dass seine dritte Abschlagsrechnung über 75.000,00 EUR trotz mehrerer Mahnungen noch zur Zahlung aussteht. Er setzt seinem Auftraggeber A nunmehr eine Frist von zehn Tagen, eine Sicherheit gem. § 648a BGB zu übergeben. Auch diese Frist verstreicht fruchtlos. R kündigt den Bauvertrag.
>
> Zum Zeitpunkt der Kündigung stellt sich der Sachverhalt wie folgt dar: Das gesamte Auftragsvolumen beträgt 350.000,00 EUR. Die bis zur Kündigung erbrachten Bauleistungen haben nach den Vertragspreisen (Achtung: nicht nach den Abschlagsrechnungen!) einen Wert von 250.000,00 EUR.

Für die bis zur Kündigung erbrachten Bauleistungen darf R die vereinbarte Vergütung, also 250.000,00 EUR abrechnen. Die Vergütung für den nicht erbrachten Leistungsteil würde daher 100.000,00 EUR betragen. Hierfür darf R den „entgangenen Gewinn" gem. § 648a Abs. 5 BGB berechnen. Gesetzlich wird vermutet, dass diese Vergütung 5 % der nicht erbrachten Leistung, also 5.000,00 EUR beträgt. R kann A daher einen Betrag in Höhe von 255.000,00 EUR in Rechnung stellen.

Die gesetzliche Vermutung (5 %) ist **widerlegbar**. In einem Prozess müsste daher A beweisen, dass der Anspruch des R tatsächlich geringer ist. Auch bleibt es R unbenommen, einen höheren Anspruch darzulegen und zu beweisen.

Die wohl weitestreichende Neuerung des § 648a BGB durch das Forderungssicherungsgesetz (gilt für Verträge, die nach dem 01.01.2009 abgeschlossen wurden) ist die Möglichkeit, das Recht auf Erteilung der Sicherheit nunmehr als **eigenen Anspruch** gerichtlich geltend zu machen. Der Bauunternehmer kann somit statt oder neben der Zahlungsklage auch die Leistung der Sicherheit gerichtlich einklagen. Der große **Vorteil** liegt zunächst darin, dass die Gegenansprüche des Auftraggebers wegen **Mängel** in diesem Prozess nicht beachtet werden (vgl. BGH IBR 2001, 17; IBR 2007, 675).

> **Beispiel:**
>
> Der Generalunternehmer G hat sich vertraglich verpflichtet, für den Bauträger B ein Wohn- und Geschäftshaus in München schlüsselfertig zu errichten. Schon während der Bauphase kam es häufig zu Unstimmigkeiten, weil B, aus Sicht des G zu Unrecht, eine Vielzahl von Mängeln rügte. Aus diesem Grund wurden auch die Abschlagsrechnungen des G von B stets gekürzt oder gar nicht bezahlt. G hat die Nase voll und verlangt von B nun mit Fristsetzung die Übergabe einer Sicherheit gem. § 648a BGB. Als auch diese Frist fruchtlos verstreicht, macht G von seinem Zurückbehaltungsrecht Gebrauch und stellt die Arbeiten ein. Danach ruht die Baustelle. Zu dem Zeitpunkt, als G die Sicherheit angefordert hatte, stellte sich seine Situation wie folgt dar: Die gesamte Auftragssumme betrug 8.500.000,00 EUR. Bislang hatte er Abschlagszahlungen in Höhe von 3.500.000,00 EUR erhalten. Das Sicherheitsverlangen des G belief sich daher auf 5.000.000,00 EUR zuzüglich 10 %, also 5.500.000,00 Euro.
>
> G geht zu seinem Anwalt und fragt, was er nun machen solle. G hat Bedenken hinsichtlich der Liquidität des B, weil die Baustelle ruht und nichts weiter veranlasst wurde.

VI. Rechtsfolgen bei Nichtstellung der Sicherheit

> Auch fürchtet er einen langen und kostenintensiven Prozess, weil die Mängeleinwände des B mit Sicherheit vorgebracht werden.
> Der Anwalt rät G zunächst auf Leistung gem. § 648a BGB der Sicherheit zu klagen.

Der Ratschlag des Anwaltes ist vernünftig: Dadurch, dass B bei einer Klage auf Leistung der Sicherheit die Mängeleinwände **abgeschnitten** sind, ist ein schnelles Urteil unter Vermeidung der kosten- und zeitintensiven Beweisaufnahme durch einen Sachverständigen zu erwarten. Die Klärung der Frage, ob B in der Lage ist, die Sicherheit zu leisten, erscheint unter den gegebenen Umständen angebracht. Zudem sind die Vollstreckungsmöglichkeiten mit dem zu erwartenden Urteil nicht zu unterschätzen (vgl. hierzu I VI. 2.).

G führt den Prozess und gewinnt. Das Urteil des Landgerichts lautet wie folgt:

„B wird verurteilt, an G eine Sicherheit zu leisten, die den Anforderungen des § 648a BGB entspricht. Die Sicherheit ist über einen Betrag in Höhe von 5.500.000,00 EUR auszustellen."

B hat nun zwei Möglichkeiten: Entweder er leistet die Sicherheit, oder er tut es nicht. Leistet B die Sicherheit, muss G im obigen Beispiel weiterarbeiten; er hat jedoch den Vorteil, dass er nicht mehr ungesichert in Vorlage gehen muss. Leistet B die Sicherheit nicht, kann G weiterhin von seinem Zurückbehaltungsrecht Gebrauch machen und muss nun aus dem Urteil die Zwangsvollstreckung betreiben. Auch kann er den Bauvertrag kündigen.

2. Zwangsvollstreckung

Für G stellt sich nun die Frage, wie er aus dem Urteil **vollstreckt**. Er hat einen titulierten Anspruch auf Leistung einer Sicherheit. Welche Sicherheit geleistet wird, stand ursprünglich im Ermessen des B (vgl. § 232 BGB). Hier hilft G jedoch § 264 BGB. Nach dieser Vorschrift wird nun G ermächtigt, eine Sicherheit auszuwählen. Das **Wahlrecht** geht also von B auf G über. Hier kommen für G nur zwei ernst zu nehmende Alternativen in Betracht: Die Hinterlegung und die Bankbürgschaft.

Wählt G die **Hinterlegung**, könnte er im Wege der Zwangsvollstreckung erreichen, dass die 5.000.000,00 EUR gepfändet und auf ein **Hinterlegungskonto** beim Amtsgericht überwiesen werden. Dies hätte für G den Vorteil, dass seine Vergütung zwar gesichert wäre, jedoch den Nachteil, dass er nicht mit dem Geld arbeiten könnte.

Wählt G die Sicherheit in Form der **Bürgschaft**, richtet sich die Vollstreckung nach § 887 ZPO. Gem. § 887 Abs. 2 ZPO könnte G nunmehr als **Vorschuss** die Kosten von B verlangen, die entstehen würden, wenn er selbst die Handlung (Stellung der Bürgschaft) vornehmen würde. G müsste jetzt also gegenüber dem Vollstreckungsgericht aufzeigen, zu welchen Bedingungen er selbst eine Zahlungsbürgschaft bekommen würde. Weil G aufgrund des „abgebrochenen" Auftrages vermutlich gerade in Schwierigkeiten steckt, würde seine Bank wahrscheinlich auf einer nicht unerheblichen **Besicherung** der Bürgschaft bestehen. Nach meiner Auffassung wäre bei dieser Betrachtung auch diese Besicherung, die G in diesem Fall leisten müsste, eine Kostenposition, die er B als **Vorschuss** in Rechnung stellen könnte. Sollte G glaubhaft darlegen, dass er eine Zahlungsbürgschaft nur dann bekäme, wenn er den zu sichernden Betrag von 5.000.000,00 EUR bei seiner Bank eins zu eins hinterlegt, würde sich auch der Vorschussanspruch des G gegen B gem. § 887 Abs. 2 ZPO auf 5.000.000,00 EUR belaufen. Dies würde im Ergebnis dazu führen, dass G auf dem Umweg über das Vollstreckungsrecht der gesamte Werklohn zufließen würde, ohne dass auch nur eine einzige Mängelrüge des B beachtet worden wäre.

Hier kann der Entwicklung der Rechtsprechung mit großem Interesse entgegengesehen werden.

3. Vertragsstadium

Hat G im obigen Beispiel den Vertrag **gekündigt**, könnte er dennoch den Anspruch auf Sicherheitsleistung gem. § 648a BGB verfolgen. Die Höhe der Sicherheit wäre jedoch dann auf die Vergütung begrenzt, die bis zur Kündigung entstanden wäre. Hätte G also in unserem Beispielsfall bis zur Kündigung Bauleistungen im Wert (nach den Vertragspreisen) von 6.000.000,00 EUR erbracht, würde sein Anspruch auf Sicherheitsleistung (6.000.000,00 EUR – 3.500.000,00 EUR + 10 % (von 2.500.000,00 EUR)) 2.750.000,00 EUR betragen.

Bei Verträgen, die vor dem 01.01.2009 abgeschlossen wurden, ist das neue Recht noch nicht anwendbar. Hier besteht noch kein einklagbarer Anspruch auf Leistung der Sicherheit. Es muss zunächst mit dem Zurückbehaltungsrecht gearbeitet werden. Zudem besteht die Möglichkeit, eine weitere (zweite) Frist zu setzen, also eine Nachfrist zur Leistung der Sicherheit. In diesem Schreiben ist gemäß § 648a Abs. 5 BGB, § 643 BGB die **Kündigung** anzudrohen.

Achtung:

Bei Altverträgen ist mit fruchtlosem Ablauf der Nachfrist der Vertrag **automatisch aufgehoben**. Eine Kündigung ist nicht zu erklären. Der Auftragnehmer sollte daher sorgfältig überlegen, ob er sich weiterhin auf sein Zurückbehaltungsrecht beruft oder die Vertragsauflösung betreibt. Für letzteren Fall wird gemäß § 648a Abs. 5 BGB (widerlegbar) vermutet, dass der Schaden 5 % der Vergütung beträgt. Zu ersetzen ist das negative Interesse (nicht: entgangener Gewinn).

VII. § 648a BGB nach Abnahme

Der BGH (und nunmehr auch der Gesetzgeber) hat inzwischen den langen Streit beendet, ob § 648a BGB auch **nach Abnahme** anwendbar ist, in dem er dies bejaht hat (vgl. BGH, IBR 2004, 201).

Dies hat die folgenden Konsequenzen:

1. § 648a BGB ist auch **nach Abnahme** noch anwendbar.
2. Wird die angeforderte Sicherheit nicht geleistet, hat der Auftragnehmer ein **Zurückbehaltungsrecht** mit seiner **(Gewährleistungs-)**Leistung.
3. Der Auftraggeber ist dann nicht verpflichtet, die gesamte Vergütung zu zahlen, falls die Bauleistung mängelbehaftet ist. Es **entfällt** jedoch der **Druckzuschlag**, er kann nur noch die (einfachen) Mängelbeseitigungskosten zurückhalten.
4. Hebt sich der Vertrag aufgrund des Verstreichens der Nachfrist auf, hat der Auftraggeber die bis zur **Vertragsaufhebung** (regelmäßig der Abnahme) erbrachte, mangelfreie Leistung zu vergüten.

VIII. Exkurs: Sicherheitsleistung gemäß § 321 BGB

Es wurde bereits dargestellt (vgl. I II. 2.), dass die Vorschrift des § 648a BGB nicht im Eigenheimbau anwendbar ist. Möchte der Auftragnehmer in diesem Bereich eine Sicherheit erlangen, bleibt ihm nur der Weg über § 321 BGB. Dessen Voraussetzungen sind jedoch deutlich enger gefasst. § 321 BGB gibt dem Auftragnehmer zunächst ein **Zurückbehaltungsrecht** für den Fall, dass sein Vergütungsanspruch durch die **mangelnde Leistungsfähigkeit des Auftraggebers** gefährdet ist. Hierzu ist jedoch mehr erforderlich als die fehlende Rechnungsausgleichung.

> **Beispiel:**
>
> Der Eigenheimbauer E errichtet das Einfamilienhaus des Bauherrn B. Es werden insgesamt zehn Abschlagsrechnungen vereinbart. Die erste Abschlagsrechnung bezahlt B zu 50 %. Die zweite und die dritte Abschlagsrechnung gar nicht. E fragt, ob er nun die Arbeiten gemäß § 321 BGB einstellen könne, bis B ihm eine Sicherheit geleistet hat.

Nein, das reicht nicht aus. § 321 BGB knüpft an die fehlende **Leistungsfähigkeit** und nicht an die fehlende Leistungswilligkeit an. Es müssen daher objektive Anhaltspunkte vorliegen, die aus einer **wirtschaftlichen** Betrachtungsweise geeignet sind, den Vergütungsanspruch des E zu vereiteln. Dies sind z. B. Zwangsvollstreckungsmaßnahmen gegen den Auftraggeber, die Hingabe ungedeckter Schecks durch den Auftraggeber oder die Verweigerung eines wichtigen Krediteks.

J   Die Gewährleistung (Mängelansprüche)

I.   Allgemein

Seit Einführung der VOB 2002 wird die Gewährleistung als **„Mängelansprüche"** bezeichnet. Weil der Nutzen der neuen Begrifflichkeit sich mir nicht erschließen will, wird an dem alten, eingebürgerten Begriff „Gewährleistung" festgehalten. Das Gewährleistungsstadium beginnt mit der **Abnahme**. Gemäß § 634a Abs. 2 Nr. 2 BGB verjähren die Gewährleistungsansprüche des Bestellers bei Bauleistungen in **fünf Jahren**. Die Gewährleistungsfrist gemäß § 13 Abs. 4 VOB/B beträgt für Bauwerke **vier Jahre**.

Beim Bauvertrag steht, wie bei allen Werkverträgen, der **Erfolg** einer geschuldeten Leistung im Vordergrund. Der Auftraggeber hat einen Anspruch darauf, dass das vertraglich vereinbarte und festgelegte Leistungsziel erreicht wird. Dies wird schlagwortartig und zutreffend mit **Bausoll** beschrieben. Weicht der Ist-Zustand von dem vertraglich vereinbarten Soll-Zustand ab, spricht man von einer mangelhaften Werkleistung (vgl. B I.) Hierfür hat der Auftragnehmer Gewähr zu leisten. Es stellt jedoch nicht jede mangelhafte Erscheinung gleichzeitig einen Gewährleistungsmangel dar. Erforderlich ist immer auch, dass ein Bezug zur **Abnahme** (vgl. § 13 Abs. 1 VOB/B) hergestellt werden kann, der mangelhafte Zustand demnach schon zumindest bei Abnahme angelegt war. Dies kann insbesondere bei **Verschleißerscheinungen** zu Abgrenzungsschwierigkeiten führen.

> **Beispiel:**
>
> Der Bauunternehmer B liefert für die Tiefgarage des Auftraggebers Parkeranlagen. Geschuldet ist eine Zinkbeschichtung in der Stärke von 20 µm. Kurz vor Ablauf der vereinbarten 5-jährigen Gewährleistungspflicht rügt der Auftraggeber Rosterscheinungen auf den Parkpaletten. Der Sachverständige stellt fest, dass der Rost aufgetreten ist, weil in der Tiefgarage eine außergewöhnlich hohe Luftfeuchtigkeit vorherrscht und die Parker nicht regelmäßig gereinigt wurden.

Grundsätzlich ist zunächst anzumerken, dass auch dann ein Mangel vorliegen kann, wenn der vertraglich vereinbarte Standard zwar eingehalten wurde, die Sache aber nicht entsprechend dem vertraglich vorausgesetzten Zweck genutzt werden kann (vgl. § 13 Abs. 1 Nr. 1 VOB/B). Hier war die Anlage jedoch bei Abnahme ordnungsgemäß und hätte auch noch länger bestimmungsgemäß genutzt werden können, wenn die äußeren Bedingungen normal gewesen wären und eine regelmäßige Reinigung erfolgt wäre. Es liegt somit kein Mangel vor.

1.   Das Selbstvornahmerecht des Auftraggebers (Ersatzvornahme)

§ 13 Abs. 5 Nr. 1 VOB/B regelt zunächst die allgemeine und vorrangige Verpflichtung des Auftragnehmers, den Mangel, der während der Gewährleistungspflicht auftritt, zu beseitigen. Der Auftraggeber muss zur Erlangung des Selbstvornahmerechts den Mangel dem Auftragnehmer anzeigen und diesem eine **angemessene** Frist zur Mängelbeseitigung setzen. Gelingt es dem Auftragnehmer innerhalb dieser Frist nicht, den Mangel zu beseitigen, kann der Auftraggeber auf Kosten des Auftragnehmers die Mängelbeseitigung durchführen. Weil die VOB und auch das BGB dem Auftraggeber diese Möglichkeit einräumen, wird im Umkehrschluss geschlossen, dass der Auftragnehmer sein Mängelbeseitigungsrecht schon nach dem Ablauf **einer Frist** verloren hat. Dies kann insbesondere dann zu Schwierigkeiten führen, wenn Streit über das Vorliegen eines Mangels besteht.

> **Beispiel:**
>
> Der Arzt A rügt gegenüber dem Bauunternehmer B, dass im Keller seines Einfamilienhauses schon nach einem Jahr nach der Abnahme feuchte Stellen aufgetreten seien. A rügt den Mangel gegenüber B und setzt ihm eine Frist zur Mängelbeseitigung. A meint, etwas mit der Feuchtigkeitsabsperrung sei wohl nicht in Ordnung. Weil B darauf beharrt, dass A nur falsch gelüftet habe, lässt A ein selbstständiges Beweisverfahren durchführen. Der Sachverständige stellt fest, dass die Bitumendickbeschichtung an einigen Stellen viel zu dünn aufgetragen wurde. B gibt nun klein bei und fragt bei A an, wann er die Nachbesserung durchführen könne. A teilt ihm daraufhin mit, dass er bereits einen anderen Unternehmer mit der Mängelbeseitigung beauftragt habe.

A ist im Recht. B hätte den Mangel innerhalb der gesetzten Frist beseitigen müssen. Er muss nun die Ersatzvornahmekosten tragen (vgl. auch OLG Karlsruhe, IBR 2015, 353).

Zur Beurteilung der Frage, wann eine Frist zur Mängelbeseitigung **angemessen** ist, gibt es keine starren Regeln. Die Angemessenheit beurteilt sich nach Art und Umfang der konkret durchzuführenden Arbeiten. Es ist jedoch wichtig zu beachten, dass sich eine **zu kurze** Frist automatisch in eine **angemessene** Frist umwandelt.

> **Beispiel:**
>
> Der Malermeister M hat den Innenanstrich im Erdgeschoss eines Einfamilienhauses mangelhaft ausgeführt. Der Auftraggeber A setzt ihm eine Frist zur Mängelbeseitigung von einer Woche. Drei Wochen nach Fristablauf lässt er die Mängelbeseitigung von dem Malerbetrieb B ausführen. Weil M sich weigert, die Kosten des B zu tragen, verklagt ihn A. Im Prozess verteidigt M sich mit dem Einwand, die von A gesetzte Frist von einer Woche sei unangemessen kurz gewesen. Der gerichtlich bestellte Sachverständige erklärt, die Mängelbeseitigung sei bequem in zwei Wochen möglich gewesen.

M verliert den Prozess. Die von A gesetzte Frist war zwar zu kurz, sie hat sich jedoch automatisch in eine angemessene Frist von zwei Wochen verlängert. Weil A erst nach Ablauf von vier Wochen B mit der Durchführung der Selbstvornahme beauftragt hat, liegen die Voraussetzungen des § 13 Abs. 5 VOB/B vor.

Die Kosten, die beim Auftraggeber für die Selbstvornahme (Ersatzvornahme) anfallen, kann dieser im Wege des Vorschusses beim Auftragnehmer geltend machen. Er muss jedoch die Mängelbeseitigung (spätestens) innerhalb eines Jahres durchführen. Ansonsten riskiert er, dass der Vorschuss zurückgezahlt werden muss.

> **Beispiel** (nach OLG Oldenburg, BauR 2008, 1641):
>
> Der Eigenheimbauer E hat im Auftrag des Bauherrn B dessen Einfamilienhaus errichtet. Die Untergeschossabdichtung im Bereich der Fenster war mangelhaft. B nimmt E auf Zahlung eines Vorschusses für die Mängelbeseitigung in Höhe von 15.000,00 EUR in Anspruch. E bezahlt den Vorschuss im Mai 2004. Nachdem B das Geld erhalten hat, meint er, mit dem Mangel doch ganz gut leben zu können, und lässt ihn nicht beseitigen. Im November 2005 verlangt E sein Geld zurück, weil B nichts unternommen hat.

B muss die 15.000,00 EUR zurückzahlen. Weil er die Zahlung des E nur als **Vorschuss** erhalten hat, war er verpflichtet, mit den Mängelbeseitigungsarbeiten spätestens ein Jahr nach Erhalt der Zahlung zu beginnen. B bleibt jetzt nur noch die Möglichkeit, sich damit zu verteidigen, ihm sei durch den Mangel ein Schaden i. H. des Mängelbeseitigungsaufwandes entstanden. Anders ist es jedoch bei einem **Minderungsbetrag**. Hier wird der Mangel ja gerade gegen eine finanzielle Abfindung akzeptiert.

Einigt sich ein Generalunternehmer endgültig mit dem Bauherrn auf einen Minderungsbetrag, so kommt diese **Einigung** auch dem Nachunternehmer bei der Bezifferung der Mängelbeseitigungskosten zu Gute.

> **Beispiel:**
>
> Der Dachdecker D hat im Auftrag des Generalunternehmers G ein Dach eingedeckt. Dabei hat er versehentlich die falschen Dachziegel verwendet. Die erforderliche Neueindeckung des Daches würde Kosten i. H. v. 23.000,00 EUR verursachen. Diese Kosten verlangt G von D. D erfährt, dass der Bauherr sich mit G schon in der Weise geeinigt hat, dass bei Zahlung eines Minderungsbetrages i. H. v. 5.000,00 EUR die Dachziegel akzeptiert werden.

G kann von D nun nicht mehr die gesamten Mängelbeseitigungskosten i. H. v. 23.000,00 EUR verlangen. Dieser Aufwand wird bei ihm aufgrund der endgültigen Einigung mit dem Bauherrn nicht mehr anfallen (vgl. BGH, IBR 2007, 604). G kann von D nur noch den Minderungsbetrag i. H. v. 5.000,00 Euro verlangen.

Ist die Mängelbeseitigung nur auf **eine bestimmte Weise** möglich, ist der Auftraggeber berechtigt, ein untaugliches Mängelbeseitigungsangebot des Auftragnehmers abzulehnen (vgl. BGH, IBR 2011, 398).

Fordert der Auftraggeber den Auftragnehmer auf, eine mangelhafte Leistung zu reparieren, ohne auf die **Gewährleistungsverpflichtung** des Auftragnehmers hinzuweisen, so kann dieser dennoch nicht von einer Vergütungspflicht der Leistung ausgehen (OLG Celle, Urt. vom 06.01.2011 – 6 U 122/10).

Beseitigt der Auftraggeber den Mangel selbst, ohne dem Auftragnehmer zuvor eine Gelegenheit zur Mängelbeseitigung (mit Fristsetzung) zu geben, wird der vollständige Vergütungsanspruch des Auftragnehmers trotz vermeidlicher Mangelhaftigkeit fällig (OLG Düsseldorf, IBR 2013, 537).

J Die Gewährleistung (Mängelansprüche)

> **Beispiel:**
> Der Auftraggeber ist der Auffassung, sein Auftragnehmer (AN) habe die Baugrube nicht ausreichend verfüllt. Ohne dem AN Gelegenheit zur Nachbesserung zu geben, verfüllt er die (restliche) Baugrube selbst. Die Kosten hierfür zieht er dem AN von der Schlussrechnung ab.

Zu unrecht. Der AN erhält eine ungekürzte Vergütung.

2. Das Minderungsrecht gemäß § 13 Abs. 6 VOB/B

§ 13 Abs. 6 VOB/B regelt drei Tatbestände, bei deren Vorliegen der Auftraggeber (!) Minderung statt Mängelbeseitigung verlangen kann: Die Mängelbeseitigung ist für den Auftraggeber **unzumutbar**, sie würde einen **unverhältnismäßig hohen Aufwand** erfordern und wird deshalb vom Auftragnehmer verweigert, oder sie ist **unmöglich**.

Im Einzelnen:

a) Unzumutbarkeit für den Auftraggeber

Bei der Unzumutbarkeit der Mängelbeseitigung handelt es sich um eine **Ausnahmevorschrift**. Sie ist, wie jede Ausnahme von der gesetzlichen Regel, mit **Zurückhaltung** anzuwenden, weil sie das Mängelbeseitigungsrecht des Auftragnehmers einschränkt und ihm dadurch die Möglichkeit nimmt, durch die Beseitigung der Mängel seinen vollen Vergütungsanspruch zu erlangen. Bei der „Unzumutbarkeit" sind der **Erfolg** der Mängelbeseitigung und die damit verbunden objektiven und subjektiven Opfer für den Auftraggeber gegenüberzustellen. Ist dann ein **auffälliges Missverhältnis** erkennbar, kann sich der Auftraggeber auf die Minderung berufen. Dies ist in der Regel nur dann zu bejahen, wenn der Mängelbeseitigungserfolg fragwürdig ist.

> **Beispiel:**
> Der Inneneinrichter I hat im Versorgungstrakt des Hotelbetreibers H den Estrich und darauf Fliesen verlegt. H rügt, dass in den Fugen zwischen den Fliesen teilweise Risse aufgetreten sind. Worauf die Rissbildung beruht, kann nicht abschließend ermittelt werden. H meint, er würde die Risse hinnehmen, und verlangt Minderung. Er könne wegen der Risse, die von Gästen ohnehin nicht wahrnehmbar wären, nicht seinen Hotelbetrieb einstellen. I meint, das verstoße gegen seine Ehre. Er habe noch nie eine mangelhafte Bauleistung hinterlassen und möchte unbedingt die Risse beseitigen. Das mit der Minderung sehe er schon gar nicht ein.

H hat Recht. In diesem Fall kann ihm die Mängelbeseitigung tatsächlich nicht zugemutet werden. Die sich abzeichnenden geschäftlichen Beeinträchtigungen sind nicht hinnehmbar.

Es ist zuzugestehen, dass die Fälle, in denen der **Auftraggeber** auf einer Minderung besteht, eine Ausnahme darstellen. In der Regel ist der Auftragnehmer froh, wenn er nicht zur Mängelbeseitigung anrücken muss und mit einem angemessenen Minderungsbetrag leben kann. Diese Sachverhalte kommen jedoch (vereinzelt) vor und sollen deshalb nicht unerwähnt bleiben.

b) Unverhältnismäßig hoher Aufwand

Diese Minderungsmöglichkeit ist von hoher **praktischer Relevanz**, jedoch nicht in dem Sinne, dass der Auftragnehmer stets den begehrten Minderungserfolg auch erzielt, sondern in dem Sinne, dass er häufig die Rechtsprechung beschäftigt. Sehr oft, regelmäßig vom Auftragnehmer, wird übersehen, dass die Minderungsmöglichkeit eine **Ausnahme** zu dem vorrangigen Grundsatz darstellt, dass der Auftraggeber grundsätzlich ein mangelfreies Werk verlangen kann und sich gerade nicht mit einer mangelbehafteten Leistung abfinden muss. Diese Minderungsmöglichkeit stellt praktisch das Spiegelbild zu der unter a) dargestellten Minderungsmöglichkeit dar. Nur ist es in diesem Fall der **Auftragnehmer**, der die Minderung begehrt, weil ihm die Mängelbeseitigung zu aufwendig und vor allem zu kostenintensiv ist. Die Anforderungen sind jedoch genauso streng.

Der Text des § 13 Abs. 6 VOB/B ist insoweit irreführend, als er stets eine Erklärung des **Auftraggebers** verlangt, dass er Minderung möchte. Regelmäßig will dies der Auftraggeber jedoch gerade nicht. Er ist jedoch verpflichtet, die Minderung anzunehmen, wenn sich der Auftragnehmer zu Recht darauf beruft.

Der Auftragnehmer darf die Mängelbeseitigung verweigern, wenn sie einen unverhältnismäßig hohen Aufwand erfordern würde. Ins Verhältnis zu setzen ist der mit der Nachbesserung erzielbare **Erfolg** und der damit **verbundene Aufwand**. Nur wenn das Interesse des Auftraggebers an einer Nachbesserung ungewöhnlich gering ist und der Aufwand für den Auftragnehmer außergewöhnlich hoch ist, ist von einer Unverhältnismäßigkeit auszugehen. Dies ist im Einzelnen und nicht mit dem „dicken Daumen" abzuwägen.

> **Beispiel:**
>
> Der Inneneinrichter I hat in einem Altenheim eine Deckenunterkonstruktion errichtet, die überwiegend der Schallabsorption dienen soll. Die vertraglich geschuldeten Schalldämmwerte werden geringfügig unterschritten. Der Auftraggeber A rügt dies und verlangt von I Mängelbeseitigung. I meint, diese sei unverhältnismäßig. Die geschuldeten Werte würden nur geringfügig unterschritten, die Mängelbeseitigung würde hingegen Kosten i. H. v. 125.000,00 EUR verursachen.

A hat recht. Die Mängelbeseitigung würde zu einer Verbesserung der Schallverhältnisse führen. Hieran hat A, gerade in einem Altenheim, ein berechtigtes Interesse. Er kann von I verlangen, dass er entsprechend seiner vertraglichen Verpflichtung das Werk mangelfrei erstellt. Die dabei anfallenden hohen Kosten führen nicht zu einer Unverhältnismäßigkeit.

Es ist auch denkbar, dass die Mängelbeseitigungskosten sogar **höher** sind als die ursprünglich geschuldete Vergütung. Auch dies muss nicht zu einer Unverhältnismäßigkeit führen.

> **Beispiel:**
>
> Der Putzer P hat im Auftrag des Bauherrn B den Außenputz an einem Bürohaus angebracht. Die vereinbarte Vergütung i. H. v. 120.000,00 EUR hat B gezahlt. Zwei Jahre nach Abnahme platzt der Putz ab. Es stellt sich heraus, dass P den Putz bei Frost angebracht hat.

> Ein Sachverständiger kommt zu dem Ergebnis, dass der alte Putz abzuschlagen und ein neuer Putz aufzubringen ist. P hält dies für unverhältnismäßig. Allein durch das Abschlagen des alten Putzes würden zusätzliche Kosten i. H. v. 15.000,00 EUR anfallen, von den Kosten der Neuherstellung ganz zu schweigen.

P hat den Putz zu erneuern. B hat ein großes Interesse daran, einen ordentlichen Putz zu erhalten. Die dafür anfallenden Kosten, gleichgültig in welcher Höhe, können nicht zu einer Unverhältnismäßigkeit führen.

Bei **Schönheitsfehlern** ist häufig eine Unverhältnismäßigkeit zu befürworten.

> **Beispiel:**
> Der Börsenmakler B hat den Treppenaufgang seiner Villa in hochwertigem Cararamarmor ausführen lassen. Der Marmorbelag weist geringfügige Flecken auf, die zwar bei normalem Tageslicht, aber nur zu bestimmten Uhrzeiten erkennbar sind. Der Sachverständige stellt fest, dass die Flecken aufgrund der Witterungseinflüsse ohnehin in zwei Jahren nicht mehr wahrnehmbar seien. Dennoch verlangt B Mängelbeseitigung. Diese würde Kosten i. H. v. 15.000,00 EUR verursachen.

Der Auftragnehmer kann sich zu Recht auf die Unverhältnismäßigkeit der Mängelbeseitigung berufen. Das Interesse des B an der Herstellung des mangelfreien Zustands ist sehr gering. Eine Funktionsbeeinträchtigung ist mit den Flecken nicht verbunden. Der optische Mangel wird ohnehin von selbst verschwinden. Demgegenüber ist der Mängelbeseitigungsaufwand enorm. Das OLG Karlsruhe hat eine Unverhältnismäßigkeit der Mängelbeseitigung bei kaum wahrnehmbaren Farbabweichungen einer Dacheindeckung und einer vergleichbaren Qualität bejaht (OLG Karlsruhe, IBR 2009, 83; vgl. hierzu auch OLG Stuttgart, IBR 2014, 339).

Die große **Zurückhaltung** der Rechtsprechung bei den Minderungswünschen des Auftragnehmers wird bei Betrachtung des nachfolgenden Beispielfalls deutlich.

> **Beispiel (nach BGH, IBR 2008, 316):**
> Der Trockenbauer T hat im Auftrag des Bauherrn B Arbeiten in Bädern durchgeführt. Das Leistungsverzeichnis sieht vor, dass die WC-Trennwände aus beidseitig doppelt beplankten imprägnierten (grünen) Gipskartonplatten herzustellen sind. Aufgrund eines Wasserschadens stellt sich heraus, dass T die Trennwände aus einer imprägnierten und aus einer nicht imprägnierten Gipskartonplatte errichtet hat. Die Mängelbeseitigungskosten belaufen sich auf über 61.000,00 EUR. T hält das Mängelbeseitigungsverlangen des B für unverhältnismäßig. Ein Gutachter bescheinigt ihm, dass sich die gewählte Ausführung nur bei außergewöhnlichen Schadensereignissen wie stehendem Wasser auswirken kann.

Der Bundesgerichtshof geht nicht von einer Unverhältnismäßigkeit der Mängelbeseitigung aus und verurteilt T zur Nachbesserung bzw. zur Kostentragung. Es sei das gute

Recht des Auftraggebers, sich mit „Gürtel und Hosenträgern" abzusichern. Wer hingegen eigenmächtig von den Vorgaben der Leistungsbeschreibung abweiche, müsse auch die damit verbundenen Konsequenzen tragen.

Führt der Einbau eines Brennkessels einer Heizungsanlage dazu, dass der Energieverbrauch einer Heizungsanlage die vertraglich vorgesehenen Werte nur um 1,5 % überschreitet, ist die Unverhältnismäßigkeit zu bejahen und ein Minderungsbetrag anzusetzen (BGH, IBR 2013, 528).

c) Unmöglichkeit der Mängelbeseitigung

Die Unmöglichkeit ist nicht zu verwechseln mit der Unverhältnismäßigkeit. Sie liegt nur dann vor, wenn eine Mängelbeseitigung **objektiv unmöglich** ist, d. h., wenn der Mangel weder durch Nachbesserung noch durch Neuherstellung und auch nicht durch einen anderen Unternehmer beseitigt werden kann. Diese Fälle sind selten.

> **Beispiel:**
>
> Der Rohbauer R hat im Auftrag des Bauherrn B den Rohbau für ein großes Wohn- und Geschäftshaus errichtet. Nachdem das Haus vollständig fertiggestellt ist, stellt sich heraus, dass die Grundfläche der einzelnen Wohnungen von den vertraglich vereinbarten Vorgaben abweicht. Eine Änderung der Fläche durch das Versetzen von Wänden wäre aus statischen Gründen nicht möglich. Dem Auftraggeber steht jedoch ein Anspruch auf Schadensersatz zu (vgl. hierzu BGH, IBR 2014, 405).

II. Wartung und Gewährleistung

Bei maschinellen und **elektrotechnischen/elektronischen** Anlagen oder Teilen davon, bei denen die **Wartung** Einfluss auf die Sicherheit und Funktionsfähigkeit hat, beträgt die Verjährungsfrist für Mängelansprüche zwei Jahre, wenn mit dem Auftragnehmer (spätestens bei oder kurz nach der **Abnahme**) kein Wartungsvertrag abgeschlossen wurde. Bei diesen Verschleißteilen ist eine Neuregelung der VOB 2006 zu beachten, die bislang in der Praxis wenig Beachtung gefunden hat, jedoch von großer Bedeutung sein kann: Gemäß § 13 Abs. 4 Nr. 2 VOB/B gilt die kurze Verjährungsfrist für die dort aufgeführten Verschleißteile auch dann, wenn generell eine **fünfjährige** Verjährungsfrist vereinbart wurde.

> **Beispiel:**
>
> Der Aufzugbauer A baut für den Bauträger B einen Aufzug in seinem Wohnhaus in Leipzig ein. Die Abnahme wird im März 2007 durchgeführt. A bietet B den Abschluss eines Wartungsvertrages an, den dieser jedoch für überflüssig hält. Im Vertrag wird generell eine fünfjährige Gewährleistungsfrist vereinbart. Im Mai 2009 rügt B, dass sich die Fahrstuhltüren nicht mehr öffnen würden, weil die Räder in der Laufschiene hinüber seien.

J Die Gewährleistung (Mängelansprüche)

> A meint, er sei nicht mehr gewährleistungspflichtig. Bei einer ordnungsgemäßen Wartung wären die Räder kontrolliert, geschmiert und gegebenenfalls ausgetauscht worden. Außerdem handele es sich aufgrund der Abnutzung um Verschleißteile.

A hat recht. Er kommt in den Genuss der kurzen Verjährungsfrist des § 13 Abs. 4 VOB/B, weil B keinen Wartungsvertrag abgeschlossen hat. Die im Vertrag vereinbarte fünfjährige Gewährleistungsfrist ändert daran nichts. Etwas anderes würde nur dann gelten, wenn § 13 Abs. 4 VOB/B ausdrücklich ausgeschlossen worden wäre.

III. Verlängerung des Gewährleistungszeitraums durch Mängelrüge

Der Auftraggeber hat gemäß § 13 Abs. 5 VOB/B bei VOB-Verträgen die Möglichkeit, die Verjährungsfrist durch eine Mängelrüge zu verlängern. Die Verjährungsfrist **für den gerügten Mangel** verjährt dann in zwei Jahren ab dem Zugang der Mängelrüge.

Achtung:
Diese Form der Verlängerung der Verjährungsfrist kann **nur einmal** ausgeübt werden. Sie gilt nur bei **VOB-Verträgen** und nicht bei BGB-Verträgen, weil es im BGB eine vergleichbare Regelung nicht gibt. Das wird häufig übersehen. Der rechtzeitige **Zugang** der Mängelrüge ist durch den Auftraggeber nachzuweisen.

> **Beispiel:**
> Den Bauherrn B und den Fertighaushersteller F verbindet ein VOB-Bauvertrag. Einen Tag vor Ablauf der vertraglich vereinbarten fünfjährigen Gewährleistungsfrist rügt B schriftlich den Mangel, dass am Außenputz Risse aufgetreten seien.

F hat Pech. Die Gewährleistungsfrist verlängert sich um zwei Jahre, gerechnet vom Zugang der Mängelrüge an.

Auch ist unbedingt zu beachten, dass eine Mängelrüge, deren Frist ohnehin innerhalb der fünfjährigen Verjährungsfrist aufgeht, nicht mehr die Gewährleistung verlängern kann.

> **Beispiel:**
> (Sachverhalt wie oben) F schaut seine Unterlagen durch und stellt fest, dass B den Mangel schon einmal kurz nach der Abnahme gerügt hatte.

Jetzt ist die Situation anders: Die Mängelrüge kurz nach Abnahme hat die Gewährleistungsfrist nicht verlängert, weil die zwei Jahre ohnehin in der fünfjährigen Gewährleistungsfrist **aufgegangen** wären. Die zweite Mängelrüge hat keine Auswirkungen mehr auf die Frist, weil B seine Mängelrüge bereits „verbraucht" hat. F kann in Ruhe die Verjährung am nächsten Tag abwarten.

Häufig findet sich in den Bauverträgen folgende Klausel:

„Die Gewährleistung richtet sich nach BGB."

Diese Vereinbarung schließt die **gesamte** Anwendung des § 13 VOB/B aus, sodass auch in diesen Fällen die Verlängerung der Gewährleistungsfrist durch eine Mängelrüge nicht in Betracht kommt.

Kommt eine Verlängerung der Gewährleistungsfrist durch Mängelrüge nicht in Betracht, z. B. weil von § 13 Abs. 5 VOB/B schon einmal Gebrauch gemacht wurde oder weil es sich um einen BGB-Vertrag handelt, ist die Verjährung durch Einleitung des gerichtlichen Mahn- oder **Prozessverfahrens** zu hemmen. Auch kommt ein **gerichtliches Beweisverfahren** in Betracht.

Ein **Privatgutachten** reicht zur Hemmung der Verjährung nicht aus.

Für das selbstständige **Beweisverfahren** ist noch auf die folgende Besonderheit hinzuweisen:

Aufgrund der Neufassung des § 204 Abs. 1 Nr. 7 BGB wird die Gewährleistung durch Einleitung des **gerichtlichen** selbstständigen Beweisverfahrens nur noch bis zum Abschluss des Verfahrens **gehemmt**. § 204 Abs. 2 BGB gewährt eine zusätzliche Frist von sechs Monaten nach Beendigung des Verfahrens.

Es ist jedoch schwer zu bestimmen, wann ein selbstständiges Beweisverfahren beendet ist. Äußert sich keine Partei zum Sachverständigengutachten, sollte eine Frist von **einem Monat** ab Zustellung des Gutachtens nicht überschritten werden. Dies wird häufig übersehen. Möglicherweise wird dadurch auch die Möglichkeit weiteren Vortrages abgeschnitten.

> **Beispiel:**
>
> Der Generalunternehmer G und der Parkettleger P streiten sich, ob das Parkett unzulässige Hohlleger aufweist. P meint, alles befände sich im Bereich der Toleranzen. G leitet ein gerichtliches Beweisverfahren ein. Daraufhin findet ein Ortstermin im Beisein eines gerichtlich bestellten Sachverständigen statt. Dieser erstellt ein Gutachten, welches P eine mangelhafte Arbeit bescheinigt. Das Gericht stellt das Gutachten den Parteien zu, setzt jedoch keine Frist zur Stellungnahme. Sechs Wochen nach Zugang des Gutachtens trägt P vor, das Gutachten sei unbrauchbar, weil der Sachverständige eine veraltete DIN-Vorschrift herangezogen habe.

Der Einwand des P wird nicht mehr berücksichtigt, weil das Beweisverfahren durch Zeitablauf beendet ist (zum Beweisverfahren vgl. E II.).

IV. Hemmung der Verjährung durch Verhandlungen

Gemäß § 203 BGB ist die Verjährung gehemmt, wenn zwischen dem Auftraggeber und dem Auftragnehmer **Verhandlungen** über den Anspruch oder die den Anspruch begründenden Umstände schweben. Zu beachten ist, dass der Begriff „Verhandlungen" sehr weit gesehen wird. Darunter ist jeder **Meinungsaustausch** zu verstehen, bei dem der Auftraggeber davon ausgehen kann, dass seine Forderung durch den Auftragnehmer noch nicht endgültig abgelehnt wird. Hierzu reicht in der Regel die **Besichtigung** eines Mangels schon aus.

> **Beispiel:**
>
> Zwei Tage vor Ablauf der Gewährleistungspflicht rügt der Auftraggeber im Rahmen eines BGB-Vertrages einen Mangel. Der Auftragnehmer trifft sich mit dem Auftraggeber, um den Mangel zu besichtigen. Er meldet sich jedoch nicht wieder. Nach zwei Wochen wird es dem Auftraggeber zu bunt. Er erhebt Klage auf Mängelbeseitigung. Der Auftragnehmer meint, die Verjährung sei bereits vor Klageerhebung eingetreten, sodass diese nicht mehr zu einer Hemmung führen konnte.

Die Gewährleistungsansprüche sind nicht verjährt. Schon die gemeinsame Besichtigung des Mangels hat die Verjährung wegen „Verhandlungen" gehemmt.

Die Hemmung der Verjährung dauert an, bis der Auftragnehmer die Fortsetzungen der „Verhandlungen" **verweigert**. Deshalb sollte der Auftragnehmer dem Auftraggeber ausdrücklich mitteilen, dass er den Mangel nicht beseitigen wird.

> **Beispiel:**
>
> Wie oben: Der Auftragnehmer teilt dem Auftraggeber unverzüglich nach der Mängelbesichtigung mit, dass er von einer Mangelfreiheit der Sache ausgehe und deshalb nichts unternehmen wird. Die Verjährung wird nicht gehemmt.

Aus Beweisgründen sollte der Auftragnehmer dies dem Auftraggeber noch schriftlich bestätigen.

Werden „Verhandlungen" geführt, so kann die Verjährung frühestens drei Monate nach der Hemmung wieder eintreten (§ 203 S. 2 BGB).

> **Beispiel:**
>
> Zwei Wochen vor Ablauf der Gewährleistungsfrist besichtigt der Auftragnehmer gemeinsam mit dem Auftraggeber einen Mangel. Der Auftragnehmer erklärt, er müsse die Angelegenheit noch prüfen. Nach drei Wochen teilt er dem Auftraggeber mit, dass er nichts unternehmen werde.

Grundsätzlich wird gemäß § 209 BGB der Zeitraum, während dessen die Verjährung gehemmt ist, nicht in die Verjährungsfrist eingerechnet. Dies wären die drei Wochen, die der Auftragnehmer zur Prüfung benötigte, sodass die Gewährleistungsfrist drei Wochen nach Ablauf der ursprünglichen Gewährleistungspflicht enden würde. Weil die Verjährung jedoch frühestens drei Monate nach dem Ende der **Hemmung** eintreten kann, endet die Verjährung erst in drei Monaten und einer Woche nach dem Ablauf der ursprünglichen Gewährleistungsfrist. Die Hemmung durch Verhandlungen endete nämlich eine Woche nach Ablauf der ursprünglichen Gewährleistungspflicht.

Häufig wird übersehen, dass Verhandlungen auch wieder **einschlafen** können. Reagiert der Auftragnehmer wie im obigen Beispielfall (z. B. im Anschluss an eine Besichtigung des Mangels) nicht, ist die Gewährleistung nicht bis in alle Ewigkeit gehemmt. Die Hemmung dauert nur für den Zeitraum an, in dem der Auftraggeber eine Reaktion des Auftragnehmers erwarten durfte.

> **Beispiel:**
> Der Bauherr B rügt gegenüber dem Dachdecker D, dass das Dach seines Eigenheimes undicht sei. D übergibt die Mängelrüge seinem Anwalt und informiert B hierüber. Der Anwalt teilt dem B mit, aufgrund einer akuten Arbeitsüberlastung könne er erst in drei Wochen zu der Mängelrüge des B Stellung nehmen. Tatsächlich unternimmt der Anwalt nichts.

Die Information an B, dass D die Angelegenheit seinem Anwalt übergeben hat, stellt bereits eine **Verhandlung** i. S. d. § 203 BGB dar. Zu diesem Zeitpunkt begann die Hemmung der Gewährleistungsfrist. Der B musste jedoch davon ausgehen, dass der Anwalt sich innerhalb der von ihm angekündigten drei Wochen meldet. Als diese verstrichen waren, durfte er nicht untätig bleiben. Die Hemmung der Gewährleistungsfrist endet somit nach drei Wochen, ggf. unter Aufschlag der Drei-Monatsfrist des § 203 S. 2 BGB.

V. Neubeginn der Verjährung durch Anerkenntnis

§ 212 Abs. 1 Nr. 1 BGB regelt, dass die Verjährung neu beginnt, wenn der Schuldner dem Gläubiger gegenüber den Anspruch durch Abschlagszahlung, Zinszahlung, Sicherheitsleistung oder in anderer Weise **anerkennt**. Für die BGB-Experten ist darauf hinzuweisen, dass sich der Begriff des Anerkenntnisses im Verjährungsrecht deutlich von dem **Schuldanerkenntnis** im Sinne des § 781 BGB unterscheidet. So reicht die Bezahlung einer Abschlagsrechnung aus, um eine neue Verjährungsfrist in Gang zu setzen, sie ist jedoch kein Schuldanerkenntnis.

> **Beispiel:**
> Der Tischlermeister T stellt dem Bauherrn B im Mai 2002 einen Schlussrechnungsbetrag i. H. v. 45.000,00 EUR in Rechnung. Am 12. November 2005 zahlt B einen Abschlag i. H. v. 30.000,00 EUR. Weil er auf weitere Mahnungen des T nicht reagiert, erhebt T im August 2007 Zahlungsklage. B wendet ein, die Forderung sei verjährt. Dessen ungeachtet sei die Schlussrechnung mangels Abnahme nicht fällig. T meint, auf die letzte Einwendung könne sich B nicht berufen. Schließlich habe er mit der Zahlung im November ein Schuldanerkenntnis erklärt.

Die Forderung des T verjährt grundsätzlich in drei Jahren, gerechnet ab dem Schluss des Jahres, in dem die Forderung entstanden ist (§ 199 BGB). Dies wäre also am 31.12.2005. Durch die Teilzahlung am 12.11.2005 beginnt jedoch die Verjährung erneut. Verjährungsende ist somit der 13.11.2008 (§ 187 Abs. 1 BGB). Zum Zeitpunkt der Klageerhebung im August 2007 war die Forderung somit noch nicht verjährt. Die Teilzahlung stellt jedoch, im Gegensatz zu der vollständigen Bezahlung einer Schlussrechnung, kein Schuldanerkenntnis i. S. d. § 781 BGB dar. T muss daher beweisen, dass seine Bauleistung abgenommen wurde oder dass ein Abnahmeverzicht erklärt wurde. Letzteres ist aufgrund des langen Zeitraumes wahrscheinlich.

Ein Anerkenntnis i. S. d. § 212 BGB liegt vor, wenn sich aus dem **tatsächlichen Verhalten** des Unternehmers gegenüber dem Besteller klar und eindeutig ergibt, dass dem Unternehmer das Bestehen der Schuld **bewusst** ist und angesichts dessen der Besteller darauf **vertrauen** darf, dass sich der Unternehmer nicht nach Ablauf der Verjährungsfrist alsbald auf die Verjährung berufen wird (vgl. BGH, BauR 1994, 103). Demnach ist keine ausdrückliche Erklärung erforderlich; jedes Verhalten, dem ein entsprechender **Erklärungswert** beigemessen werden kann, ist ausreichend. Der Entscheidung des BGH lag ein Sachverhalt zugrunde, in dem mehrere **Mängelbeseitigungsversuche** des Auftragnehmers zu einem Neubeginn der Verjährung führten. Etwas anderes soll jedoch gelten, wenn die Mängelbeseitigung offensichtlich aus Kulanz durchgeführt wurde (vgl. BGH, BauR 1999, 1331).

Die Rechtsprechung hat in folgenden Fällen den Neubeginn der Verjährung bejaht: Bitte um **Fristverlängerung** nach der Aufforderung des Auftraggebers zur Mängelbeseitigung (vgl. KG, IMR 2006, 1051), ein **Stundungsgesuch** (vgl. BGH, NJW 1978, 1914), die Erklärung einer **Aufrechnung** (vgl. BGHZ 107, 397) oder die Abgabe eines **Vergleichsangebotes** (vgl. BGH, VersR 1965, 959, 1150).

Auch bei VOB-Verträgen, in denen eine fünfjährige Gewährleistungspflicht vereinbart wurde, beginnt erneut die fünfjährige Frist zu laufen und nicht die vierjährige des § 13 Abs. 4 Nr. 1 VOB/B.

> **Beispiel:**
>
> Den Eigenheimbauer E und den Buchhalter B verbindet ein VOB-Bauvertrag. Dort wurde unter „Gewährleistung" eine fünfjährige Gewährleistungsfrist vereinbart. Die Abnahme erfolgte am 02.08.1995. Am 15.04.2000 rügt B, dass die Perimeterdämmung im Bereich der Bodenplatte und der Frostschürze mangelhaft sei. E besichtigt das Eigenheim und teilt B daraufhin mit, dass er den Mangel beseitigen werde. Er hätte nur zurzeit etwas anderes zu tun. B müsse sich aber keine Sorgen machen. Weil der E nichts unternimmt, verklagt ihn B im Juni 2003. E wendet ein, die Gewährleistungsansprüche seien verjährt.

Weil die Abnahme am 02.08.1995 durchgeführt wurde, endete die Gewährleistung des E normalerweise mit Ablauf des 02.08.2000. Durch die Zusage zur Mängelbeseitigung hat er jedoch gemäß § 212 BGB den Neubeginn der Verjährung in Gang gesetzt und zwar für die vertraglich vereinbarten fünf Jahre und nicht für die zwei Jahre der damals geltenden VOB. Zum Zeitpunkt der Klageerhebung waren die Ansprüche des B somit noch nicht verjährt.

VI. Mängelbeseitigungsrecht/Mängelbeseitigungspflicht

An dieser Stelle möchte ich noch auf einige Aspekte hinweisen, die aus meiner Sicht wichtig erscheinen:

- Der Auftraggeber hat gemäß § 13 Abs. 5 Nr. 2 VOB/B das Recht, nach **einmaliger Fristsetzung** die Ersatzvornahme durchführen zu lassen. Dies bedeutet im Umkehrschluss, dass der Auftragnehmer das Recht zur Mängelbeseitigung **verloren** hat, wenn auch nur eine Fristsetzung verstrichen ist. Dies hat der BGH bestätigt. Frühere Argumentationen wie mehrfach fehlgeschlagene Mängelbeseitigungsversuche oder „Vertrauensverlust in den Auftragnehmer" sind somit Rechtsgeschichte.
- Dies hat die praktische Konsequenz, dass im Falle eines **Prozesses** der Auftragnehmer nicht mehr darauf vertrauen darf, dass der Auftraggeber ihm die Mängelbeseitigung noch gestattet. Dies ist dringend zu beachten.
- Umgekehrt ist darauf hinzuweisen, dass der Auftraggeber davon absehen sollte, **Hausverbote** zu erteilen. Dadurch beeinträchtigt er in unzulässiger und unnötiger Weise das Mängelbeseitigungsrecht des Auftragnehmers.

VII. Ernsthafte und endgültige Erfüllungsverweigerung

Hat der Auftragnehmer seine Bauleistung mangelhaft erbracht, räumt die VOB dem Auftraggeber sowohl im Stadium vor der Abnahme (vgl. § 4 Abs. 7 i. V. m. § 8 Abs. 3 VOB/B), als auch nach der Abnahme (vgl. § 13 Abs. 5 VOB/B) umfangreiche (Mängel-)Ansprüche ein. Anspruchsvoraussetzung für den Auftraggeber ist jedoch stets, dass der Auftraggeber zunächst den Mangel rügt und dem Auftragnehmer eine **Frist zur Mängelbeseitigung** setzt. Die Fristsetzung ist jedoch entbehrlich, wenn der Auftragnehmer die Mängelbeseitigung bereits **ernsthaft** und **endgültig** verweigert hat.

Erforderlich ist jedoch eine eindeutige Erklärung des Auftragnehmers oder zumindest ein Verhalten, aus dem der Auftraggeber schließen kann, dass der Auftragnehmer definitiv keine Mängelbeseitigung vornimmt. Dies kann z. B. darin liegen, dass der Auftragnehmer seine Verantwortlichkeit für den Mangel beharrlich verneint.

> **Beispiel** (nach BGH, Urteil vom 18.09.2014 – VII ZR 58/13):
>
> Der Rohbauer R hat im Auftrag des Lehrers L ein Eigenheim errichtet. Der L rügt gegenüber dem R mehrfach, dass im Keller Feuchtigkeitsschäden aufgetreten seien, eine Frist zur Mängelbeseitigung setzt er jedoch nicht. Der R lehnt seine Verantwortlichkeit mehrfach ab und behauptet, der L habe nur falsch gelüftet. Die Korrespondenz endet zunächst mit einem Schreiben des R, in dem er dem L mitteilt, dass er sich zu 100 % im Recht sehe und dem L bei einer anstehenden juristischen Auseinandersetzung viel Erfolg wünsche.
>
> L sieht keinen Sinn mehr in der außergerichtlichen Korrespondenz und leitet ein gerichtliches, selbstständiges Beweisverfahren ein, in dem der R weiterhin die Mangelhaftigkeit seiner Leistung bestreitet. In dem Verfahren stellt sich heraus, dass der R die Isolierung mangelhaft angebracht hat und dass das Haus neu abgedichtet werden muss. L verlangt nun die hierfür erforderlichen Kosten im Wege des Vorschusses. R meint, ein Anspruch des L auf Zahlung bestünde schon deshalb nicht, weil L ihm keine Frist zur Mängelbeseitigung gesetzt habe.

R muss den Vorschuss für die Mängelbeseitigungskosten an L bezahlen. Sein gesamtes Verhalten, insbesondere vor dem Beweisverfahren, konnte bei L nur den Eindruck erwecken, dass R keinerlei Interesse an einer Mängelbeseitigung hat. Er hat die Mängelbeseitigung daher **ernsthaft** und **endgültig** verweigert.

Allein das Bestreiten von Mängeln im **Prozess** ist nicht ausreichend, um eine ernsthafte und endgültige Erfüllungsverweigerung anzunehmen, sondern es müssen noch weitere Umstände hinzukommen, die auf eine strikte Verweigerungshaltung schließen lassen (vgl. BGH, IBR 2011, 1240; IBR 2009, 262). Von großer Bedeutung ist bei dieser Beurteilung vor allem das vorprozessuale Verhalten des Auftragnehmers.

K Die Abschlagsrechnung

I. Allgemein

Die VOB/B sieht in § 16 Abs. 1 Nr. 1 VOB/B das Recht des Auftragnehmers vor, für seine erbrachten (Teil-)Leistungen eine Vergütung durch **Abschlagsrechnungen** zu verlangen. Eine ähnliche Regelung enthält auch § 632a BGB, der im Zuge des seit dem 01.01.2009 geltenden Forderungssicherungsgesetzes an die VOB Regelung angenähert wurde. Gemäß § 16 Abs. 1 Nr. 1 VOB/B sind Abschlagszahlungen auf Antrag in Höhe des Wertes der jeweils **nachgewiesenen vertragsgemäßen Leistung** einschließlich des ausgewiesenen, darauf entfallen Umsatzsteuerbetrages in möglichst kurzen Zeitabständen zu gewähren. Die Neufassung der VOB/B 2006 und 2009 enthält keine inhaltliche Änderung. Es wurde nur zur Klarstellung aufgegriffen, dass Abschlagszahlungen „zu den vereinbarten Zeitpunkten" zu gewähren sind. Dies ist nichts Neues.

Die VOB/B sieht somit eine Abrechnung **nach Baufortschritt** vor. Dies bedeutet wiederum, dass nur **erbrachte Leistungen** abgerechnet werden können. Im Umkehrschluss bedeutet dies, dass es nicht möglich ist, Leistungen abzurechnen, die im Zeitpunkt der **Rechnungserstellung** noch nicht erbracht wurden, jedoch im Zahlungszeitraum fällig werden. Ferner müssen die Leistungen vertragsgemäß sein, d. h., die Bauleistung muss **frei von wesentlichen Mängeln** (so jetzt auch ausdrücklich § 632a Abs. 1 BGB) und entsprechend der vereinbarten Beschaffenheit sein. Anderenfalls kann auch diese Leistung nicht abgerechnet werden.

> **Beispiel:**
>
> Der GU hat mit dem Bauherrn B einen VOB-Vertrag abgeschlossen, der vorsieht, dass nach „Fertigstellung Dach" eine weitere Abschlagsrechnung gestellt werden darf. Weil die Abschlagsrechnung gemäß § 16 Abs. 1 Nr. 3 VOB/B erst in 21 Tagen zur Zahlung fällig ist, er mit dem Dach jedoch in zehn Tagen fertig sein will, stellt er die Rechnung schon bei Beginn der Arbeiten.

Das darf er streng genommen nicht. Er darf nur die zum Zeitpunkt der Rechnungsstellung erbrachten Leistungen abrechnen und muss dies ggf. durch ein Aufmaß belegen.

§ 16 Abs. 1 Nr. 1 VOB/B enthält im Satz 3 eine Sonderregelung für eigens angefertigte Bauteile sowie auf der Baustelle angelieferte Stoffe, wenn dem Auftraggeber hieran bereits Eigentum übertragen wurde oder er eine Sicherheit erlangt hat.

Mit der Bezahlung einer Abschlagsrechnung gibt der Auftraggeber grundsätzlich keinerlei weitere Erklärungen ab. Insbesondere erklärt er durch die Bezahlung einer Abschlagsrechnung kein Schuldanerkenntnis (einschränkend OLG Köln, IBR 2006, 609).

II. Schlussabrechnungsreife

Allgemein gilt, dass eine Abschlagsforderung grundsätzlich nicht mehr geltend gemacht werden kann, wenn der Unternehmer verpflichtet ist, endgültig abzurechnen. Ist eine Leistung **abgenommen**, kann **keine** Abschlagszahlung mehr verlangt werden.

Auch nach einer **Kündigung** muss der Unternehmer nach der Rechtsprechung mit der Schlussrechnung abrechnen und zwar unabhängig davon, ob eine Abnahme erfolgt ist oder nicht (BGH, BauR 1985, 456; BauR 1987, 453). Zur Abnahme bei gekündigten Bauverträgen vergleiche D V.

Liegen die Schlusszahlungsvoraussetzungen nicht vor und hat der Auftragnehmer dennoch eine Schlusszahlung abgerechnet, kann er weiterhin aus den Abschlagsrechnungen vorgehen. In diesem Fall sollte **hilfsweise** die Abschlagsrechnung in den Prozess eingeführt werden. Das Umschwenken im Prozess von einer Schlussrechnung auf eine Abschlagsrechnung ist keine Klageänderung, sondern nur eine Klageumstellung (BGH, IBR 2006, 119) und daher problemlos möglich.

Nochmals: Entscheidend ist die Abnahme.

III. Fälligkeit

§ 16 Abs. 1 Nr. 3 VOB/B regelt, dass Ansprüche auf Abschlagszahlungen binnen 21 Tagen nach Zugang der Aufstellung fällig werden. Nach zutreffender Auffassung des OLG Brandenburg (IBR 2009, 73) ist eine Abschlagsrechnung nicht fällig, wenn die Bauleistung mit wesentlichen Mängeln behaftet ist.

Für Bauverträge, die nach dem 01.01.2009 geschlossen wurden, ist die Neuregelung des § 641 Abs. 2 BGB von Interesse, die auch auf Abschlagsrechnungen anwendbar ist. Nach dieser Vorschrift wird die Abschlagsrechnung eines Nachunternehmers spätestens fällig, wenn der Bauherr im Verhältnis zum Generalunternehmer die Leistung des Nachunternehmers entweder abgenommen oder ganz oder zum Teil bezahlt hat, sog. Durchgriffsfälligkeit (Einzelheiten vgl. L III.).

IV. Prüffähigkeit der Abschlagsrechnung

Die Anforderungen an die Prüfbarkeit einer Abschlagsrechnung sind grundsätzlich keine anderen als an die Prüfbarkeit einer **Schlussrechnung** (vgl. hierzu L I.). Die Abschlagsrechnung muss die Anforderungen des § 14 VOB/B erfüllen. Der BGH hat zwar in der Vergangenheit einmal entschieden (vgl. BGH, Urteil vom 09.01.1997 – VII ZR 69/96), dass an die Prüfbarkeit einer Abschlagsrechnung geringere Anforderungen zu stellen seien als an die Schlussrechnung. Diese Rechtsprechung kann jedoch als veraltet angesehen werden.

Die Prüfbarkeit einer Abschlags- oder Schlussrechnung beurteilt sich nach einem objektiven Maßstab. Der Besteller kann sich nicht auf die fehlende Prüfbarkeit berufen, wenn die Rechnung seinen Kontroll- und Informationsinteressen genügt. Der Einwand der fehlenden Prüfbarkeit muss vom Auftraggeber innerhalb der **dreiwöchigen** Prüffrist des § 16 Abs. 1 Nr. 3 VOB/B vorgebracht werden. Ansonsten ist der Besteller mit dem Einwand der fehlenden Prüfbarkeit der **konkreten** Abschlagsrechnung ausgeschlossen.

Um die Prüfbarkeit einer Abschlagsrechnung herbeizuführen, müssen die entsprechenden **Mengenberechnungen, Aufmaße, Zeichnungen** etc. beigefügt werden. Dies gilt auch für Pauschalpreisverträge. Auch hier ist es nicht zulässig, einen Abschlag „ins Blaue hinein" abzurechnen. An dieser Stelle soll noch mal konkret die Regelung des **§ 14 Abs. 2 VOB/B** angesprochen werden, wonach ein Aufmaß möglichst gemeinsam aufgenommen werden sollte.

V. Rechte, wenn eine Abschlagsrechnung nicht bezahlt wird

1. Zurückbehaltungsrecht

Wichtigste Rechtsfolge einer nicht bezahlten Abschlagsrechnung ist das Zurückbehaltungsrecht. Dies ist in § 16 Abs. 5 Nr. 4 VOB/B geregelt. Demnach darf das Zurückbehaltungsrecht unter folgenden Voraussetzungen ausgeübt werden:

a) Die Abschlagsrechnung muss berechtigt und fällig sein.
b) Die Frist von 21 Tagen des § 16 Abs. 1 Nr. 3 VOB/B muss verstrichen sein.
c) Der Auftragnehmer muss eine angemessene **Nachfrist** (nach Verstreichen der o. g. Frist) gesetzt haben.
d) Das Zurückbehaltungsrecht (Einstellung der Arbeiten) sollte spätestens mit Setzen der Nachfrist **angekündigt** werden (streitig).

Der **Ausschluss** des Zurückbehaltungsrechts in **AGB** ist unwirksam (vgl. BGH, BauR 2005, 1010).

Die durch die Arbeitseinstellung verursachten Kosten hat der Auftraggeber dem Auftragnehmer zu erstatten.

2. § 648a BGB

§ 648a BGB hat grundsätzlich nichts mit einer Abschlagsrechnung zu tun, ist jedoch in Verbindung mit einer offenen Abschlagsrechnung von herausragendem Interesse. Dies beruht darauf, dass § 648a BGB die identische Rechtsfolge (Zurückbehaltungsrecht) gewährt, im Gegensatz zur Abschlagsrechnung jedoch keinen Zweifel an der Berechtigung zur Ausübung des Zurückbehaltungsrechts lässt. Deshalb wird hier ausdrücklich auf die Ausführungen unter I III. verwiesen.

3. Vertragskündigung

Die Vertragskündigung durch den Auftragnehmer soll an dieser Stelle nur im Rahmen einer nicht bezahlten **Abschlagsrechnung** beleuchtet werden.

K Die Abschlagsrechnung

Gemäß § 9 Abs. 1 lit. b) VOB/B kann der Auftragnehmer den Vertrag kündigen, wenn der Auftraggeber eine fällige Zahlung nicht leistet oder sonst in **Schuldnerverzug** gerät. Gemäß § 9 Abs. 2 VOB/B ist die Kündigung schriftlich zu erklären. Sie ist erst zulässig, wenn der Auftragnehmer dem Auftraggeber ohne Erfolg eine angemessene **Frist** zur Vertragserfüllung gesetzt und erklärt hat, dass er nach fruchtlosem Ablauf der Frist den Vertrag kündigen werde.

Die Kündigung wegen Verzuges mit der Zahlung einer Abschlagsrechnung ist somit an die folgenden Voraussetzungen gebunden:

- Vorlage einer **fälligen** Abschlagsrechnung. Die Fälligkeit bestimmt sich nach dem Vertrag, anderenfalls nach § 16 Abs. 1 Nr. 3 VOB/B (21 Tage).

  Bei der Fälligkeit ist insbesondere zu beachten, dass dem Auftraggeber keine Gegen- oder **Zurückbehaltungsrechte** zustehen.

- Verzug des Auftraggebers im Rechtssinne. Hier ist immer die Regelung des § 286 BGB zu beachten. Demnach ist grundsätzlich eine Mahnung (mit Nachfrist, vgl. unten) erforderlich (§ 286 Abs. 1 BGB) oder ein Verstreichen von 30 Tagen seit Rechnungszugang (§ 286 Abs. 3 BGB). Unbedingt zu beachten ist, dass der Verzug nicht automatisch nach 30 Tagen einsetzt, wenn der Rechnungsempfänger **Verbraucher** ist (vgl. BGH, Urteil vom 25.10.07 VII ZR 91/07; siehe Beispiel unten).

- Setzen einer Nachfrist (mindestens eine Woche) im Verzugszeitpunkt.

- Kündigungsandrohung.

- Einhaltung der Schriftform.

- Kündigungserklärung.

Rechtsfolge der Kündigung:

Nach der Kündigung ist die erbrachte Leistung nach den Vertragspreisen abzurechnen. Für den nicht ausgeführten Teil der Leistung hat der Auftragnehmer einen Anspruch auf „angemessene Entschädigung" gemäß § 9 Abs. 3 VOB/B. Auch hier sollte der Auftragnehmer den Auftraggeber schon in dem Kündigungsschreiben auffordern, die Bauleistung **abzunehmen** und ein **gemeinsames Aufmaß** zu nehmen. Führt man die Rechtsprechung des BGH konsequent fort, wird auch bei einer Vertragskündigung durch den Auftragnehmer die Schlussrechnung ohne Abnahme nicht fällig (vgl. D V.).

> **Beispiel zum Verzug:**
>
> Der Zahnarzt Z beauftragt den Tischler T mit einem umfangreichen Innenausbau in seinem Ärztehaus (BGB-Vertrag). Am 1. Dezember erhält Z eine Abschlagsrechnung des T über 20.000,00 EUR, die Z am 20. Januar bezahlt. T meint, Z habe sich seit dem 1. Januar in Verzug befunden und müsse für zwanzig Tage Verzugszinsen gemäß 288 BGB zahlen.

T irrt. Z ist, auch bei Errichtung eines Ärztehauses (Vermögensanlage!) Verbraucher i. S. d. § 13 BGB. Deshalb gerät er nicht automatisch nach Ablauf von 30 Tagen in Verzug. T hätte Z nach 21 Werktagen mahnen müssen, um die Verzugsfolgen herbeizuführen.

4. Eintragung einer Bauhandwerkersicherungshypothek

Der Auftragnehmer sollte bedenken, dass er alternativ zu § 648a BGB auch das Recht hat, gemäß § 648 BGB eine Sicherungshypothek in das Grundbuch eintragen zu lassen. An diese Regelung sollte stets gedacht werden. Die Einzelheiten sollen jedoch an dieser Stelle nicht vertieft werden. Voraussetzung ist u. a., dass nach dem Wortlaut des Gesetzes eine Identität zwischen Auftraggeber und Grundstückseigentümer bestehen muss. **Ausnahmsweise** lässt die Rechtsprechung in besonders schwerwiegenden Fällen auch eine **wirtschaftliche Identität** ausreichen (vgl. nur OLG Celle, BauR 2001, 834).

Der Vorteil einer Bauhandwerkersicherungshypothek ist, dass diese im Wege der einstweiligen Verfügung erlangt werden kann. Dies dauert in der Regel nur wenige Tage. Ich empfehle den Auftragnehmern immer, die Grundbucheintragung zu veranlassen, wenn die Möglichkeit dazu besteht, auch wenn vorrangige Grundschulden eingetragen sind und der Auftragnehmer mit der Bauhandwerkersicherungshypothek „im Schornstein" landet. Denn zum einen hindert die Eintragung der Hypothek oder einer entsprechenden Vormerkung den Auftraggeber bei der **Nachfinanzierung**, und zum anderen führt dies zu einer **faktischen** Veräußerungssperre. Auch übt man einen gewissen psychischen Druck aus, weil eine Grundbucheintragung den Eigentümer immer stört.

> **Beispiel:**
>
> Der Heizungsbauer H hat für den Bauträger B in einem Wohnhaus die Heizungsanlage komplett installiert. B hat das Haus in 36 Eigentumswohnungen aufteilen lassen. Weil die Schlussrechnung des H nicht bezahlt wird, lässt er i. H. des offenen Schlussrechnungsbetrages eine Gesamt-Bauhandwerkersicherungshypothek in allen Eigentumswohnungen eintragen. Kommt H den Auflassungsvormerkungen der jeweiligen Erwerber zuvor, kann B keine Wohnung mehr verkaufen. Dies kommt nicht selten vor.

5. Das Recht zur Entfernung von Material

Übt der Auftragnehmer in berechtigter Weise sein **Zurückbehaltungsrecht** aus, darf er das auf der Baustelle lagernde Material entfernen. Dies gilt jedoch nur insoweit, wie dieses nicht **eingebaut** wurde. Gleiches gilt für Gerätschaften. Der Auftragnehmer sollte jedoch bedenken, dass er zur unverzüglichen **Wiederaufnahme** der Arbeiten verpflichtet ist, wenn das Zurückbehaltungsrecht entfällt, z. B. weil der Auftraggeber die Abschlagsrechnung zwischenzeitlich gezahlt hat. Er hat keine Pufferzeit, die Baustelle umständlich mit Material, Gerätschaften und Personal zu bestücken.

Im Falle der Kündigung ist auf die Regelung des § 8 Abs. 3 Nr. 3 VOB/B hinzuweisen. Demnach kann der Auftraggeber Material und Geräte gegen angemessene Vergütung in Anspruch nehmen. Auch diese Regelung wurde bei der Neufassung der VOB nicht geändert.

L Die Schlussrechnung

Zunächst ist, auch und gerade für die Schlussrechnung, darauf hinzuweisen, dass der Auftragnehmer seine Leistungen **prüfbar** abzurechnen hat. Dies gilt sowohl für die Abschlagsrechnungen als auch für die Schlussrechnung. Maßstab für die prüfbare Abrechnung ist stets **§ 14 VOB**. Dieser hat sich in der Neufassung der VOB (2006/2012) nicht geändert. Gem. § 14 Abs. 3 VOB/B muss der Auftragnehmer bei Leistungen mit einer vertraglichen (!) Ausführungsfrist von höchsten 3 Monaten die Schlussrechnung spätestens 12 Werktage nach Fertigstellung (nicht: Abnahme, vgl. OLG Koblenz, IBR 2013, 202) einreichen.

I. Die Prüffähigkeit der Schlussrechnung

1. Allgemein

Bei VOB-Verträgen ist, im Gegensatz zu BGB-Verträgen, die Prüffähigkeit der Schlussrechnung **Fälligkeitsvoraussetzung** für die Schlusszahlung. Sie sollte deshalb nicht auf die leichte Schulter genommen werden. Gerichte werden, auch von Richterkollegen, häufig mit dem Vorwurf konfrontiert, sie würden die fehlende Prüffähigkeit einer Schlussrechnung zu schnell bejahen, um das Verfahren „tot" zu machen. Auch deshalb ist der Prüffähigkeit der Abrechnung stets eine besondere **Sorgfalt** zu widmen.

Nochmals seien die Anforderungen des § 14 VOB in Erinnerung gerufen: Übersichtliche **Aufstellung**, **Reihenfolge** der Leistungsbeschreibung oder des Angebotes, Übernahme der **Bezeichnungen**, Beifügung von **Aufmaßen** und sonstigen Mengenberechnungen (beim Einheitspreisvertrag), Beifügung aller **Pläne** und Belege. **Revisionsunterlagen** müssen nur übergeben werden, wenn dies vertraglich ausdrücklich vereinbart wurde oder in den DIN-Vorschriften vorgesehen ist. Die Rechnung muss nicht in der Weise aufgestellt sein, dass sie für jedermann prüffähig ist. Der **Maßstab** orientiert sich am Empfängerhorizont, also an demjenigen, der für die Rechnungsprüfung vorgesehen ist.

> **Beispiel:**
> Der Zahnarzt Z beauftragt den Generalunternehmer G mit der schlüsselfertigen Errichtung eines Wohn- und Geschäftshauses in Berlin. Gleichfalls beauftragt er den Architekten A u. a. mit der Leistungsphase 8 des § 34, Anlage 10 HOAI (Bauüberwachung). A prüft insgesamt 15 Abschlagsrechnungen des G, ohne auch nur einmal die fehlende Prüffähigkeit zu rügen. Bei der Schlussrechnung rügt Z die fehlende Prüffähigkeit. G sei schließlich bekannt, dass er nur Zahnarzt sei und von dem ganzen Baubetrieb nichts verstehe.

G ist im Recht. Weil Z den A in der Vergangenheit mit der Prüfung der Abschlagsrechnungen betraut hatte, durfte G auch weiterhin davon ausgehen, dass A die Schlussrechnung prüft, und konnte dessen Fachkunde als Maßstab für die Prüffähigkeit anlegen.

Bei einem **Einheitspreisvertrag** ist § 14 VOB/B uneingeschränkt anwendbar, diese Regelung ist ja gerade auf den Einheitspreisvertrag zugeschnitten. Allein die Lektüre der Vorschrift sollte daher dazu führen, ohne größere Probleme eine prüffähige Rechnung hinzubekommen: **Übersichtliche** Rechnungsaufstellung, **Reihenfolge** der Angebotspositionen übernehmen und die vertraglichen **Bezeichnungen** verwenden. **Nachträge** und Änderungen sind gesondert kenntlich zu machen. Selbstverständlich sind die Rechnungspositionen noch durch ein Aufmaß zu belegen.

Beim **Pauschalpreisvertrag** ist die Abrechnung in der Regel unproblematisch. Bei der Vereinbarung einer Pauschale ist ein detailliertes Leistungsverzeichnis nicht zu erstellen. Es muss jedoch die Leistung bezeichnet werden, für die der Pauschalpreis vereinbart wurde. Sind **Nachträge** oder **Leistungsänderungen** angefallen, so sind diese gesondert aufzuführen (vgl. § 14 Abs. 1 S. 4 VOB/B). Gleiches gilt für entfallende Leistungen.

Die Prüffähigkeit der Abrechnung ist kein **Selbstzweck**. Sie soll den Auftraggeber in die Lage versetzen, die Rechnung zu kontrollieren und sich die notwendigen Informationen dafür zu verschaffen (vgl. BGH, BauR 1999, 1185). Der Auftraggeber kann sich deshalb auch nicht auf die fehlende Prüffähigkeit berufen, wenn er die Rechnung tatsächlich geprüft hat (BGH, BauR 2002, 468).

In der VOB gibt es eine Vielzahl von Vergütungsansprüchen, die, wenn keine ausdrückliche Vereinbarung getroffen wurde, nur durch Offenlegung der **Kalkulation** beziffert werden können. Angesprochen sei hier nur z. B. § 2 Abs. 3 und Abs. 5 VOB/B. In diesen Fällen gehört es zur Prüffähigkeit, die Kalkulation beizufügen.

> **Beispiel:**
>
> Den Bauherrn B und den Generalunternehmer G verbindet ein VOB-Einheitspreisvertrag. Es kommt zu Massenminderungen. G verlangt die Erhöhung der jeweiligen Einheitspreise nach § 2 Abs. 3 Nr. 3 VOB/B. Wie sich die neuen Preise zusammensetzen, trägt er nicht vor. Insbesondere vertritt er die Auffassung, seine Kalkulation gehe B nichts an.

Die Abrechnung des G ist, was die erhöhten Einheitspreise angeht, nicht prüffähig. Er war verpflichtet, zur schlüssigen Darlegung seiner Preise die Kalkulation offenzulegen (vgl. OLG Bamberg, NZ Bau 2004, 100). Weil § 2 Abs. 3 Nr. 3 VOB/B eine Verringerung der Einheitspreise nicht vorsieht, kann er jedoch mindestens auf Grundlage der ursprünglich vereinbarten Einheitspreise abrechnen.

2. Gekündigte Pauschalpreisverträge

Ungewöhnlich häufig wird die Rechtsprechung mit der Abrechnung **gekündigter Pauschalpreisverträge** konfrontiert. Da dies in der Praxis offensichtlich auf große Schwierigkeiten stößt, soll die richtige Vorgehensweise hier schrittweise dargestellt werden:

Erster Schritt:
Trennung der erbrachten von den nicht erbrachten Leistungen

Die Kündigung schlägt wie ein Blitz zu einem konkreten Zeitpunkt in den Bauvertrag ein. Hier ist ein Schnitt zu machen. Die bis zur Kündigung erbrachten Leistungen sind nach den **Ver-**

I. Die Prüffähigkeit der Schlussrechnung

tragspreisen abzurechnen. Für die restlichen Leistungen kann sich ein Vergütungsanspruch nur aus § 8 Abs. 1 Nr. 2 VOB/B ergeben (vgl. D I.). Auch dieser ist separat darzustellen, also von den erbrachten Leistungen abzugrenzen.

Häufig wird der Fehler gemacht, dass einfach die letzte Abschlagsrechnung vor Kündigung geltend gemacht wird.

> **Beispiel:**
>
> Der VOB-Bauvertrag zwischen dem Auftraggeber und dem Auftragnehmer sieht vor, dass der Auftragnehmer eine Abschlagsrechnung stellen darf, wenn er jeweils zehn Prozent der geschuldeten Bauleistung erbracht hat. Die ersten vier Abschlagsrechnungen zahlt der Auftraggeber anstandslos, die fünfte und sechste nicht. Kurz nachdem der Auftragnehmer die sechste Abschlagsrechnung erstellt hat, kündigt der Auftraggeber den Vertrag gemäß § 8 Abs. 3 VOB/B. Der Auftragnehmer meint, er könne nun unkompliziert den Betrag aus der (kumulierten) sechsten Abschlagsrechnung geltend machen.

Der Auftragnehmer irrt mehrfach: Zunächst kann er schon deshalb nicht aus einer Abschlagsrechnung vorgehen, weil diese durch die Kündigung des Auftraggebers ihre **Fälligkeit** verloren hat. Weiterhin darf er nicht einfach davon ausgehen, dass der von ihm subjektiv eingeschätzte Bautenstand für alle Beteiligten verbindlich ist. Er hat die weiteren Schritte zu beachten!

Zweiter Schritt:
Bewertung der erbrachten Bauleistung

Auch beim Pauschalpreisvertrag kann die erbrachte Leistung nur anhand von **Einheitspreisen** ermittelt werden. Handelt es sich um einen Detail-Pauschalpreisvertrag, ist dies in der Regel unproblematisch, weil ja anhand des Angebots-Leistungsverzeichnisses Einheitspreise vorliegen, die übernommen werden können (beachte hier jedoch Schritt drei). Beim Global-Pauschalpreisvertrag müssen anhand der Ursprungskalkulation Einheitspreise für die einzelnen Leistungspositionen ermittelt werden. Dies kann im Einzelfall sehr mühsam sein, diese Arbeit muss jedoch gemacht werden. Der Auftragnehmer muss praktisch im Nachhinein seinen Pauschalpreisvertrag in einen Einheitspreisvertrag umwandeln.

> **Beispiel:**
>
> Der Fensterbauer F hat sich gegenüber dem Bauträger B verpflichtet, im Zuge einer Altbausanierung insgesamt 50 Fenster einzubauen. Die vereinbarte Vergütung betrug pauschal 60.000,00 EUR. Nachdem der F 35 Fenster eingebaut hat, kündigt B ihm den Bauvertrag.

B muss nun angeben, welche Fenster er an welcher Stelle einbauen wollte und wie er diese preislich bewertet hat. Bei der Aufspaltung der gesamten Leistung in Einheitspreise muss natürlich am Ende ein Betrag von 60.000,00 EUR stehen. Anhand dieser Einheitspreise sind dann die eingebauten 35 Fenster abzurechnen. Selbstverständlich sind der Abrechnung ein Aufmaß und Pläne beizufügen.

Dritter Schritt:
Ins Verhältnis setzen

Bei der Abrechnung eines gekündigten Detail-Pauschalpreisvertrages ist weiterhin zu berücksichtigen, dass die Herabsetzung des pauschalierten Preises im Verhältnis zum ursprünglichen Angebot auch bei der teilweise erbrachten Leistung berücksichtigt wird.

> **Beispiel:**
>
> Der Bauunternehmer B unterbreitet dem Arzt A ein auf Einheitspreisen beruhendes Angebot für die Errichtung seines Eigenheims i. H. v. 736.000,00 EUR. Man einigt sich auf eine Pauschale von 700.000,00 EUR. A kündigt den Bauvertrag. B rechnet die erbrachte Leistung nun auf Grundlage der Einheitspreise des **ursprünglichen** Angebotes nach Aufmaß ab und ermittelt so einen Rechnungsbetrag von 420.000,00 EUR.

Das ist grundsätzlich richtig. Aber B muss noch weitergehen: Er muss die in der Pauschalierung enthaltene (anteilige) Reduzierung weitergeben. Tatsächlich kann er nur einen Betrag i. H. v. 399.456,52 EUR abrechnen.

Bei der Darstellung der Gesamtleistung und der erbrachten und nicht erbrachten Leistung sollte auch an die Übersichtlichkeit gedacht werden. Es sollte in einem Gerichtsverfahren dem Richter nicht zugemutet werden, sich die notwendigen Informationen aus Anlagen eines Schriftsatzes selbst zusammenzusuchen. Im Zweifel hat der Richter hieran wenig Interesse und wird dazu neigen, der Klage die Schlüssigkeit abzusprechen. Ich empfehle die Darstellung in Form einer **Tabelle:** Linke Spalte: Gesamtleistung, mittlere Spalte: erbrachte Leistung, rechte Spalte: nicht erbrachte Leistung. Selbstverständlich muss die Addition aus rechter und mittlerer Spalte die linke Spalte widerspiegeln.

Die Angaben in der Aufstellung müssen aus der **Vertragskalkulation** herrühren, das ist im Zweifel die Angebotskalkulation.

Auch sollte die Aufstellung sämtliche Angaben enthalten, die für die Erstellung einer Kalkulation maßgeblich sind, also die Material- und Personalkosten, die Baustellengemeinkosten, die allgemeinen Geschäftskosten sowie Wagnis und Gewinn.

3. Schlusszahlungsvorbehalt

An dieser Stelle ist auch auf die Regelung des § 16 Abs. 3 Nr. 5 VOB/B hinzuweisen, wonach ein **Vorbehalt** gegen die Schlussrechnung binnen 28 Tagen zu erklären und innerhalb von weiteren **28 Tagen** zu begründen ist. Dies gilt jedoch nur insoweit, als der Auftraggeber auch ausdrücklich auf die Ausschlusswirkungen der **Schlusszahlung** hinweist. Eine Formulierung wie „auf § 16 Abs. 3 Nr. 5 VOB/B wird hingewiesen" reicht nicht aus. Auch diese Regelung ist rechtspolitisch zweifelhaft, denn sie bürdet es dem Auftragnehmer auf, darzulegen, warum die Kürzung durch den Auftraggeber nicht gerechtfertigt ist. Häufig reicht jedoch die Bezugnahme auf eine ordnungsgemäße Schlussrechnung aus.

II. § 16 Abs. 3 VOB: Prüffrist

Beim VOB-Vertrag ist die Schlusszahlung spätestens innerhalb von 30 Tagen nach Zugang der Schlussrechnung fällig. Bei kleineren Bauvorhaben **verkürzt** sich diese Frist entsprechend. § 16 Abs. 3 VOB/B verpflichtet den Auftraggeber somit, innerhalb von spätestens 30 Tagen seine Einwände gegen die **Prüffähigkeit** der Schlussrechnung zu erheben (OLG Brandenburg, Urt. vom 25.01.2012 – 4 U 7/10). Die früher geltende 2-Monatsfrist ist seit Bekanntmachung der VOB 2012 am 26.06.2012 Geschichte. Sie gilt nur noch, wenn sie aufgrund der besonderen Natur oder Merkmale der Vereinbarung, also des Vertrages, sachlich gerechtfertigt ist und **ausdrücklich vereinbart wurde**. Die Prüffähigkeit ist nicht gleichzusetzen mit **inhaltlicher Richtigkeit** der Rechnung. Dies hat mit der Prüffähigkeit nichts gemein.

> **Beispiel:**
> Drei Monate nach Zugang der Schlussrechnung rügt der Auftraggeber, die Schlussrechnung des Auftragnehmers sei nicht „prüffähig", weil dieser unter Position 1.5. 850 Kubikmeter Stahlbeton abgerechnet habe. Tatsächlich seien jedoch nur 600 Kubikmeter ausgeführt worden. Der Auftragnehmer meint, dieser Einwand hätte innerhalb der 30-Tagefrist des § 16 Abs. 3 VOB/B gerügt werden müssen.

Der Auftraggeber kann diesen Einwand noch geltend machen. Die Frage, ob die abgerechneten Massen zutreffend sind, hat mit der Prüffähigkeit nichts zu tun. Wer nun die Richtigkeit des Aufmaßes zu beweisen hat, hängt von der Frage ab, ob ein bestätigtes Aufmaß vorliegt oder nicht. Liegt nur ein einseitiges Aufmaß vor, muss der Auftragnehmer nach wie vor dessen Richtigkeit darlegen und beweisen.

Die Prüffähigkeit einer Schlussrechnung ist bei VOB-Verträgen **Fälligkeitsvoraussetzung**. Nach neuerer Rechtsprechung des BGH kann der Auftraggeber die fehlende Prüffähigkeit einer Schlussrechnung nur noch innerhalb der Frist des § 16 Abs. 3 VOB/B rügen, danach ist er mit diesem Einwand ausgeschlossen (vgl. BGH, Urteil vom 23.09.2004 – **VII ZR 173/03** = BauR 2004, 1937). Dies hat den Vorteil, dass auch eine möglicherweise nicht prüffähige Schlussrechnung fällig wird und das Gericht in die **Sachprüfung** einsteigt. Letztes kann jedoch auch nachteilig für den Auftragnehmer sein.

> **Beispiel:**
> Der Rohbauer R und der Bauherr B haben einen VOB-Einheitspreisvertrag geschlossen. R hält es nicht für erforderlich, seiner Schlussrechnung ein Aufmaß beizufügen. B rügt dies sofort nach Erhalt der Schlussrechnung. R hält das Aufmaß weiterhin für überflüssig und verklagt B.

Die Rüge des B ist beachtlich, weil sie innerhalb der 30-Tagefrist erhoben worden ist. Das Gericht wird die Klage des R mangels prüfbarer Abrechnung abweisen mit der Begründung, die Klageforderung sei derzeit nicht fällig. R verbleibt jedoch die Möglichkeit, nunmehr eine prüffähige Abrechnung zu erstellen und die Klage erneut zu erheben.

> **Beispiel:**
>
> (wie oben) B hat erst nach vier Monaten die Rüge der fehlenden Prüffähigkeit erhoben. Das Gericht darf die Einrede der fehlenden Prüffähigkeit jetzt nicht mehr beachten. Es steigt unverzüglich in die **Sachprüfung** ein. Das Problem liegt nun darin, dass auch der Richter mangels Aufmaß die Richtigkeit der Abrechnung nicht überprüfen kann. Hierauf weist er R ausdrücklich hin. Gelingt es R jetzt auch im Prozess nicht, eine nachvollziehbare Rechnung zu erstellen, wird seine Klage abgewiesen, aber diesmal **endgültig**. Er kann nicht mehr erneut klagen.

III. Fälligkeit

Die **Fälligkeit** einer Schlussrechnung setzt bei VOB-Verträgen neben der **Abnahme** demnach das Vorliegen einer **prüffähigen** Abrechnung i. S. d. § 14 VOB/B und das Verstreichen der **Prüffrist** (längstens 30 Tage) gem. § 16 Abs. 3 VOB/B voraus. Für Bauverträge, die nach dem 01.01.2009 abgeschlossen worden sind, gilt aufgrund der neuen Regelung des § 641 Abs. 2 BGB eine Besonderheit für die Abnahme als Fälligkeitsvoraussetzung:

Bei drei- oder mehrstufigen Bauverträgen wird die Vergütung eines Auftragnehmers gem. § 641 Abs. 2 BGB spätestens fällig, wenn:

1. der Besteller (Auftraggeber/GU) von einem Dritten (Bauherr) für die versprochene Leistung oder Teile davon seine Vergütung erhalten hat,
2. soweit das Werk des Bestellers (Auftraggeber/GU) von dem Dritten (Bauherr) abgenommen wurde,
3. der Unternehmer (Auftragnehmer) dem Besteller (Auftraggeber/GU) erfolglos eine angemessene Frist zur Auskunft über die in den Nummern 1 und 2 bezeichneten Umstände bestimmt hat.

Mit der Neuregelung wollte der Gesetzgeber den **Nachunternehmern** helfen, ihre Vergütungsansprüche gegen den Generalunternehmer leichter durchzusetzen, sofern der Generalunternehmer vom Bauherrn bereits eine Abnahme oder eine Vergütung für die Leistung des Nachunternehmers erhalten hat.

> **Beispiel:**
>
> Der Dachdecker D verlangt vom Generalunternehmer G eine Vergütung für Dachdeckerleistungen an einem großen Wohn- und Geschäftshaus in Köln. Der offene Schlussrechnungsbetrag beträgt 40.000,00 EUR. G verweigert die Bezahlung der Schlussrechnung ausschließlich mit dem Argument, die Vergütung des D sei mangels Abnahme nicht fällig. D erkundigt sich beim Bauherrn B und erfährt, dass G die Vergütung für die Dacharbeiten schon vor vier Monaten erhalten hat.

Der Vergütungsanspruch des D ist fällig. Dadurch, dass der Bauherr B im Verhältnis zu G die Leistung des D bereits bezahlt hat, hat er gleichzeitig die Fälligkeit der Forderung des D gegenüber G herbeigeführt (sog. **Durchgriffsfälligkeit**).

Es darf jedoch bezweifelt werden, ob dem Gesetzgeber mit dieser Neuregelung tatsächlich der „große Wurf" zugunsten der Nachunternehmer gelungen ist. § 641 Abs. 2 BGB ist nämlich als reine **Fälligkeitsregelung** zu verstehen, das heißt, das Recht des Auftraggebers, **Mängel** zu rügen und entsprechende Einbehalte vorzunehmen, wird nicht eingeschränkt (vgl. OLG Nürnberg, IBR 2003, 531; OLG Bamberg, IBR 2008, 728).

> **Beispiel:**
>
> (wie oben) G räumt gegenüber D zwar ein, dass seine Werklohnforderung grundsätzlich fällig ist. Er behauptet jedoch, die Leistung des D sei in der Weise mangelhaft, als die gesamte Unterspannbahn nicht ordnungsgemäß verlegt worden sei. Die Mängelbeseitigungskosten würden mindestens 25.000,00 EUR betragen. Unter Berücksichtigung des (zweifachen) Druckzuschlages sei er nicht zur Zahlung verpflichtet. B habe von dem Mangel schlichtweg nichts gewusst.

Die Argumentation des G ist grundsätzlich zutreffend. Die Zahlung des B führt nur zur **Fälligkeit** des Vergütungsanspruches an sich, beeinträchtigt aber nicht das Recht des G, Mängeleinbehalte vorzunehmen. G muss sich jedoch fragen, ob er nicht gegenüber B einen Mangel arglistig **verschwiegen** hat (vgl. hierzu B III.), was sich auf seine Gewährleistungsverpflichtung auswirken könnte. Das hilft D aber nicht weiter.

D ist zu raten, zunächst seine Bauleistung dahingehend zu prüfen, ob der Mangel tatsächlich vorhanden ist oder nicht. Die Beweislast trägt mangels Abnahme im Verhältnis D zu G weiterhin D. Auch sollte D überlegen, ob er nicht G auffordert, eine **Sicherheit** gem. § 648a BGB zu leisten. Dadurch erreicht er zumindest, dass G nur den einfachen Mängelbeseitigungsbetrag (ohne Druckzuschlag) einbehalten kann (vgl. I VII.). Seine Forderung wäre dann immerhin in Höhe von 15.000,00 EUR fällig.

IV. Gerichtliche und außergerichtliche Möglichkeiten

Hier ist zunächst zu beachten, dass ein **Zurückbehaltungsrecht** wegen einer nicht bezahlten Schlussrechnung grundsätzlich nicht geltend gemacht werden kann. Die Bauleistung ist erbracht, das Bauvorhaben ist bereits abgenommen und insofern besteht kein Raum mehr für ein Zurückbehaltungsrecht. Der Auftragnehmer sollte es sich daher gründlich überlegen, in welchem Umfang er nicht bezahlte Abschlagsrechnungen auflaufen lässt. Nach Schlussrechnungslegung befindet sich der Auftraggeber in einer ausgesprochen **bequemen** Situation: Er hat die vollständig erbrachte Bauleistung erhalten und kann sich nun in aller Seelenruhe mit den Zahlungsmodalitäten auseinandersetzen. Hinsichtlich der außergerichtlichen und gerichtlichen Geltendmachung und Sicherung seiner Ansprüche gibt es keine Besonderheiten. Auch hier ist die Regelung des § 648 BGB zu erwähnen. Sollte eine Identität zwischen Auftraggeber und Grundstückseigentümer vorhanden sein, ist immer an die Bauhandwerkersicherungshypothek zu denken. Ich empfehle, die **Sicherungshypothek** immer eintragen zu lassen, auch wenn das Grundstück schon in großem Umfang durch die Grundpfandrechte der Banken belastet ist (zum Zurückbehaltungsrecht mit der **Gewährleistung**, vgl. L VI.).

V. Sicherheitseinbehalt

Regelmäßig wird ein 5-prozentiger Sicherheitseinbehalt vereinbart, der nur gegen Übergabe einer **Gewährleistungsbürgschaft** abgelöst werden kann. In der Praxis kommt es häufig vor, dass der Auftraggeber die Bürgschaft entgegennimmt, jedoch den Sicherheitseinbehalt trotzdem **nicht auszahlt**. Hier ist die Entscheidung des BGH in BauR 2002, 1543 = IBR 2002, 476 zu beachten. Der Auftraggeber kann nicht erstmalig nach Erhalt der Gewährleistungsbürgschaft Mängel rügen und mit dieser Begründung den Sicherheitseinbehalt zurückhalten. Der Auftragnehmer muss daher zunächst prüfen, ob die Mängel, mit denen der Auftraggeber die Auszahlung des Sicherheitseinbehaltes verweigert, schon vor Erhalt der Bürgschaft gerügt wurden.

> **Beispiel:**
>
> Der Fliesenleger F hat im Auftrag des Generalunternehmers G Fliesen verlegt. Die VOB/B wurde in den Vertrag einbezogen. Die Schlussrechnung des F zahlt G bis auf den 5%igen Sicherheitseinbehalt aus. F übergibt G die vereinbarte Gewährleistungsbürgschaft. Nach deren Zugang verweigert G die weitere Zahlung mit der Begründung, das Fugenbild der Fliesen sei zu unregelmäßig.

G muss den Sicherheitseinbehalt ohne Abzüge auszahlen, wenn er das Fugenbild nicht schon vor Erhalt der Bürgschaft beanstandet hat.

Zu beachten ist auch, dass Sicherheitsabreden in allgemeinen Geschäftsbedingungen, wonach der Sicherheitseinbehalt nur durch Übergabe einer **Bürgschaft auf erstes Anfordern** fällig gestellt werden kann, unwirksam sind. Dies gilt auch für den Verzicht der Einrede aus **§ 768 BGB** (vgl. BGH, BauR 2009, 1742 und IBR 2011, 580). Der Verzicht auf diese Einrede soll es dem Auftraggeber ermöglichen, seine Forderung gegen den Bürgen (in der Regel die Bank) in voller Höhe geltend zu machen, selbst wenn dem Auftragnehmer noch Einwände gegen die gegen ihn gerichtete Forderung zustehen. Dies hat der BGH zu Recht verworfen.

Nach Auffassung des Landgerichts Düsseldorf (Urteil vom 03.08.2007 – 39 O 70/05) soll es auch nicht möglich sein, in einer AGB-Klausel zu vereinbaren, dass der Sicherheitseinbehalt ausschließlich durch eine „normale" Bürgschaft unter Ausschluss des Sperrkontos abgelöst wird. Es ist zweifelhaft, ob diese Rechtsprechung von den anderen Obergerichten übernommen wird.

Häufig übersehen wird auch die Regelung des **§ 17 Abs. 8 Nr. 2 VOB/B**, wonach die **Gewährleistungsbürgschaft** schon nach Ablauf von zwei Jahren zurückzugeben ist, soweit nicht während dieser Frist bereits Mängel gerügt wurden. Dies soll auch dann gelten, wenn grundsätzlich eine fünfjährige Gewährleistungsfrist vereinbart wurde.

V. Sicherheitseinbehalt

> **Beispiel:**
> Der Bauherr B und der Generalunternehmer G haben einen VOB-Vertrag abgeschlossen. Es wird eine fünfjährige Gewährleistungsfrist vereinbart. Nach der Abnahme übergibt G dem B eine Gewährleistungsbürgschaft, um den 5%igen Sicherheitseinbehalt fällig zu stellen, der von B auch ausgezahlt wird. Nach zwei Jahren verlangt G seine Bürgschaft zurück.

Zu Recht. Gemäß § 17 Abs. 8 Nr. 2 VOB/B muss B die Bürgschaft herausgeben, obwohl die Gewährleistung noch nicht abgelaufen ist.

Diese Regelung soll die Liquidität des Auftragnehmers erhöhen. Ihre praktische Relevanz ist jedoch zu Recht nur bescheiden. Der fehlende Gleichlauf der Gewährleistungsfrist und der Bürgschaftsabsicherung ist nicht glücklich. Der Vorteil für den Auftragnehmer ist nur gering. Die Aval-Bedingungen bei den Kreditversicherungen sind günstig, sodass in der Regel kein spürbarer Liquiditätsvorteil entsteht. Auf der anderen Seite ermuntert diese Regelung den Auftraggeber, schon nach zwei Jahren Mängel zu rügen. Sicherheitshalber sollte der Auftraggeber im **Bauvertrag** schon vereinbaren, dass die Gewährleistungsbürgschaft erst **nach Ablauf** der Gewährleistungsfrist zurückzugeben ist. Dies ist problemlos möglich.

Zurückhaltung ist geboten, wenn der Auftraggeber in Allgemeinen Geschäftsbedingungen eine Gewährleistungssicherheit verlangt, die über 5 % hinausgeht (vgl. hierzu: BGH, Urteil vom 20.03.2013 – VII ZR 248/13). Das OLG Karlsruhe (IBR 2014, 22) hält eine Sicherheit i. H. v. 8 % der Auftragssumme zu recht für unwirksam. Dies ist vor allem bei den sog. **Kombi-Bürgschaften**, die gleichzeitig die Vertragserfüllung und die Gewährleistung sichern sollen, von Bedeutung.

> **Beispiel** (nach OLG Karlsruhe a. a. O.):
> Der Auftraggeber (AG) verlangt in seinen Allgemeinen Geschäftsbedingungen eine Vertragserfüllungsbürgschaft i. H. v. 5 %. Die Sicherungsabrede hat den folgenden Wortlaut: *Die Sicherheit ist zurückzugeben, wenn die Schlusszahlung geleistet wurde und alle bis dahin erhobenen Ansprüche erfüllt sind.* Zusätzlich verlangt der Auftraggeber noch eine Gewährleistungssicherheit i. H. v. 3 %.

Die Schlusszahlung leistet der Auftraggeber erst nach der Abnahme. Insoweit erstreckt sich die Vertragserfüllungsbürgschaft schon auf einen (überschaubaren) Gewährleistungszeitraum. Gravierender ist jedoch die Formulierung *alle bis dahin erhobenen Ansprüche erfüllt sind*. Macht der Auftraggeber bei der Abnahme oder vor der Schlusszahlung Mängel geltend, erfassen diese auch das Gewährleistungsstadium. Die Kombi-Bürgschaft sichert demnach auch Gewährleistungsansprüche. Addiert man die „reine" Gewährleistungsbürgschaft hinzu, hat der Auftragnehmer Sicherheit für die Gewährleistung i. H. v. insgesamt 8 % zu leisten. Dies benachteiligt ihn unangemessen. Die Sicherungsabrede ist gem. § 307 Abs. 1 BGB unwirksam.

VI. Das Sperrkonto

In Anknüpfung an den Sicherheitseinbehalt muss auch die Möglichkeit des Sperrkontos angesprochen werden. Gemäß **§ 17 Abs. 6 VOB/B** kann der Auftragnehmer vom Auftraggeber verlangen, dass dieser innerhalb einer Frist von 18 Werktagen den Sicherheitseinbehalt auf ein Sperrkonto einzahlt. Dabei muss das Konto bei einem vereinbarten Geldinstitut geführt werden, über das Auftraggeber und Auftragnehmer nur **gemeinsam verfügen** können (Und-Konto). Zahlt der Auftraggeber den einbehaltenen Betrag nicht innerhalb der Frist ein, kann ihm der Auftragnehmer eine angemessene Frist zur Nachholung setzten. Lässt der Auftraggeber auch diese Frist fruchtlos verstreichen, kann der Auftragnehmer die **sofortige Auszahlung** des einbehaltenen Betrages verlangen und braucht dann keine Sicherheit mehr zu leisten. Dies soll auch dann gelten, wenn im Bauvertrag ausdrücklich vereinbart wurde, dass die Sicherheit durch Übergabe einer Gewährleistungsbürgschaft abzulösen ist (vgl. BGH, BauR 2006, 154).

> **Beispiel:**
>
> Der Bauherr B und der Fensterbauer F haben einen VOB-Bauvertrag geschlossen. Der Vertrag sieht vor, dass von der Schlussrechnung ein 5-prozentiger Sicherheitseinbehalt einbehalten werden darf, der durch eine Bürgschaft, die den Anforderungen des § 17 Abs. 2 VOB/B entspricht, abgelöst werden kann.
>
> F möchte die Bürgschaft nicht übergeben. Er richtet an B das folgende Schreiben:
>
> **Musterschreiben zur Aufforderung, den Sicherheitseinbehalt auf ein Sperrkonto einzuzahlen**
>
> *Sehr geehrter Herr B,*
>
> *ich teile Ihnen mit, dass ich von meinem Recht gemäß § 17 Abs. 6 VOB/B Gebrauch mache.*
>
> *Deshalb fordere ich Sie auf, den Sicherheitseinbehalt i. H. v. .... EUR auf ein Sperrkonto einzuzahlen. Ich bin damit einverstanden, dass Sie ein in Deutschland zugelassenes Kreditinstitut oder eine Sparkasse auswählen. Bitte beachten Sie, dass über das Sperrkonto nur eine gemeinsame Verfügungsbefugnis eingeräumt werden darf.*
>
> *Hierfür setze ich Ihnen eine Frist zum .... (18 Werktage).*
>
> *Sollten Mitwirkungshandlungen meinerseits erforderlich sein, biete ich schon jetzt an, diese zu erbringen. Dies gilt insbesondere für die Kontoeröffnung.*
>
> *Mit freundlichen Grüßen*
>
> B tut nichts. Er ist der Auffassung, F habe ihm eine Bürgschaft zu übergeben, weil das so in seinem Vertrag stehe. 20 Tage nach Zugang des ersten Schreibens erhält er ein weiteres Schreiben des F.

> **Musterschreiben mit Fristsetzung zur Zahlung des Sicherheitseinbehaltes auf ein Sperrkonto**
>
> *Sehr geehrter Herr B,*
>
> *mit Schreiben vom .... hatte ich Sie aufgefordert, den Sicherheitseinbehalt i. H. v. .... EUR bis zum .... auf ein Sperrkonto einzuzahlen. Leider haben Sie dies nicht innerhalb der von mir gesetzten Frist erledigt.*
>
> *Hiermit setze ich Ihnen eine Nachfrist zur Einzahlung des Sicherheitseinbehaltes auf das Sperrkonto zum .... (eine Woche). Ich bin damit einverstanden, dass das Sperrkonto bei einem Deutschen Kreditinstitut oder Sparkasse eingerichtet wird. Sollten Mitwirkungshandlungen meinerseits erforderlich sein, biete ich schon jetzt an, diese zu erbringen. Dies gilt insbesondere für die Kontoeröffnung.*
>
> *Mit freundlichen Grüßen*

B ignoriert auch dieses Schreiben. Dadurch wird der Sicherheitseinbehalt fällig, ohne dass F eine Bürgschaft übergeben muss.

Ich halte diese Rechtsprechung für problematisch. Wird im Bauvertrag die Ablösung des Sicherheitseinbehaltes durch Übergabe einer Gewährleistungsbürgschaft vereinbart, sollte diese spezielle Regelung eigentlich der allgemeineren Regelung in der VOB vorgehen. Am besten ist es daher, der Auftraggeber stellt schon im **Bauvertrag** klar, dass das Sperrkonto gemäß § 17 Abs. 6 VOB/B ausgeschlossen wird.

VII. Zurückbehaltungsrecht mit der Mängelbeseitigung

In diesem Zusammenhang ist erneut auf § 648a BGB hinzuweisen, der nach dem Gesetzestext und der Rechtsprechung des BGH auch nach Abnahme anwendbar ist (vgl. BGH, IBR 2005, 85; IBR 2004, 201). Rechtsfolge der fehlenden Sicherheitsleistung ist zunächst, dass sich das Zurückbehaltungsrecht des Auftragnehmers auf die Mängelbeseitigung erstreckt; er ist also berechtigt, diese zu verweigern. Weiterhin entfällt der **Druckzuschlag**. Dies bedeutet, der Auftraggeber kann die angeblichen Mängelbeseitigungskosten nicht mal drei oder zwei, sondern nur noch einfach entgegenhalten. Kommt es danach zur Kündigung des Vertrages, so ist der Auftragnehmer berechtigt, die Vergütung der mangelfrei erbrachten Leistung (gekürzt um den Minderwert) zu verlangen.

Außerhalb des § 648a BGB sollte von einem Zurückbehaltungsrecht nach Abnahme nur äußerst zurückhaltend Gebrauch gemacht werden. Es entspricht (noch) einhelliger Meinung im Schrifttum, dass aufgrund der Vorleistungspflicht des Auftragnehmers sich das Zurückbehaltungsrecht nur auf **zukünftige Leistungen** erstreckt. Dies bedeutet, dass ihm kein Zurückbehaltungsrecht an der Mängelbeseitigung zusteht. Dies ist fragwürdig, jedoch derzeitiger Meinungsstand.

Gleiches gilt für das Zurückbehaltungsrecht vor Abnahme in gleicher Weise.

VIII. Vertragsstrafe

Die Vertragsstrafe gilt auch bei VOB-Verträgen nicht automatisch, sondern muss im Bauvertrag wirksam **vereinbart** werden. Weil dies regelmäßig in allgemeinen Geschäftsbedingungen erfolgt, sind (zulasten des Verwenders! vgl. A II.) die Regelungen der §§ 307 ff. BGB zu beachten. Demnach ist für die Vertragsstrafe eine **Obergrenze** von 5 % insgesamt und 0,2 % pro Tag oder 0,3 % pro Werktag festzulegen. Gemäß § 11 Abs. 2 VOB/B ist die Vertragsstrafe zu zahlen, wenn der Auftragnehmer mit der Fertigstellung seiner Arbeiten in **Verzug** gerät. Wurde im Bauvertrag ein verbindlicher **Fertigstellungstermin** vereinbart, wird der Verzug, genauer gesagt das Verschulden des Auftragnehmers, widerlegbar vermutet.

> **Beispiel:**
>
> Fertigstellungstermin war laut Bauvertrag der 28.02.2007. Der Auftragnehmer wird jedoch erst am 20.03.2007 mit seiner Bauleistung fertig. Der Auftraggeber verlangt die Vertragsstrafe für 17 Werktage (vgl. § 11 Abs. 3 VOB/B). Der Auftragnehmer ist der Meinung, er habe die Bauverzögerung nicht zu vertreten. Der Auftraggeber müsse ihm erst einmal beweisen, dass der Schuld habe.

Der Auftragnehmer irrt. Allein wegen der Überschreitung des Fertigstellungstermins wird das Verschulden des Auftragnehmers vermutet. Es liegt jetzt an ihm zu beweisen, dass er den Bauverzug gerade nicht zu verantworten hat. Der Auftragnehmer muss nun im Einzelnen die **Bauablaufstörungen** darlegen und ggf. beweisen. Dies gilt insbesondere für deren zeitlichen Umfang, also den Anfang, das Ende und die Dauer (OLG Brandenburg, IBR 2013, 407). Hierbei sind **Behinderungsanzeigen** von großem Wert.

Bei der Vereinbarung einer Vertragsstrafe für **Zwischentermine** ist zu beachten, dass auch hier die Höchstgrenze von 5 % gilt, diese sich jedoch nicht an der Gesamtfertigstellungsvergütung bemessen darf, sondern an dem entsprechenden Auftragswert zum Zeitpunkt des Zwischentermins.

> **Beispiel** (nach BGH, IBR 2013, 69):
>
> Der Deichbauer D führt im Auftrag des Deichverbandes eine Deichsanierung durch. In seinem Bauvertrag wurde ein Zwischentermin für die Fertigstellung dort näher bezeichneter Maßnahmen für den Hochwasserschutz vereinbart. Bei schuldhafter Fristüberschreitung sollte der D eine Vertragsstrafe i. H. v. 5 % des Schlussrechnungsbetrages zahlen.

Die Vertragsstrafenvereinbarung ist unwirksam, weil sie den Auftragnehmer unangemessen benachteiligt. Gemessen am Auftragsvolumen zum Zeitpunkt des Zwischentermins würde die Vertragsstrafe weit höher liegen als die von der Rechtsprechung geforderte 5-%-Grenze.

Häufig wird der Begriff der **Fertigstellung** mit dem der **Abnahme** gleichgesetzt. Dies ist jedoch nicht richtig, denn regelmäßig findet die Abnahme nach der Fertigstellung statt. Für die Vertragsstrafe ist, wie bereits dargestellt, die Fertigstellung der maßgebliche Zeitpunkt. Deshalb ist

VIII. Vertragsstrafe

stets zu fragen, wann von einer Fertigstellung des Bauvorhabens auszugehen ist. Dies dürfte dann der Fall sein, wenn die Bauleistung vollständig erbracht und nicht mit **wesentlichen Mängeln** behaftet ist. Das OLG München ist hier jedoch großzügiger: Das Gericht hält es für ausreichend, dass die Leistung trotz des Vorliegens von Mängeln nutzbar ist (vgl. OLG München, IBR 2007, 187; IBR 2007, 187). Das OLG München spricht dann von einer „mangelhaften Fertigstellung".

Gemäß § 11 Abs. 4 VOB/B muss sich der Auftraggeber die Geltendmachung der Vertragsstrafe **bei der Abnahme** vorbehalten. Sonst kann sie nicht mehr in Ansatz gebracht werden.

> **Beispiel:**
>
> Der Generalunternehmer G hat sich über den Verzug des Rohbauers R schon während der Bauausführung geärgert und ihm unzählige Male angekündigt, die Vertragsstrafe von der Schlussrechnung abzuziehen. Bei der Abnahme vergisst er jedoch, sich die Vertragsstrafe vorzubehalten. Als G die Vertragsstrafe geltend macht, wendet R ein, dies sei mangels Vorbehalt nicht mehr möglich. G meint, es reiche aus, dass er während der Bauphase mehrfach auf die Vertragsstrafe hingewiesen habe.

R hat recht. Der Vertragsstrafenvorbehalt ist bei der Abnahme zu erklären. Dies bedeutet nicht vorher und auch nicht nachher. Es ist jedoch zulässig, im **Bauvertrag** zu vereinbaren, dass der Vertragsstrafenvorbehalt noch bis zur Schlussrechnungsprüfung erklärt werden kann.

Hat der Auftraggeber bereits vor der Abnahme die (förmliche) **Aufrechnung** mit der Vertragsstrafe gegen den Vergütungsanspruch des Auftragnehmers erklärt, ist der Anspruch auf Vertragsstrafe infolgedessen erloschen und muss nicht mehr bei der Abnahme vorbehalten werden (BGH, IBR 2016, 75).

Verschieben der Auftraggeber und der Auftragnehmer den Fertigstellungstermin einvernehmlich, führt dies nicht dazu, dass die Vertragsstrafenvereinbarung automatisch hinfällig wird. Vielmehr ist anhand der Formulierung der Vertragsstrafenvereinbarung zu ermitteln, ob die Vertragsstrafe auch in diesem Fall Bestand haben soll. Je gewichtiger die Terminverschiebung ist, umso weniger ist davon auszugehen, dass die frühere Vereinbarung einer Vertragsstrafe weiterhin Geltung haben soll (OLG Düsseldorf, IBR 2013, 13).

Die Vertragsstrafenvereinbarung wird auch hinfällig, wenn der ursprüngliche Bauablaufplan völlig **„aus dem Ruder"** läuft.

> **Beispiel:**
>
> Der Bauunternehmer B soll im Auftrag des Auftraggebers (AG) in der Tiefgarage eines Wohn- und Geschäftshauses Doppelparkeranlagen errichten. Im Bauvertrag ist hierfür eine Bauzeit von einem Monat, beginnend am 15. Januar vorgesehen. Weil der Rohbau im Verzug ist, verschiebt der AG den Baubeginn für den B um mehrere Monate auf den 20. Juli. Der B wird erst im September fertig. Der AG zieht ihm deshalb von der Schlussrechnung eine Vertragsstrafe i. H. v. 13.000,00 Euro ab.

Zu unrecht. Der neue Bauablaufplan hat den ursprünglichen Zeitplan des B vollständig verworfen und ihn zu einer durchgreifenden Neuordnung des gesamten Zeitablaufes gezwungen. Die Vertragsstrafe wird dadurch hinfällig.

M Was tun im Falle der Insolvenz des Auftraggebers?

I. Allgemein

Zunächst ist anzumerken, dass der Auftragnehmer im Falle der Insolvenz nicht die Hände in den Schoß legen sollte. Es ist weiter zu prüfen, ob eine persönliche Inanspruchnahme des Geschäftsführers einer GmbH bzw. des Vorstandes einer Aktiengesellschaft möglich ist. Dies setzt natürlich zunächst voraus, dass der Geschäftsführer nicht das **persönliche** Schicksal seiner Firma teilt.

Eine Inanspruchnahme ist denkbar, aufgrund der Insolvenzdelikte, also Insolvenzverschleppung, Gläubigerbenachteiligung oder Bankrott. Diese sollen jedoch an dieser Stelle nicht vertieft werden, da sowohl die Informationsbeschaffung als auch die Anspruchsbegründung ausgesprochen mühsam sind. Der Auftragnehmer ist nämlich in der Regel darauf angewiesen, dass ihm vom Insolvenzverwalter zugearbeitet wird. Auch konkurriert der Auftragnehmer hier mit anderen Gläubigern und schließlich auch mit dem Insolvenzverwalter selbst. Schließlich macht auch der mit den obigen Ansprüchen verbundene **Zeitverlust** eine Rechtsverfolgung sehr häufig nicht attraktiv.

II. Gesetz über die Sicherung der Bauforderungen (BauFordSiG)

Angesprochen wird daher nur das „Gesetz über die Sicherung der Bauforderungen" aus dem Jahre 1909. Dieses Gesetz entstand in der Gründerzeit und sollte dem Umstand Rechnung tragen, dass der Bauhandwerker durch die bisherigen Regelungen, wie z. B. § 648 BGB, nicht ausreichend geschützt war. Das Gesetz ist im Laufe der Jahre ein wenig in Vergessenheit geraten, wurde aber in jüngster Vergangenheit aus einem leichten Schlaf erweckt. Es hat sich inzwischen in der **Praxis bewährt** und erfreut sich zu Recht immer größerer Beliebtheit (vgl. ausführlich: Stammkötter, Kommentar zum Bauforderungssicherungsgesetz, 3. Auflage, Heidelberg 2009). Das BauFordSiG hat durch das Forderungssicherungsgesetz, welches zum 01.01.2009 in Kraft getreten ist, eine wesentliche Vereinfachung und eine Erweiterung seines Anwendungsbereiches erfahren (vgl. hierzu M II. 1., 3.). Im Gegensatz zu allen übrigen Neuerungen des Forderungssicherungsgesetzes gilt die Neufassung jedoch nicht nur für Verträge, die nach dem 01.01.2009 abgeschlossen wurden, sondern auch für „Altverträge", sofern nur die **Verletzungshandlung** (vgl. M II. 4.) nach dem 01.01.2009 erfolgte. Deshalb wird den folgenden Ausführungen das neue Recht zugrunde gelegt.

Grundgedanke des Gesetzes ist, dass jeder Empfänger von **Baugeld** verpflichtet ist, das Baugeld in der **Baustelle zu belassen**, für die es zur Verfügung gestellt wurde (vgl. § 1 Abs. 1 BauFordSiG). Das Baugeld muss für die auf der konkreten Baustelle tätigen **Handwerker** oder **Lieferanten** eingesetzt werden. Verboten sind daher insbesondere das **Löcherstopfen** und **Privatentnahmen**. Hat der Auftragnehmer den Verdacht, dass Baugeld fehlgeleitet wurde, sollte er unverzüglich an die Anwendung dieses Gesetzes denken. Ein Schadensersatzanspruch gemäß § 823 Abs. 2 BGB in Verbindung mit § 1 Abs. 1 BauFordSiG setzt voraus:

M Was tun im Falle der Insolvenz des Auftraggebers?

- Es wurde dem Bauherrn oder einem Generalunternehmer, Bauträger u. Ä. Baugeld zur Verfügung gestellt.
- Es handelt sich hier um Baugeld im Rechtssinne gemäß § 1 Abs. 3 BauFordSiG.
- Es liegt ein Verstoß gegen die Baugeldverwendungspflicht vor.
- Der Verwendungspflichtige handelte schuldhaft, zumindest mit bedingtem Vorsatz.

Die BauFordSiG-Verfahren bedürfen einer **gründlichen Vorbereitung**. Dies beruht darauf, dass sowohl die Forderung an sich als auch der Verstoß gegen das BauFordSiG dargelegt werden muss. Es sollten daher nicht geringe Geldforderungen aufgrund des BauFordSiG eingefordert werden. Dies wäre nicht ökonomisch. Die Fassetten des BauFordSiG in allen Einzelheiten darzustellen, würde sicherlich den Rahmen einer Bauleiterschule überspannen. Die Grundzüge werden jedoch dargestellt, um für dieses Gesetz zu sensibilisieren.

1. Baugeld

Ansprüche gegen den Bauherrn

Werden Ansprüche direkt gegen den Bauherrn geltend gemacht (regelmäßig von einem Generalunternehmer oder gegen einen Bauträger), gilt immer noch ein eingeschränkter Baugeldbegriff. Baugeld i. S. d. § 1 Abs. 3 BauFordSiG liegt nur dann vor, wenn die **drei Baugeldmerkmale** erfüllt sind. Das Geld muss **darlehensweise** (fremdfinanziert) zur Verfügung gestellt werden, es muss zur **Herstellung eines Baus** bereitgestellt werden, und zur Sicherung des Darlehensgebers muss am Baugrundstück eine **Hypothek oder Grundschuld** eingetragen sein. Private Gelder und öffentliche Mittel stellen daher kein Baugeld dar.

> **Beispiel:**
>
> Der Rohbauunternehmer R hat im Auftrag der Bauträger B-GmbH eine städtische Schwimmhalle in Bottrop errichtet. Seine Schlussrechnung steht i. H. eines Betrages von 160.000,00 EUR zur Zahlung aus. Als er B (Geschäftsführer) verklagen will, wird über dessen Vermögen das Insolvenzverfahren eröffnet. Bei seinen Recherchen erfährt er, dass die Schwimmhalle zu zwei Dritteln mit öffentlichen Geldern finanziert wurde, die B vom Land N und von der Stadt erhalten hat. Zu einem Drittel hat B Eigenmittel investiert. Er fragt an, ob er den wohlhabenden Geschäftsführer des B auf Grundlage des BauFordSiG persönlich in Anspruch nehmen kann.

Das ist leider nicht möglich. Die öffentlichen Gelder stellen im Verhältnis des R zum B kein Baugeld i. S. d. BauFordSiG dar. Dies liegt daran, dass Ansprüche unmittelbar gegen den **Bauherrn** geltend gemacht werden. In dieser Vertragsbeziehung fehlt es an dem Baugeldmerkmal „grundpfandrechtliche Sicherung" und „Darlehen". Unabhängig von der Tatsache, ob der GU nun das Baugeld veruntreut hat oder nicht, wird der Geschäftsführer nicht in die persönliche Haftung genommen. Dies ist nur schwer verständlich.

Es kommt häufig vor, dass Gelder von einem Kreditinstitut nicht nur zum Bauen (Herstellung des Baus), sondern auch für andere Zwecke zu Verfügung gestellt werden, etwa zum Grundstückserwerb oder zur Finanzierung sonstiger Kosten, wie z. B. Notar und Steuern. Dann spricht man von einem **modifizierten Baugelddarlehen**. Es ist nun der Baugeldanteil, also die Höhe der tatsächlichen Baukosten zu ermitteln.

> **Beispiel:**
>
> Ein Tischlermeister baut im Auftrag einer Immobilien GmbH (Bauherrin) in einem Seniorenwohnheim Innentüren ein. Aufgrund der Insolvenz der Immobilien GmbH wird die Schlussrechnung des Tischlermeisters in Höhe von ca. 24.000,00 Euro netto nicht bezahlt. Der Tischler nimmt nun den Geschäftsführer G der GmbH wegen Baugeldveruntreuung persönlich in Anspruch. Dieser meint, die Darlehen seien nicht nur für die reinen Baukosten ausgereicht worden, sondern auch für andere Kostenpositionen wie den Grundstückserwerb, die Darlehenstilgung, Makler- und Notargebühren u. Ä. Wie sich die einzelnen Beträge aufteilen, kann er nicht genau darlegen. Ein Baubuch (vgl. M II. 3.) hat er nicht geführt.

Grundsätzlich hat G Recht. Er hat es sich jedoch zu einfach gemacht, indem er nur pauschal alles abgestritten hat. Die Rechtsprechung (vgl. BGH, BauR 1987, 229, 232) kommt in solchen Fällen nämlich zu einer **Beweislastumkehr**, wenn im unmittelbaren zeitlichen Zusammenhang mit den Bauvorhaben Grundschulden auf dem Baugrundstück eingetragen wurden. Diese, von der Rechtsprechung entwickelte Beweislastumkehr hat durch das Forderungssicherungsgesetz Eingang in § 1 Abs. 4 BauFordSiG gefunden. Es ist nun Aufgabe des G darzulegen und zu beweisen, welcher Anteil kein Baugeld darstellt. Da er dies nicht getan hat, wird vermutet, dass die gesamten Gelder, die die Immobilien GmbH erhalten hat, Baugeld sind (Fall nach OLG Dresden, IBR 2007, 1061).

Ansprüche gegen Generalüber- und -unternehmer

Soweit Ansprüche gegen Unternehmer geltend gemacht werden, die in der Unternehmerkette unterhalb des Bauherrn angesiedelt sind, gilt mit Einführung des Forderungssicherungsgesetzes (2009) ein weiter Baugeldbegriff. Die oben dargestellten drei Baugeldmerkmale sind nicht mehr zur Begründung des Baugeldes erforderlich; es reicht nunmehr aus, dass Gelder von dem Bauherrn oder einem Generalunternehmer aufgrund einer **Abschlags-** oder **Schlussrechnung** gezahlt wurden. Überwiegend betrifft dies Ansprüche gegen Generalunter- und -übernehmer.

> **Beispiel:**
>
> Der Metallbauer M hat im Auftrag der Generalunternehmer GmbH Lichtbänder im Dach einer Reparaturwerkstatt für Züge eingebaut. Seine Schlussrechnung steht in Höhe von 85.000,00 EUR zur Zahlung aus. Nachdem über das Vermögen der Generalunternehmer GmbH das Insolvenzverfahren eröffnet wurde, nimmt M deren Geschäftsführer GF persönlich wegen Baugeldveruntreuung in Anspruch. GF behauptet, es läge schon kein Baugeld vor, weil der Bauherr, die Bahn, alle seine Rechnungen aus Eigenmitteln bezahlt habe.

Diese Argumentation hilft dem GF nicht. Das Baugeld hat die Ebene des Bauherrn verlassen, indem es dem Generalunternehmer gegeben wurde. Da die Bahn Rechnungen des Generalunternehmers gezahlt hat, liegt zwingend Baugeld vor. Der GF sollte nun darlegen, wie er das Geld verwendet hat.

2. Baugeldempfänger

Baugeldempfänger ist zunächst jede Person, die Baugeld in der Weise in den Händen hält, dass sie selbstständig darüber verfügen kann. Dies sind insbesondere der Bauherr, der Bauträger und der Generalunternehmer. Das Geld bleibt auch in der **gesamten Vertragskette** Baugeld.

> **Beispiel:**
>
> Der Bauherr erhält das Baugeld von seiner Bank. Er gibt es dem Generalunternehmer, der davon einen Nachunternehmer bezahlt, der das Gewerk „erweiterter Rohbau" ausführt. Der Nachunternehmer hat seinerseits zwanzig Nachunternehmer gebunden.

Es ist jedoch darauf hinzuweisen, dass der **Nachunternehmer** regelmäßig nicht mehr der Baugeldverwendungspflicht unterliegt. Nach Auffassung der Rechtsprechung ist maßgeblich, ob der Nachunternehmer das Geld ähnlich wie ein **Treuhänder** für andere verwahrt (vgl. BGH, BauR 2000, 573). Im obigen Beispiel wäre auch der Nachunternehmer als Baugeldempfänger anzusehen, weil er eine Vielzahl von Nachunternehmer gebunden hat und somit für diese treuhändisch Baugeld hält.

3. Baugeldvermutung

Mit Inkrafttreten des Forderungssicherungsgesetzes zum 01.01.2009 wurde das Baubuch (Achtung: nicht Bautagebuch) abgeschafft. Dies ist zu begrüßen, weil sich das Baubuch in der Praxis ohnehin nicht durchgesetzt hatte. Dieser Wegfall wurde dadurch kompensiert, dass in § 1 Abs. 4 BauFordSiG eine gesetzliche Vermutung in das Gesetz aufgenommen wurde. Danach wird sowohl die **Baugeldeigenschaft** als auch der **Verstoß gegen die Baugeldverwendungspflicht** vermutet, das heißt, der Baugeldempfänger (Anspruchsgegner) ist beweisbelastet.

> **Beispiel:**
>
> (Wie M II. 1.) M kann nachweisen, dass der Generalunternehmer GU 2.500.00,00 EUR von der Bahn erhalten hat. Weiterhin konnte er das Gericht davon überzeugen, dass seine Werklohnforderung berechtigt ist. Der GF meint, das interessiere ihn alles nicht. M solle erst einmal beweisen, dass der GF das Baugeld nicht ordnungsgemäß verwendet habe.

Der GF irrt. Aufgrund der Vermutungsregelung des § 1 Abs. 4 BauFordSiG muss der GF für jeden einzelnen Euro nachweisen, dass er zweckentsprechend verwendet wurde, also zur

Vergütung der auf der Baustelle tätigen Unternehmer und Lieferanten. Diesen Beweis hat der GF anhand einer Aufstellung und von **Zahlungsnachweisen** zu führen.

4. Verstoß gegen die Verwendungspflicht

Die **Baugeldverwendungspflicht** des § 1 Abs. 1 BauFordSiG stellt das Herzstück des Gesetzes dar. Wie bereits dargestellt, hat das Baugeld in der Baustelle zu verbleiben, für die es auch zur Verfügung gestellt wurde. Jede Zuwiderhandlung wird in der Weise sanktioniert, dass die Organe der Gesellschaft, in der Regel die **Geschäftsführer** einer GmbH oder die **Vorstände** einer Aktiengesellschaft, persönlich haften.

> **Beispiel:**
>
> Der Generalunternehmer G erhält vom Bauherrn B Baugeld für die Errichtung eines Wohn- und Geschäftshauses i. H. v. 750.000,00 EUR. Von dem Geld erwirbt der Geschäftsführer A zunächst den lang ersehnten Mittelklassewagen zu einem Preis von 60.000,00 EUR. Die Schlussrechnung des Garten- und Landschaftsbauers L kann er nicht bezahlen. Seiner Firma fehle es zurzeit an der nötigen Liquidität. L solle doch bitte bis zur nächsten Baustelle warten. Dann könne er bestimmt noch etwas abzweigen. L fragt, ob ihm A nun persönlich hafte.

A haftet persönlich. Die Bezahlung des Autos aus dem Baugeld stellt eine Baugeldveruntreuung dar. Er muss L aus der eigenen Tasche bezahlen.

Den Umstand, dass der Bauunternehmer in der Regel nicht in der Lage ist, in die finanziellen Angelegenheiten seines Auftraggebers Einblick zu nehmen, haben die Rechtsprechung und der Gesetzgeber erkannt und erhebliche **Beweiserleichterungen** geschaffen. Der Geschädigte muss nur darlegen, dass seine Forderung offen ist und der Baugeldempfänger Baugeld erhalten hat, welches der Höhe nach den offenen Forderungsbetrag erreicht oder übersteigt. Dann wird die Baugeldveruntreuung vermutet (vgl. auch das obige Beispiel). Der Baugeldempfänger muss nunmehr auf Heller und Cent unter Beifügung von Zahlungsbelegen darlegen, dass er das gesamte Baugeld an die auf der Baustelle tätigen Lieferanten und Unternehmer gezahlt hat (vgl. BGH, BauR 1991, 96).

5. Vorsatz

Der Baugeldverwendungspflichtige muss auch nicht absichtlich handeln und schon gar nicht die Einzelheiten des BauFordSiG kennen. Zur Annahme seines Vorsatzes reicht es aus, dass er damit **rechnen** musste, dass Baugeld vorliegt, dass ggf. das Bauvorhaben fremdfinanziert wird (zumindest bei größeren Bauvorhaben die Regel) und mit seinem Wissen die Gelder zweckfremd ausgegeben wurden.

III. Zahlungsversprechen des Bauherrn

Es kommt gelegentlich vor, dass die Bauherren (Bauträger) versuchen, die Nachunternehmer mit Versprechungen zu beruhigen. Diese Versprechen können in rechtlicher Hinsicht von Bedeutung sein.

> **Beispiel** (nach OLG Jena, Urt. vom 31.07.2008 – 1 U 381/07):
>
> Der Elektroinstallateur E war als Nachunternehmer für den Generalunternehmer G tätig. Schon während der Bauphase wurden die Abschlagsrechnungen des E nur zögerlich und nie vollständig bezahlt. Er machte sich daher Sorgen um die Zahlungsfähigkeit des G und teilte seine Bedenken dem Bauherrn B mit. B beruhigte ihn mit der Zusage, dass er auf jeden Fall seine Vergütung erhalten werde, gegebenenfalls werde er selbst dafür einstehen und die Zahlungen unmittelbar an E leisten. Daraufhin arbeitet E weiter. Nachdem über das Vermögen des G das Insolvenzverfahren eröffnet wurde, verlangt E nunmehr seinen Werklohn von B. B meint, seine damalige Zusage sei nur unverbindlich gewesen.

B muss aufgrund seiner Zusage die offene Schlussrechnung des E bezahlen. Er hat ein **Schuldversprechen** abgegeben, auf das E vertraut hat und vertrauen durfte. Wird diese Zusage nur mündlich abgegeben, ist sie nur wirksam, wenn der Bauherr Kaufmann ist (vgl. § 780 BGB, 350 HGB); dies ist bei sog. Formkaufleuten (GmbH, OHG, KG, AG) immer der Fall.

Die **Beweislast** für die Abgabe des Versprechens trifft jedoch den Nachunternehmer. Er sollte daher stets bemüht sein, diese Aussage in Schriftform zu erlangen oder zumindest einen oder besser mehrere Zeugen präsentieren können.

N Schwarzarbeit

Die Schwarzarbeit ist ein leidiges Thema, und auch diese Bauleiterschule will keineswegs die Schwarzarbeit gutheißen oder gar fördern. Sie ist jedoch in der Praxis nicht selten, und daher kann auch in diesem Rahmen nicht so getan werden, als gäbe es so etwas wie Schwarzarbeit gar nicht. Deshalb werden hier die Rechtsfolgen in der gebotenen Kürze dargestellt.

> **Beispiel:**
> Der Fliesenleger F führt im „Auftrage" des Versicherungsmaklers V Fliesenlegerarbeiten im Haus des V durch. Der Vertrag wird mündlich geschlossen. Man einigt sich auf eine Vergütung i. H. v. 20.000,00 EUR ohne Rechnung „auf die Tatze". Beiden Vertragsparteien ist dabei bewusst, dass F von der Vergütung weder Steuern noch Sozialversicherungsbeiträge abführt. F erhält eine Anzahlung von 4.500,00 EUR. Als er nach Fertigstellung der Arbeiten den Restbetrag verlangt, behauptet V, er müsse nicht zahlen, weil der Vertrag wegen Verstoßes gegen das Schwarzarbeitergesetz nichtig sei. F klagt nun den restlichen Werklohn i. H. v. 15.500,00 EUR beim Landgericht ein.

V hat grundsätzlich recht. Der Vertrag ist in der Tat aufgrund des Verstoßes gegen das Schwarzarbeitergesetz gemäß § 134 BGB **nichtig**. Dies hat zur Folge, dass F kein **vertraglicher** Werklohnanspruch zusteht. Andererseits dient das Schwarzarbeitergesetz jedoch nicht dazu, den illegal handelnden Auftraggeber zu bevorzugen, sondern es schützt öffentliche Belange, insbesondere **arbeitsmarktpolitische** Gesichtspunkte. V muss daher an F eine angemessene Vergütung zahlen, die keinesfalls höher sein darf als die vereinbarte. Bereits geleistete Zahlungen kann der V nicht nach den Grundsätzen einer ungerechtfertigten Bereicherung zurückverlangen (BGH, IBR, 2015, 356). Zusätzlich ist von einer angemessenen Vergütung ein deutlicher Abschlag für die **Gewährleistung** vorzunehmen, denn mangels wirksamen Vertrages hat V auch keine Gewährleistungsansprüche. Bereits vorhandene Mängel müssen nicht beseitigt werden. Auch hierfür ist ein Abschlag einzuräumen (vgl. BGH, IBR 1990, 508). In einer neueren Entscheidung hat der BGH entschieden, dass es dem Auftragnehmer jedoch nach Treu und Glauben verwehrt sein kann, sich auf die fehlende Verpflichtung zur Durchführung der Gewährleistungsarbeiten zu berufen (vgl. BGH BauR 2008, 1301 und IBR 2008, 397).

F hat einen Fehler gemacht, als er den Schwarzarbeiterlohn einklagte. Bauverträge können auch **mündlich** abgeschlossen werden. Hierbei ist nicht automatisch von Schwarzarbeit auszugehen. F wäre klüger gewesen, wenn er V eine Bruttorechnung geschickt hätte, in der er die Umsatzsteuer ausgewiesen hätte. Wenn F im Prozess behauptet, er habe nie und nimmer schwarzarbeiten wollen, wäre ihm wohl kaum das Gegenteil zu beweisen.

Die Auswirkung auf die Gewährleistungsverpflichtung wird anhand eines weiteren Beispiels erläutert:

> **Beispiel** (nach BGH, IBR 2013, 609):
>
> Der Auftragnehmer (AN) hat im Auftrag des Auftraggebers (AG) die Hofeinfahrt an dessen Einfamilienhaus gepflastert. Die vereinbarte Vergütung sollte in bar und ohne Rechnung gezahlt werden. Beide Parteien wollten Steuern sparen. Der AG behauptet, die Einfahrt sei uneben, und verlangt Mängelbeseitigungskosten i. H. v. 6.000,00 EUR.

Der AG verliert den Prozess. Der Werkvertrag ist aufgrund der Schwarzgeldabrede nichtig. Dem AG stehen deshalb keine Gewährleistungsansprüche zu.

Eine andere Situation stellt sich dar, wenn der Auftragnehmer lediglich nicht in die **Handwerksrolle** eingetragen ist. Dies führt nicht zur Unwirksamkeit des Vertrages. Dem Auftraggeber steht jedoch ein **Kündigungsrecht** aus wichtigem Grund zu, wenn die auszuführenden Leistungen nach der Handwerksordnung nur von eingetragenen Personen erbracht werden dürfen. Die Rechtsprechung unterstellt in diesen Fällen, dass der nicht eingetragene Handwerker nicht die erforderliche **Sachkunde** für die Ausführung der Arbeiten besitzt (vgl. OLG Hamm, IBR 1994, 148).

Anhang

Anhang A Text der VOB, Teil B (2016)

Allgemeine Vertragsbedingungen für die Ausführung von Bauleistungen

§ 1
Art und Umfang der Leistung

(1) Die auszuführende Leistung wird nach Art und Umfang durch den Vertrag bestimmt. Als Bestandteil des Vertrags gelten auch die Allgemeinen Technischen Vertragsbedingungen für Bauleistungen (VOB/C).

(2) Bei Widersprüchen im Vertrag gelten nacheinander:
   1. die Leistungsbeschreibung,
   2. die Besonderen Vertragsbedingungen,
   3. etwaige Zusätzliche Vertragsbedingungen,
   4. etwaige Zusätzliche Technische Vertragsbedingungen,
   5. die Allgemeinen Technischen Vertragsbedingungen für Bauleistungen,
   6. die Allgemeinen Vertragsbedingungen für die Ausführung von Bauleistungen.

(3) Änderungen des Bauentwurfs anzuordnen, bleibt dem Auftraggeber vorbehalten.

(4) Nicht vereinbarte Leistungen, die zur Ausführung der vertraglichen Leistung erforderlich werden, hat der Auftragnehmer auf Verlangen des Auftraggebers mit auszuführen, außer wenn sein Betrieb auf derartige Leistungen nicht eingerichtet ist. Andere Leistungen können dem Auftragnehmer nur mit seiner Zustimmung übertragen werden.

§ 2
Vergütung

(1) Durch die vereinbarten Preise werden alle Leistungen abgegolten, die nach der Leistungsbeschreibung, den Besonderen Vertragsbedingungen, den Zusätzlichen Vertragsbedingungen, den Zusätzlichen Technischen Vertragsbedingungen, den Allgemeinen Technischen Vertragsbedingungen für Bauleistungen und der gewerblichen Verkehrssitte zur vertraglichen Leistung gehören.

(2) Die Vergütung wird nach den vertraglichen Einheitspreisen und den tatsächlich ausgeführten Leistungen berechnet, wenn keine andere Berechnungsart (z. B. durch Pauschalsumme, nach Stundenlohnsätzen, nach Selbstkosten) vereinbart ist.

(3) 1. Weicht die ausgeführte Menge der unter einem Einheitspreis erfassten Leistung oder Teilleistung um nicht mehr als 10 v. H. von dem im Vertrag vorgesehenen Umfang ab, so gilt der vertragliche Einheitspreis.
   2. Für die über 10 v. H. hinausgehende Überschreitung des Mengenansatzes ist auf Verlangen ein neuer Preis unter Berücksichtigung der Mehr- oder Minderkosten zu vereinbaren.
   3. Bei einer über 10 v. H. hinausgehenden Unterschreitung des Mengenansatzes ist auf Verlangen der Einheitspreis für die tatsächlich ausgeführte Menge der Leistung oder Teilleistung zu erhöhen, soweit der Auftragnehmer nicht durch Erhöhung der Mengen bei anderen Ordnungszahlen (Positionen) oder in anderer Weise einen Ausgleich erhält. Die Erhöhung des Einheitspreises soll im Wesent-

lichen dem Mehrbetrag entsprechen, der sich durch Verteilung der Baustelleneinrichtungs- und Baustellengemeinkosten und der Allgemeinen Geschäftskosten auf die verringerte Menge ergibt. Die Umsatzsteuer wird entsprechend dem neuen Preis vergütet.

4. Sind von der unter einem Einheitspreis erfassten Leistung oder Teilleistung andere Leistungen abhängig, für die eine Pauschalsumme vereinbart ist, so kann mit der Änderung des Einheitspreises auch eine angemessene Änderung der Pauschalsumme gefordert werden.

(4) Werden im Vertrag ausbedungene Leistungen des Auftragnehmers vom Auftraggeber selbst übernommen (z. B. Lieferung von Bau-, Bauhilfs- und Betriebsstoffen), so gilt, wenn nichts anderes vereinbart wird, § 8 Absatz 1 Nummer 2 entsprechend.

(5) Werden durch Änderung des Bauentwurfs oder andere Anordnungen des Auftraggebers die Grundlagen des Preises für eine im Vertrag vorgesehene Leistung geändert, so ist ein neuer Preis unter Berücksichtigung der Mehr- oder Minderkosten zu vereinbaren. Die Vereinbarung soll vor der Ausführung getroffen werden.

(6) 1. Wird eine im Vertrag nicht vorgesehene Leistung gefordert, so hat der Auftragnehmer Anspruch auf besondere Vergütung. Er muss jedoch den Anspruch dem Auftraggeber ankündigen, bevor er mit der Ausführung der Leistung beginnt.

2. Die Vergütung bestimmt sich nach den Grundlagen der Preisermittlung für die vertragliche Leistung und den besonderen Kosten der geforderten Leistung. Sie ist möglichst vor Beginn der Ausführung zu vereinbaren.

(7) 1. Ist als Vergütung der Leistung eine Pauschalsumme vereinbart, so bleibt die Vergütung unverändert. Weicht jedoch die ausgeführte Leistung von der vertraglich vorgesehenen Leistung so erheblich ab, dass ein Festhalten an der Pauschalsumme nicht zumutbar ist (§ 313 BGB), so ist auf Verlangen ein Ausgleich unter Berücksichtigung der Mehr- oder Minderkosten zu gewähren. Für die Bemessung des Ausgleichs ist von den Grundlagen der Preisermittlung auszugehen.

2. Die Regelungen der Absätze 4, 5 und 6 gelten auch bei Vereinbarung einer Pauschalsumme.

3. Wenn nichts anderes vereinbart ist, gelten die Nummern 1 und 2 auch für Pauschalsummen, die für Teile der Leistung vereinbart sind; Absatz 3 Nummer 4 bleibt unberührt.

(8) 1. Leistungen, die der Auftragnehmer ohne Auftrag oder unter eigenmächtiger Abweichung vom Auftrag ausführt, werden nicht vergütet. Der Auftragnehmer hat sie auf Verlangen innerhalb einer angemessenen Frist zu beseitigen; sonst kann es auf seine Kosten geschehen. Er haftet außerdem für andere Schäden, die dem Auftraggeber hieraus entstehen.

2. Eine Vergütung steht dem Auftragnehmer jedoch zu, wenn der Auftraggeber solche Leistungen nachträglich anerkennt. Eine Vergütung steht ihm auch zu, wenn die Leistungen für die Erfüllung des Vertrags notwendig waren, dem mutmaßlichen Willen des Auftraggebers entsprachen und ihm unverzüglich angezeigt wurden. Soweit dem Auftragnehmer eine Vergütung zusteht, gelten die Berechnungsgrundlagen für geänderte oder zusätzliche Leistungen der Absätze 5 oder 6 entsprechend.

3. Die Vorschriften des BGB über die Geschäftsführung ohne Auftrag (§§ 677 ff. BGB) bleiben unberührt.

(9) 1. Verlangt der Auftraggeber Zeichnungen, Berechnungen oder andere Unterlagen, die der Auftragnehmer nach dem Vertrag, besonders den Technischen Vertragsbedingungen oder der gewerblichen Verkehrssitte, nicht zu beschaffen hat, so hat er sie zu vergüten.

2. Lässt er vom Auftragnehmer nicht aufgestellte technische Berechnungen durch den Auftragnehmer nachprüfen, so hat er die Kosten zu tragen.

(10) Stundenlohnarbeiten werden nur vergütet, wenn sie als solche vor ihrem Beginn ausdrücklich vereinbart worden sind (§ 15).

§ 3
Ausführungsunterlagen

(1) Die für die Ausführung nötigen Unterlagen sind dem Auftragnehmer unentgeltlich und rechtzeitig zu übergeben.

(2) Das Abstecken der Hauptachsen der baulichen Anlagen, ebenso der Grenzen des Geländes, das dem Auftragnehmer zur Verfügung gestellt wird, und das Schaffen der notwendigen Höhenfestpunkte in unmittelbarer Nähe der baulichen Anlagen sind Sache des Auftraggebers.

(3) Die vom Auftraggeber zur Verfügung gestellten Geländeaufnahmen und Absteckungen und die übrigen für die Ausführung übergebenen Unterlagen sind für den Auftragnehmer maßgebend. Jedoch hat er sie, soweit es zur ordnungsgemäßen Vertragserfüllung gehört, auf etwaige Unstimmigkeiten zu überprüfen und den Auftraggeber auf entdeckte oder vermutete Mängel hinzuweisen.

(4) Vor Beginn der Arbeiten ist, soweit notwendig, der Zustand der Straßen und Geländeoberfläche, der Vorfluter und Vorflutleitungen, ferner der baulichen Anlagen im Baubereich in einer Niederschrift festzuhalten, die vom Auftraggeber und Auftragnehmer anzuerkennen ist.

(5) Zeichnungen, Berechnungen, Nachprüfungen von Berechnungen oder andere Unterlagen, die der Auftragnehmer nach dem Vertrag, besonders den Technischen Vertragsbedingungen, oder der gewerblichen Verkehrssitte oder auf besonderes Verlangen des Auftraggebers (§ 2 Absatz 9) zu beschaffen hat, sind dem Auftraggeber nach Aufforderung rechtzeitig vorzulegen.

(6) 1. Die in Absatz 5 genannten Unterlagen dürfen ohne Genehmigung ihres Urhebers nicht veröffentlicht, vervielfältigt, geändert oder für einen anderen als den vereinbarten Zweck benutzt werden.

2. An DV-Programmen hat der Auftraggeber das Recht zur Nutzung mit den vereinbarten Leistungsmerkmalen in unveränderter Form auf den festgelegten Geräten. Der Auftraggeber darf zum Zwecke der Datensicherung zwei Kopien herstellen. Diese müssen alle Identifikationsmerkmale enthalten. Der Verbleib der Kopien ist auf Verlangen nachzuweisen.

3. Der Auftragnehmer bleibt unbeschadet des Nutzungsrechts des Auftraggebers zur Nutzung der Unterlagen und der DV-Programme berechtigt.

§ 4
Ausführung

(1) 1. Der Auftraggeber hat für die Aufrechterhaltung der allgemeinen Ordnung auf der Baustelle zu sorgen und das Zusammenwirken der verschiedenen Unternehmer zu regeln. Er hat die erforderlichen öffentlich-rechtlichen Genehmigungen und Erlaubnisse – z. B. nach dem Baurecht, dem Straßenverkehrsrecht, dem Wasserrecht, dem Gewerberecht – herbeizuführen.

2. Der Auftraggeber hat das Recht, die vertragsgemäße Ausführung der Leistung zu überwachen. Hierzu hat er Zutritt zu den Arbeitsplätzen, Werkstätten und Lagerräumen, wo die vertragliche Leistung oder Teile von ihr hergestellt oder die hierfür bestimmten Stoffe und Bauteile gelagert werden. Auf Verlangen sind ihm die Werkzeichnungen oder andere Ausführungsunterlagen sowie die Ergebnisse von Güteprüfungen zur Einsicht vorzulegen und die erforderlichen Auskünfte zu erteilen, wenn hierdurch keine Geschäftsgeheimnisse preisgegeben werden. Als Geschäftsgeheimnis bezeichnete Auskünfte und Unterlagen hat er vertraulich zu behandeln.

3. Der Auftraggeber ist befugt, unter Wahrung der dem Auftragnehmer zustehenden Leitung (Absatz 2) Anordnungen zu treffen, die zur vertragsgemäßen Ausführung der Leistung notwendig sind. Die Anordnungen sind grundsätzlich nur dem Auftragnehmer oder seinem für die Leitung der Ausführung bestellten Vertreter zu erteilen, außer wenn Gefahr im Verzug ist. Dem Auftraggeber ist mitzuteilen, wer jeweils als Vertreter des Auftragnehmers für die Leitung der Ausführung bestellt ist.

4. Hält der Auftragnehmer die Anordnungen des Auftraggebers für unberechtigt oder unzweckmäßig, so hat er seine Bedenken geltend zu machen, die Anordnungen jedoch auf Verlangen auszuführen,

wenn nicht gesetzliche oder behördliche Bestimmungen entgegenstehen. Wenn dadurch eine ungerechtfertigte Erschwerung verursacht wird, hat der Auftraggeber die Mehrkosten zu tragen.

(2) 1. Der Auftragnehmer hat die Leistung unter eigener Verantwortung nach dem Vertrag auszuführen. Dabei hat er die anerkannten Regeln der Technik und die gesetzlichen und behördlichen Bestimmungen zu beachten. Es ist seine Sache, die Ausführung seiner vertraglichen Leistung zu leiten und für Ordnung auf seiner Arbeitsstelle zu sorgen.

2. Er ist für die Erfüllung der gesetzlichen, behördlichen und berufsgenossenschaftlichen Verpflichtungen gegenüber seinen Arbeitnehmern allein verantwortlich. Es ist ausschließlich seine Aufgabe, die Vereinbarungen und Maßnahmen zu treffen, die sein Verhältnis zu den Arbeitnehmern regeln.

(3) Hat der Auftragnehmer Bedenken gegen die vorgesehene Art der Ausführung (auch wegen der Sicherung gegen Unfallgefahren), gegen die Güte der vom Auftraggeber gelieferten Stoffe oder Bauteile oder gegen die Leistungen anderer Unternehmer, so hat er sie dem Auftraggeber unverzüglich – möglichst schon vor Beginn der Arbeiten – schriftlich mitzuteilen; der Auftraggeber bleibt jedoch für seine Angaben, Anordnungen oder Lieferungen verantwortlich.

(4) Der Auftraggeber hat, wenn nichts anderes vereinbart ist, dem Auftragnehmer unentgeltlich zur Benutzung oder Mitbenutzung zu überlassen:

1. die notwendigen Lager- und Arbeitsplätze auf der Baustelle,
2. vorhandene Zufahrtswege und Anschlussgleise,
3. vorhandene Anschlüsse für Wasser und Energie. Die Kosten für den Verbrauch und den Messer oder Zähler trägt der Auftragnehmer, mehrere Auftragnehmer tragen sie anteilig.

(5) Der Auftragnehmer hat die von ihm ausgeführten Leistungen und die ihm für die Ausführung übergebenen Gegenstände bis zur Abnahme vor Beschädigung und Diebstahl zu schützen. Auf Verlangen des Auftraggebers hat er sie vor Winterschäden und Grundwasser zu schützen, ferner Schnee und Eis zu beseitigen. Obliegt ihm die Verpflichtung nach Satz 2 nicht schon nach dem Vertrag, so regelt sich die Vergütung nach § 2 Absatz 6.

(6) Stoffe oder Bauteile, die dem Vertrag oder den Proben nicht entsprechen, sind auf Anordnung des Auftraggebers innerhalb einer von ihm bestimmten Frist von der Baustelle zu entfernen. Geschieht es nicht, so können sie auf Kosten des Auftragnehmers entfernt oder für seine Rechnung veräußert werden.

(7) Leistungen, die schon während der Ausführung als mangelhaft oder vertragswidrig erkannt werden, hat der Auftragnehmer auf eigene Kosten durch mangelfreie zu ersetzen. Hat der Auftragnehmer den Mangel oder die Vertragswidrigkeit zu vertreten, so hat er auch den daraus entstehenden Schaden zu ersetzen. Kommt der Auftragnehmer der Pflicht zur Beseitigung des Mangels nicht nach, so kann ihm der Auftraggeber eine angemessene Frist zur Beseitigung des Mangels setzen und erklären, dass er nach fruchtlosem Ablauf der Frist den Vertrag kündigen werde (§ 8 Absatz 3).

(8) 1. Der Auftragnehmer hat die Leistung im eigenen Betrieb auszuführen. Mit schriftlicher Zustimmung des Auftraggebers darf er sie an Nachunternehmer übertragen. Die Zustimmung ist nicht notwendig bei Leistungen, auf die der Betrieb des Auftragnehmers nicht eingerichtet ist. Erbringt der Auftragnehmer ohne schriftliche Zustimmung des Auftraggebers Leistungen nicht im eigenen Betrieb, obwohl sein Betrieb darauf eingerichtet ist, kann der Auftraggeber ihm eine angemessene Frist zur Aufnahme der Leistung im eigenen Betrieb setzen und erklären, dass er nach fruchtlosem Ablauf der Frist den Vertrag kündigen werde (§ 8 Absatz 3).

2. Der Auftragnehmer hat bei der Weitervergabe von Bauleistungen an Nachunternehmer die Vergabe- und Vertragsordnung für Bauleistungen Teile B und C zugrunde zu legen.

3. Der Auftragnehmer hat dem Auftraggeber die Nachunternehmer und deren Nachunternehmer ohne Aufforderung spätestens bis zum Leistungsbeginn des Nachunternehmers mit Namen, gesetzlichen Vertretern und Kontaktdaten bekannt zu geben. Auf Verlangen des Auftraggebers hat der Auftragnehmer für seine Nachunternehmer Erklärungen und Nachweise zur Eignung vorzulegen.

(9) Werden bei Ausführung der Leistung auf einem Grundstück Gegenstände von Altertums-, Kunst- oder wissenschaftlichem Wert entdeckt, so hat der Auftragnehmer vor jedem weiteren Aufdecken oder Ändern dem Auftraggeber den Fund anzuzeigen und ihm die Gegenstände nach näherer Weisung abzuliefern. Die Vergütung etwaiger Mehrkosten regelt sich nach § 2 Absatz 6. Die Rechte des Entdeckers (§ 984 BGB) hat der Auftraggeber.

(10) Der Zustand von Teilen der Leistung ist auf Verlangen gemeinsam von Auftraggeber und Auftragnehmer festzustellen, wenn diese Teile der Leistung durch die weitere Ausführung der Prüfung und Feststellung entzogen werden. Das Ergebnis ist schriftlich niederzulegen.

§ 5
Ausführungsfristen

(1) Die Ausführung ist nach den verbindlichen Fristen (Vertragsfristen) zu beginnen, angemessen zu fördern und zu vollenden. In einem Bauzeitenplan enthaltene Einzelfristen gelten nur dann als Vertragsfristen, wenn dies im Vertrag ausdrücklich vereinbart ist.

(2) Ist für den Beginn der Ausführung keine Frist vereinbart, so hat der Auftraggeber dem Auftragnehmer auf Verlangen Auskunft über den voraussichtlichen Beginn zu erteilen. Der Auftragnehmer hat innerhalb von 12 Werktagen nach Aufforderung zu beginnen. Der Beginn der Ausführung ist dem Auftraggeber anzuzeigen.

(3) Wenn Arbeitskräfte, Geräte, Gerüste, Stoffe oder Bauteile so unzureichend sind, dass die Ausführungsfristen offenbar nicht eingehalten werden können, muss der Auftragnehmer auf Verlangen unverzüglich Abhilfe schaffen.

(4) Verzögert der Auftragnehmer den Beginn der Ausführung, gerät er mit der Vollendung in Verzug, oder kommt er der in Absatz 3 erwähnten Verpflichtung nicht nach, so kann der Auftraggeber bei Aufrechterhaltung des Vertrages Schadensersatz nach § 6 Absatz 6 verlangen oder dem Auftragnehmer eine angemessene Frist zur Vertragserfüllung setzen und erklären, dass er nach fruchtlosem Ablauf der Frist den Vertrag kündigen werde (§ 8 Absatz 3).

§ 6
Behinderung und Unterbrechung der Ausführung

(1) Glaubt sich der Auftragnehmer in der ordnungsgemäßen Ausführung der Leistung behindert, so hat er es dem Auftraggeber unverzüglich schriftlich anzuzeigen. Unterlässt er die Anzeige, so hat er nur dann Anspruch auf Berücksichtigung der hindernden Umstände, wenn dem Auftraggeber offenkundig die Tatsache und deren hindernde Wirkung bekannt waren.

(2) 1. Ausführungsfristen werden verlängert, soweit die Behinderung verursacht ist:
   a) durch einen Umstand aus dem Risikobereich des Auftraggebers,
   b) durch Streik oder eine von der Berufsvertretung der Arbeitgeber angeordnete Aussperrung im Betrieb des Auftragnehmers oder in einem unmittelbar für ihn arbeitenden Betrieb,
   c) durch höhere Gewalt oder andere für den Auftragnehmer unabwendbare Umstände.
2. Witterungseinflüsse während der Ausführungszeit, mit denen bei Abgabe des Angebots normalerweise gerechnet werden musste, gelten nicht als Behinderung.

(3) Der Auftragnehmer hat alles zu tun, was ihm billigerweise zugemutet werden kann, um die Weiterführung der Arbeiten zu ermöglichen. Sobald die hindernden Umstände wegfallen, hat er ohne weiteres und unverzüglich die Arbeiten wieder aufzunehmen und den Auftraggeber davon zu benachrichtigen.

(4) Die Fristverlängerung wird berechnet nach der Dauer der Behinderung mit einem Zuschlag für die Wiederaufnahme der Arbeiten und die etwaige Verschiebung in eine ungünstigere Jahreszeit.

(5) Wird die Ausführung für voraussichtlich längere Dauer unterbrochen, ohne dass die Leistung dauernd unmöglich wird, so sind die ausgeführten Leistungen nach den Vertragspreisen abzurechnen und außerdem die Kosten zu vergüten, die dem Auftragnehmer bereits entstanden und in den Vertragspreisen des nicht ausgeführten Teils der Leistung enthalten sind.

(6) Sind die hindernden Umstände von einem Vertragsteil zu vertreten, so hat der andere Teil Anspruch auf Ersatz des nachweislich entstandenen Schadens, des entgangenen Gewinns aber nur bei Vorsatz oder grober Fahrlässigkeit. Im Übrigen bleibt der Anspruch des Auftragnehmers auf angemessene Entschädigung nach § 642 BGB unberührt, sofern die Anzeige nach Absatz 1 Satz 1 erfolgt oder wenn Offenkundigkeit nach Absatz 1 Satz 2 gegeben ist.

(7) Dauert eine Unterbrechung länger als 3 Monate, so kann jeder Teil nach Ablauf dieser Zeit den Vertrag schriftlich kündigen. Die Abrechnung regelt sich nach den Absätzen 5 und 6; wenn der Auftragnehmer die Unterbrechung nicht zu vertreten hat, sind auch die Kosten der Baustellenräumung zu vergüten, soweit sie nicht in der Vergütung für die bereits ausgeführten Leistungen enthalten sind.

§ 7
Verteilung der Gefahr

(1) Wird die ganz oder teilweise ausgeführte Leistung vor der Abnahme durch höhere Gewalt, Krieg, Aufruhr oder andere objektiv unabwendbare vom Auftragnehmer nicht zu vertretende Umstände beschädigt oder zerstört, so hat dieser für die ausgeführten Teile der Leistung die Ansprüche nach § 6 Absatz 5; für andere Schäden besteht keine gegenseitige Ersatzpflicht.

(2) Zu der ganz oder teilweise ausgeführten Leistung gehören alle mit der baulichen Anlage unmittelbar verbundenen, in ihre Substanz eingegangenen Leistungen, unabhängig von deren Fertigstellungsgrad.

(3) Zu der ganz oder teilweise ausgeführten Leistung gehören nicht die noch nicht eingebauten Stoffe und Bauteile sowie die Baustelleneinrichtung und Absteckungen. Zu der ganz oder teilweise ausgeführten Leistung gehören ebenfalls nicht Hilfskonstruktionen und Gerüste, auch wenn diese als Besondere Leistung oder selbstständig vergeben sind.

§ 8
Kündigung durch den Auftraggeber

(1) 1. Der Auftraggeber kann bis zur Vollendung der Leistung jederzeit den Vertrag kündigen.

2. Dem Auftragnehmer steht die vereinbarte Vergütung zu. Er muss sich jedoch anrechnen lassen, was er infolge der Aufhebung des Vertrags an Kosten erspart oder durch anderweitige Verwendung seiner Arbeitskraft und seines Betriebs erwirbt oder zu erwerben böswillig unterlässt (§ 649 BGB).

(2) 1. Der Auftraggeber kann den Vertrag kündigen, wenn der Auftragnehmer seine Zahlungen einstellt, von ihm oder zulässigerweise vom Auftraggeber oder einem anderen Gläubiger das Insolvenzverfahren (§§ 14 und 15 InsO) beziehungsweise ein vergleichbares gesetzliches Verfahren beantragt ist, ein solches Verfahren eröffnet wird oder dessen Eröffnung mangels Masse abgelehnt wird.

2. Die ausgeführten Leistungen sind nach § 6 Absatz 5 abzurechnen. Der Auftraggeber kann Schadensersatz wegen Nichterfüllung des Restes verlangen.

(3) 1. Der Auftraggeber kann den Vertrag kündigen, wenn in den Fällen des § 4 Absatz 7 und 8 Nummer 1 und des § 5 Absatz 4 die gesetzte Frist fruchtlos abgelaufen ist. Die Kündigung kann auf einen in sich abgeschlossenen Teil der vertraglichen Leistung beschränkt werden.

2. Nach der Kündigung ist der Auftraggeber berechtigt, den noch nicht vollendeten Teil der Leistung zu Lasten des Auftragnehmers durch einen Dritten ausführen zu lassen, doch bleiben seine Ansprüche auf Ersatz des etwa entstehenden weiteren Schadens bestehen. Er ist auch berechtigt, auf die weitere Ausführung zu verzichten und Schadensersatz wegen Nichterfüllung zu verlangen, wenn die Ausführung aus den Gründen, die zur Kündigung geführt haben, für ihn kein Interesse mehr hat.

3. Für die Weiterführung der Arbeiten kann der Auftraggeber Geräte, Gerüste, auf der Baustelle vorhandene andere Einrichtungen und angelieferte Stoffe und Bauteile gegen angemessene Vergütung in Anspruch nehmen.
4. Der Auftraggeber hat dem Auftragnehmer eine Aufstellung über die entstandenen Mehrkosten und über seine anderen Ansprüche spätestens binnen 12 Werktagen nach Abrechnung mit dem Dritten zuzusenden.

(4) Der Auftraggeber kann den Vertrag kündigen,
1. wenn der Auftragnehmer aus Anlass der Vergabe eine Abrede getroffen hatte, die eine unzulässige Wettbewerbsbeschränkung darstellt. Absatz 3 Nummer 1 Satz 2 und Nummer 2 bis 4 gilt entsprechend.
2. sofern dieser im Anwendungsbereich des 4. Teils des GWB geschlossen wurde,
    a) wenn der Auftragnehmer wegen eines zwingenden Ausschlussgrundes zum Zeitpunkt des Zuschlags nicht hätte beauftragt werden dürfen. Absatz 3 Nummer 1 Satz 2 und Nummer 2 bis 4 gilt entsprechend.
    b) bei wesentlicher Änderung des Vertrages oder bei Feststellung einer schweren Verletzung der Verträge über die Europäische Union und die Arbeitsweise der Europäischen Union durch den Europäischen Gerichtshof. Die ausgeführten Leistungen sind nach § 6 Absatz 5 abzurechnen. Etwaige Schadensersatzansprüche der Parteien bleiben unberührt.

Die Kündigung ist innerhalb von 12 Werktagen nach Bekanntwerden des Kündigungsgrundes auszusprechen.

(5) Sofern der Auftragnehmer die Leistung, ungeachtet des Anwendungsbereichs des 4. Teils des GWB, ganz oder teilweise an Nachunternehmer weitervergeben hat, steht auch ihm das Kündigungsrecht gemäß Absatz 4 Nummer 2 Buchstabe b zu, wenn der ihn als Auftragnehmer verpflichtende Vertrag (Hauptauftrag) gemäß Absatz 4 Nummer 2 Buchstabe b gekündigt wurde. Entsprechendes gilt für den Auftraggeber der Nachunternehmerkette, sofern sein jeweiliger Auftraggeber den Vertrag gemäß Satz 1 gekündigt hat.

(5)/(6) Die Kündigung ist schriftlich zu erklären.

(6)/(7) Der Auftragnehmer kann Aufmaß und Abnahme der von ihm ausgeführten Leistungen alsbald nach der Kündigung verlangen; er hat unverzüglich eine prüfbare Rechnung über die ausgeführten Leistungen vorzulegen.

(7)/(8) Eine wegen Verzugs verwirkte, nach Zeit bemessene Vertragsstrafe kann nur Zeit bis zum Tag der Kündigung des Vertrags gefordert werden.

§ 9
Kündigung durch den Auftragnehmer

(1) Der Auftragnehmer kann den Vertrag kündigen:
1. wenn der Auftraggeber eine ihm obliegende Handlung unterlässt und dadurch den Auftragnehmer außerstande setzt, die Leistung auszuführen (Annahmeverzug nach §§ 293 ff. BGB),
2. wenn der Auftraggeber eine fällige Zahlung nicht leistet oder sonst in Schuldnerverzug gerät.

(2) Die Kündigung ist schriftlich zu erklären. Sie ist erst zulässig, wenn der Auftragnehmer dem Auftraggeber ohne Erfolg eine angemessene Frist zur Vertragserfüllung gesetzt und erklärt hat, dass er nach fruchtlosem Ablauf der Frist den Vertrag kündigen werde.

(3) Die bisherigen Leistungen sind nach den Vertragspreisen abzurechnen. Außerdem hat der Auftragnehmer Anspruch auf angemessene Entschädigung nach § 642 BGB; etwaige weitergehende Ansprüche des Auftragnehmers bleiben unberührt.

§ 10
Haftung der Vertragsparteien

(1) Die Vertragsparteien haften einander für eigenes Verschulden sowie für das Verschulden ihrer gesetzlichen Vertreter und der Personen, deren sie sich zur Erfüllung ihrer Verbindlichkeiten bedienen (§§ 276, 278 BGB).

(2) 1. Entsteht einem Dritten im Zusammenhang mit der Leistung ein Schaden, für den auf Grund gesetzlicher Haftpflichtbestimmungen beide Vertragsparteien haften, so gelten für den Ausgleich zwischen den Vertragsparteien die allgemeinen gesetzlichen Bestimmungen, soweit im Einzelfall nichts anderes vereinbart ist. Soweit der Schaden des Dritten nur die Folge einer Maßnahme ist, die der Auftraggeber in dieser Form angeordnet hat, trägt er den Schaden allein, wenn ihn der Auftragnehmer auf die mit der angeordneten Ausführung verbundene Gefahr nach § 4 Absatz 3 hingewiesen hat.

2. Der Auftragnehmer trägt den Schaden allein, soweit er ihn durch Versicherung seiner gesetzlichen Haftpflicht gedeckt hat oder durch eine solche zu tarifmäßigen, nicht auf außergewöhnliche Verhältnisse abgestellten Prämien und Prämienzuschlägen bei einem im Inland zum Geschäftsbetrieb zugelassenen Versicherer hätte decken können.

(3) Ist der Auftragnehmer einem Dritten nach den §§ 823 ff. BGB zu Schadensersatz verpflichtet wegen unbefugten Betretens oder Beschädigung angrenzender Grundstücke, wegen Entnahme oder Auflagerung von Boden oder anderen Gegenständen außerhalb der vom Auftraggeber dazu angewiesenen Flächen oder wegen der Folgen eigenmächtiger Versperrung von Wegen oder Wasserläufen, so trägt er im Verhältnis zum Auftraggeber den Schaden allein.

(4) Für die Verletzung gewerblicher Schutzrechte haftet im Verhältnis der Vertragsparteien zueinander der Auftragnehmer allein, wenn er selbst das geschützte Verfahren oder die Verwendung geschützter Gegenstände angeboten oder wenn der Auftraggeber die Verwendung vorgeschrieben und auf das Schutzrecht hingewiesen hat.

(5) Ist eine Vertragspartei gegenüber der anderen nach den Absätzen 2, 3 oder 4 von der Ausgleichspflicht befreit, so gilt diese Befreiung auch zugunsten ihrer gesetzlichen Vertreter und Erfüllungsgehilfen, wenn sie nicht vorsätzlich oder grob fahrlässig gehandelt haben.

(6) Soweit eine Vertragspartei von dem Dritten für einen Schaden in Anspruch genommen wird, den nach den Absätzen 2, 3 oder 4 die andere Vertragspartei zu tragen hat, kann sie verlangen, dass ihre Vertragspartei sie von der Verbindlichkeit gegenüber dem Dritten befreit. Sie darf den Anspruch des Dritten nicht anerkennen oder befriedigen, ohne der anderen Vertragspartei vorher Gelegenheit zur Äußerung gegeben zu haben.

§ 11
Vertragsstrafe

(1) Wenn Vertragsstrafen vereinbart sind, gelten die §§ 339 bis 345 BGB.

(2) Ist die Vertragsstrafe für den Fall vereinbart, dass der Auftragnehmer nicht in der vorgesehenen Frist erfüllt, so wird sie fällig, wenn der Auftragnehmer in Verzug gerät.

(3) Ist die Vertragsstrafe nach Tagen bemessen, so zählen nur Werktage; ist sie nach Wochen bemessen, so wird jeder Werktag angefangener Wochen als 1/6 Woche gerechnet.

(4) Hat der Auftraggeber die Leistung abgenommen, so kann er die Strafe nur verlangen, wenn er dies bei der Abnahme vorbehalten hat.

§ 12
Abnahme

(1) Verlangt der Auftragnehmer nach der Fertigstellung – gegebenenfalls auch vor Ablauf der vereinbarten Ausführungsfrist – die Abnahme der Leistung, so hat sie der Auftraggeber binnen 12 Werktagen durchzuführen; eine andere Frist kann vereinbart werden.

(2) Auf Verlangen sind in sich abgeschlossene Teile der Leistung besonders abzunehmen.

(3) Wegen wesentlicher Mängel kann die Abnahme bis zur Beseitigung verweigert werden.

(4) 1. Eine förmliche Abnahme hat stattzufinden, wenn eine Vertragspartei es verlangt. Jede Partei kann auf ihre Kosten einen Sachverständigen zuziehen. Der Befund ist in gemeinsamer Verhandlung schriftlich niederzulegen. In die Niederschrift sind etwaige Vorbehalte wegen bekannter Mängel und wegen Vertragsstrafen aufzunehmen, ebenso etwaige Einwendungen des Auftragnehmers. Jede Partei erhält eine Ausfertigung.

2. Die förmliche Abnahme kann in Abwesenheit des Auftragnehmers stattfinden, wenn der Termin vereinbart war oder der Auftraggeber mit genügender Frist dazu eingeladen hatte. Das Ergebnis der Abnahme ist dem Auftragnehmer alsbald mitzuteilen.

(5) 1. Wird keine Abnahme verlangt, so gilt die Leistung als abgenommen mit Ablauf von 12 Werktagen nach schriftlicher Mitteilung über die Fertigstellung der Leistung.

2. Wird keine Abnahme verlangt und hat der Auftraggeber die Leistung oder einen Teil der Leistung in Benutzung genommen, so gilt die Abnahme nach Ablauf von 6 Werktagen nach Beginn der Benutzung als erfolgt, wenn nichts anderes vereinbart ist. Die Benutzung von Teilen einer baulichen Anlage zur Weiterführung der Arbeiten gilt nicht als Abnahme.

3. Vorbehalte wegen bekannter Mängel oder wegen Vertragsstrafen hat der Auftraggeber spätestens zu den in den Nummern 1 und 2 bezeichneten Zeitpunkten geltend zu machen.

(6) Mit der Abnahme geht die Gefahr auf den Auftraggeber über, soweit er sie nicht schon nach § 7 trägt.

§ 13
Mängelansprüche

(1) Der Auftragnehmer hat dem Auftraggeber seine Leistung zum Zeitpunkt der Abnahme frei von Sachmängeln zu verschaffen. Die Leistung ist zur Zeit der Abnahme frei von Sachmängeln, wenn sie die vereinbarte Beschaffenheit hat und den anerkannten Regeln der Technik entspricht. Ist die Beschaffenheit nicht vereinbart, so ist die Leistung zur Zeit der Abnahme frei von Sachmängeln,

1. wenn sie sich für die nach dem Vertrag vorausgesetzte, sonst
2. für die gewöhnliche Verwendung eignet und eine Beschaffenheit aufweist, die bei Werken der gleichen Art üblich ist und die der Auftraggeber nach der Art der Leistung erwarten kann.

(2) Bei Leistungen nach Probe gelten die Eigenschaften der Probe als vereinbarte Beschaffenheit, soweit nicht Abweichungen nach der Verkehrssitte als bedeutungslos anzusehen sind. Dies gilt auch für Proben, die erst nach Vertragsabschluss als solche anerkannt sind.

(3) Ist ein Mangel zurückzuführen auf die Leistungsbeschreibung oder auf Anordnungen des Auftraggebers, auf die von diesem gelieferten oder vorgeschriebenen Stoffe oder Bauteile oder die Beschaffenheit der Vorleistung eines anderen Unternehmers, haftet der Auftragnehmer, es sei denn, er hat die ihm nach § 4 Absatz 3 obliegende Mitteilung gemacht.

(4) 1. Ist für Mängelansprüche keine Verjährungsfrist im Vertrag vereinbart, so beträgt sie für Bauwerke 4 Jahre, für andere Werke, deren Erfolg in der Herstellung, Wartung oder Veränderung einer Sache besteht, und für die vom Feuer berührten Teile von Feuerungsanlagen 2 Jahre. Abweichend von Satz 1 beträgt die Verjährungsfrist für feuerberührte und abgasdämmende Teile von industriellen Feuerungsanlagen 1 Jahr.

2. Ist für Teile von maschinellen und elektrotechnischen/elektronischen Anlagen, bei denen die Wartung Einfluss auf Sicherheit und Funktionsfähigkeit hat, nichts anderes vereinbart, beträgt für diese Anlagenteile die Verjährungsfrist für Mängelansprüche abweichend von Nummer 1 zwei Jahre, wenn der Auftraggeber sich dafür entschieden hat, dem Auftragnehmer die Wartung für die Dauer der Verjährungsfrist nicht zu übertragen; dies gilt auch, wenn für weitere Leistungen eine andere Verjährungsfrist vereinbart ist.

3. Die Frist beginnt mit der Abnahme der gesamten Leistung; nur für in sich abgeschlossene Teile der Leistung beginnt sie mit der Teilabnahme (§ 12 Absatz 2).

(5) 1. Der Auftragnehmer ist verpflichtet, alle während der Verjährungsfrist hervortretenden Mängel, die auf vertragswidrige Leistung zurückzuführen sind, auf seine Kosten zu beseitigen, wenn es der Auftraggeber vor Ablauf der Frist schriftlich verlangt. Der Anspruch auf Beseitigung der gerügten Mängel verjährt in 2 Jahren, gerechnet vom Zugang des schriftlichen Verlangens an, jedoch nicht vor Ablauf der Regelfristen nach Absatz 4 oder der an ihrer Stelle vereinbarten Frist. Nach Abnahme der Mängelbeseitigungsleistung beginnt für diese Leistung eine Verjährungsfrist von 2 Jahren neu, die jedoch nicht vor Ablauf der Regelfristen nach Absatz 4 oder der an ihrer Stelle vereinbarten Frist endet.

2. Kommt der Auftragnehmer der Aufforderung zur Mängelbeseitigung in einer vom Auftraggeber gesetzten angemessenen Frist nicht nach, so kann der Auftraggeber die Mängel auf Kosten des Auftragnehmers beseitigen lassen.

(6) Ist die Beseitigung des Mangels für den Auftraggeber unzumutbar oder ist sie unmöglich oder würde sie einen unverhältnismäßig hohen Aufwand erfordern und wird sie deshalb vom Auftragnehmer verweigert, so kann der Auftraggeber durch Erklärung gegenüber dem Auftragnehmer die Vergütung mindern (§ 638 BGB).

(7) 1. Der Auftragnehmer haftet bei schuldhaft verursachten Mängeln für Schäden aus der Verletzung des Lebens, des Körpers oder der Gesundheit.

2. Bei vorsätzlich oder grob fahrlässig verursachten Mängeln haftet er für alle Schäden.

3. Im Übrigen ist dem Auftraggeber der Schaden an der baulichen Anlage zu ersetzen, zu deren Herstellung, Instandhaltung oder Änderung die Leistung dient, wenn ein wesentlicher Mangel vorliegt, der die Gebrauchsfähigkeit erheblich beeinträchtigt und auf ein Verschulden des Auftragnehmers zurückzuführen ist. Einen darüber hinausgehenden Schaden hat der Auftragnehmer nur dann zu ersetzen,

   a) wenn der Mangel auf einem Verstoß gegen die anerkannten Regeln der Technik beruht,
   b) wenn der Mangel in dem Fehlen einer vertraglich vereinbarten Beschaffenheit besteht oder
   c) soweit der Auftragnehmer den Schaden durch Versicherung seiner gesetzlichen Haftpflicht gedeckt hat oder durch eine solche zu tarifmäßigen, nicht auf außergewöhnliche Verhältnisse abgestellten Prämien und Prämienzuschlägen bei einem im Inland zum Geschäftsbetrieb zugelassenen Versicherer hätte decken können.

4. Abweichend von Absatz 4 gelten die gesetzlichen Verjährungsfristen, soweit sich der Auftragnehmer nach Nummer 3 durch Versicherung geschützt hat oder hätte schützen können oder soweit ein besonderer Versicherungsschutz vereinbart ist.

5. Eine Einschränkung oder Erweiterung der Haftung kann in begründeten Sonderfällen vereinbart werden.

§ 14
Abrechnung

(1) Der Auftragnehmer hat seine Leistungen prüfbar abzurechnen. Er hat die Rechnungen übersichtlich aufzustellen und dabei die Reihenfolge der Posten einzuhalten und die in den Vertragsbestandteilen enthaltenen Bezeichnungen zu verwenden. Die zum Nachweis von Art und Umfang der Leistung erforderlichen Mengenberechnungen, Zeichnungen und andere Belege sind beizufügen. Änderungen und Ergänzungen des Vertrags sind in der Rechnung besonders kenntlich zu machen; sie sind auf Verlangen getrennt abzurechnen.

(2) Die für die Abrechnung notwendigen Feststellungen sind dem Fortgang der Leistung entsprechend möglichst gemeinsam vorzunehmen. Die Abrechnungsbestimmungen in den Technischen Vertragsbedingungen und den anderen Vertragsunterlagen sind zu beachten. Für Leistungen, die bei Weiterführung der Arbeiten nur schwer feststellbar sind, hat der Auftragnehmer rechtzeitig gemeinsame Feststellungen zu beantragen.

(3) Die Schlussrechnung muss bei Leistungen mit einer vertraglichen Ausführungsfrist von höchstens 3 Monaten spätestens 12 Werktage nach Fertigstellung eingereicht werden, wenn nichts anderes vereinbart ist; diese Frist wird um je 6 Werktage für je weitere 3 Monate Ausführungsfrist verlängert.

(4) Reicht der Auftragnehmer eine prüfbare Rechnung nicht ein, obwohl ihm der Auftraggeber dafür eine angemessene Frist gesetzt hat, so kann sie der Auftraggeber selbst auf Kosten des Auftragnehmers aufstellen.

§ 15
Stundenlohnarbeiten

(1) 1. Stundenlohnarbeiten werden nach den vertraglichen Vereinbarungen abgerechnet.

2. Soweit für die Vergütung keine Vereinbarungen getroffen worden sind, gilt die ortsübliche Vergütung. Ist diese nicht zu ermitteln, so werden die Aufwendungen des Auftragnehmers für Lohn- und Gehaltskosten der Baustelle, Lohn- und Gehaltsnebenkosten der Baustelle, Stoffkosten der Baustelle, Kosten der Einrichtungen, Geräte, Maschinen und maschinellen Anlagen der Baustelle, Fracht-, Fuhr- und Ladekosten, Sozialkassenbeiträge und Sonderkosten, die bei wirtschaftlicher Betriebsführung entstehen, mit angemessenen Zuschlägen für Gemeinkosten und Gewinn (einschließlich allgemeinem Unternehmerwagnis) zuzüglich Umsatzsteuer vergütet.

(2) Verlangt der Auftraggeber, dass die Stundenlohnarbeiten durch einen Polier oder eine andere Aufsichtsperson beaufsichtigt werden, oder ist die Aufsicht nach den einschlägigen Unfallverhütungsvorschriften notwendig, so gilt Absatz 1 entsprechend.

(3) Dem Auftraggeber ist die Ausführung von Stundenlohnarbeiten vor Beginn anzuzeigen. Über die geleisteten Arbeitsstunden und den dabei erforderlichen, besonders zu vergütenden Aufwand für den Verbrauch von Stoffen, für Vorhaltung von Einrichtungen, Geräten, Maschinen und maschinellen Anlagen, für Frachten, Fuhr- und Ladeleistungen sowie etwaige Sonderkosten sind, wenn nichts anderes vereinbart ist, je nach der Verkehrssitte werktäglich oder wöchentlich Listen (Stundenlohnzettel) einzureichen. Der Auftraggeber hat die von ihm bescheinigten Stundenlohnzettel unverzüglich, spätestens jedoch innerhalb von 6 Werktagen nach Zugang, zurückzugeben. Dabei kann er Einwendungen auf den Stundenlohnzetteln oder gesondert schriftlich erheben. Nicht fristgemäß zurückgegebene Stundenlohnzettel gelten als anerkannt.

(4) Stundenlohnrechnungen sind alsbald nach Abschluss der Stundenlohnarbeiten, längstens jedoch in Abständen von 4 Wochen, einzureichen. Für die Zahlung gilt § 16.

(5) Wenn Stundenlohnarbeiten zwar vereinbart waren, über den Umfang der Stundenlohnleistungen aber mangels rechtzeitiger Vorlage der Stundenlohnzettel Zweifel bestehen, so kann der Auftraggeber verlangen, dass für die nachweisbar ausgeführten Leistungen eine Vergütung vereinbart wird, die nach Maßgabe von Absatz 1 Nummer 2 für einen wirtschaftlich vertretbaren Aufwand an Arbeitszeit und Verbrauch von Stoffen, für Vorhaltung von Einrichtungen, Geräten, Maschinen und maschinellen Anlagen, für Frachten, Fuhr- und Ladeleistungen sowie etwaige Sonderkosten ermittelt wird.

§ 16
Zahlung

(1) 1. Abschlagszahlungen sind auf Antrag in möglichst kurzen Zeitabständen oder zu den vereinbarten Zeitpunkten zu gewähren, und zwar in Höhe des Wertes der jeweils nachgewiesenen vertragsgemäßen Leistungen einschließlich des ausgewiesenen, darauf entfallenden Umsatzsteuerbetrages. Die Leistungen sind durch eine prüfbare Aufstellung nachzuweisen, die eine rasche und sichere Beurteilung der Leistungen ermöglichen muss. Als Leistungen gelten hierbei auch die für die geforderte Leistung eigens angefertigten und bereitgestellten Bauteile sowie die auf der Baustelle angelieferten Stoffe und Bauteile, wenn dem Auftraggeber nach seiner Wahl das Eigentum an ihnen übertragen ist oder entsprechende Sicherheit gegeben wird.

2. Gegenforderungen können einbehalten werden. Andere Einbehalte sind nur in den im Vertrag und in den gesetzlichen Bestimmungen vorgesehenen Fällen zulässig.

3. Ansprüche auf Abschlagszahlungen werden binnen 21 Tagen nach Zugang der Aufstellung fällig.

4. Die Abschlagszahlungen sind ohne Einfluss auf die Haftung des Auftragnehmers; sie gelten nicht als Abnahme von Teilen der Leistung.

(2) 1. Vorauszahlungen können auch nach Vertragsabschluss vereinbart werden; hierfür ist auf Verlangen des Auftraggebers ausreichende Sicherheit zu leisten. Diese Vorauszahlungen sind, sofern nichts anderes vereinbart wird, mit 3 v. H. über dem Basiszinssatz des § 247 BGB zu verzinsen.

2. Vorauszahlungen sind auf die nächstfälligen Zahlungen anzurechnen, soweit damit Leistungen abzugelten sind, für welche die Vorauszahlungen gewährt worden sind.

(3) 1. Der Anspruch auf Schlusszahlung wird alsbald nach Prüfung und Feststellung fällig, spätestens innerhalb von 30 Tagen nach Zugang der Schlussrechnung. Die Frist verlängert sich auf höchstens 60 Tage, wenn sie aufgrund der besonderen Natur oder Merkmale der Vereinbarung sachlich gerechtfertigt ist und ausdrücklich vereinbart wurde. Werden Einwendungen gegen die Prüfbarkeit unter Angabe der Gründe nicht bis zum Ablauf der jeweiligen Frist erhoben, kann der Auftraggeber sich nicht mehr auf die fehlende Prüfbarkeit berufen. Die Prüfung der Schlussrechnung ist nach Möglichkeit zu beschleunigen. Verzögert sie sich, so ist das unbestrittene Guthaben als Abschlagszahlung sofort zu zahlen.

2. Die vorbehaltlose Annahme der Schlusszahlung schließt Nachforderungen aus, wenn der Auftragnehmer über die Schlusszahlung schriftlich unterrichtet und auf die Ausschlusswirkung hingewiesen wurde.

3. Einer Schlusszahlung steht es gleich, wenn der Auftraggeber unter Hinweis auf geleistete Zahlungen weitere Zahlungen endgültig und schriftlich ablehnt.

4. Auch früher gestellte, aber unerledigte Forderungen werden ausgeschlossen, wenn sie nicht nochmals vorbehalten werden.

5. Ein Vorbehalt ist innerhalb von 28 Tagen nach Zugang der Mitteilung nach den Nummern 2 und 3 über die Schlusszahlung zu erklären. Er wird hinfällig, wenn nicht innerhalb von weiteren 28 Tagen – beginnend am Tag nach Ablauf der in Satz 1 genannten 28 Tage – eine prüfbare Rechnung über die vorbehaltenen Forderungen eingereicht oder, wenn das nicht möglich ist, der Vorbehalt eingehend begründet wird.

6. Die Ausschlussfristen gelten nicht für ein Verlangen nach Richtigstellung der Schlussrechnung und -zahlung wegen Aufmaß-, Rechen- und Übertragungsfehlern.

(4) In sich abgeschlossene Teile der Leistung können nach Teilabnahme ohne Rücksicht auf die Vollendung der übrigen Leistungen endgültig festgestellt und bezahlt werden.

(5) 1. Alle Zahlungen sind aufs Äußerste zu beschleunigen.

2. Nicht vereinbarte Skontoabzüge sind unzulässig.

3. Zahlt der Auftraggeber bei Fälligkeit nicht, so kann ihm der Auftragnehmer eine angemessene Nachfrist setzen. Zahlt er auch innerhalb der Nachfrist nicht, so hat der Auftragnehmer vom Ende der Nachfrist an Anspruch auf Zinsen in Höhe der in § 288 Absatz 2 BGB angegebenen Zinssätze, wenn er nicht einen höheren Verzugsschaden nachweist. Der Auftraggeber kommt jedoch, ohne dass es einer Nachfristsetzung bedarf, spätestens 30 Tage nach Zugang der Rechnung oder der Aufstellung bei Abschlagszahlungen in Zahlungsverzug, wenn der Auftragnehmer seine vertraglichen und gesetzlichen Verpflichtungen erfüllt und den fälligen Entgeltbetrag nicht rechtzeitig erhalten hat, es sei denn, der Auftraggeber ist für den Zahlungsverzug nicht verantwortlich. Die Frist verlängert sich auf höchstens 60 Tage, wenn sie aufgrund der besonderen Natur oder Merkmale der Vereinbarung sachlich gerechtfertigt ist und ausdrücklich vereinbart wurde.

4. Der Auftragnehmer darf die Arbeiten bei Zahlungsverzug bis zur Zahlung einstellen, sofern eine dem Auftraggeber zuvor gesetzte angemessene Frist erfolglos verstrichen ist.

(6) Der Auftraggeber ist berechtigt, zur Erfüllung seiner Verpflichtungen aus den Absätzen 1 bis 5 Zahlungen an Gläubiger des Auftragnehmers zu leisten, soweit sie an der Ausführung der vertraglichen Leistung des Auftragnehmers aufgrund eines mit diesem abgeschlossenen Dienst- oder Werkvertrags beteiligt sind, wegen Zahlungsverzugs des Auftragnehmers die Fortsetzung ihrer Leistung zu Recht verweigern und die Direktzahlung die Fortsetzung der Leistung sicherstellen soll. Der Auftragnehmer ist verpflichtet, sich auf Verlangen des Auftraggebers innerhalb einer von diesem gesetzten Frist darüber zu erklären, ob und inwieweit er die Forderungen seiner Gläubiger anerkennt; wird diese Erklärung nicht rechtzeitig abgegeben, so gelten die Voraussetzungen für die Direktzahlung als anerkannt.

§ 17
Sicherheitsleistung

(1) 1. Wenn Sicherheitsleistung vereinbart ist, gelten die §§ 232 bis 240 BGB, soweit sich aus den nachstehenden Bestimmungen nichts anderes ergibt.

2. Die Sicherheit dient dazu, die vertragsgemäße Ausführung der Leistung und die Mängelansprüche sicherzustellen.

(2) Wenn im Vertrag nichts anderes vereinbart ist, kann Sicherheit durch Einbehalt oder Hinterlegung von Geld oder durch Bürgschaft eines Kreditinstituts oder Kreditversicherers geleistet werden, sofern das Kreditinstitut oder der Kreditversicherer

1. in der Europäischen Gemeinschaft oder

2. in einem Staat der Vertragsparteien des Abkommens über den Europäischen Wirtschaftsraum oder

3. in einem Staat der Vertragsparteien des WTO-Übereinkommens über das öffentliche Beschaffungswesen zugelassen ist.

(3) Der Auftragnehmer hat die Wahl unter den verschiedenen Arten der Sicherheit; er kann eine Sicherheit durch eine andere ersetzen.

(4) Bei Sicherheitsleistung durch Bürgschaft ist Voraussetzung, dass der Auftraggeber den Bürgen als tauglich anerkannt hat. Die Bürgschaftserklärung ist schriftlich unter Verzicht auf die Einrede der Vorausklage abzugeben (§ 771 BGB); sie darf nicht auf bestimmte Zeit begrenzt sein und muss nach Vorschrift des Auftraggebers ausgestellt sein. Der Auftraggeber kann als Sicherheit keine Bürgschaft fordern, die den Bürgen zur Zahlung auf erstes Anfordern verpflichtet.

(5) Wird Sicherheit durch Hinterlegung von Geld geleistet, so hat der Auftragnehmer den Betrag bei einem zu vereinbarenden Geldinstitut auf ein Sperrkonto einzuzahlen, über das beide nur gemeinsam verfügen können („Und-Konto"). Etwaige Zinsen stehen dem Auftragnehmer zu.

(6) 1. Soll der Auftraggeber vereinbarungsgemäß die Sicherheit in Teilbeträgen von seinen Zahlungen einbehalten, so darf er jeweils die Zahlung um höchstens 10 v. H. kürzen, bis die vereinbarte Sicherheitssumme erreicht ist. Sofern Rechnungen ohne Umsatzsteuer gemäß § 13b UStG gestellt werden, bleibt die Umsatzsteuer bei der Berechnung des Sicherheitseinbehalts unberücksichtigt. Den jeweils einbehaltenen Betrag hat er dem Auftragnehmer mitzuteilen und binnen 18 Werktagen nach dieser Mitteilung auf ein Sperrkonto bei dem vereinbarten Geldinstitut einzuzahlen. Gleichzeitig muss er veranlassen, dass dieses Geldinstitut den Auftragnehmer von der Einzahlung des Sicherheitsbetrags benachrichtigt. Absatz 5 gilt entsprechend.

2. Bei kleineren oder kurzfristigen Aufträgen ist es zulässig, dass der Auftraggeber den einbehaltenen Sicherheitsbetrag erst bei der Schlusszahlung auf ein Sperrkonto einzahlt.

3. Zahlt der Auftraggeber den einbehaltenen Betrag nicht rechtzeitig ein, so kann ihm der Auftragnehmer hierfür eine angemessene Nachfrist setzen. Lässt der Auftraggeber auch diese verstreichen, so kann der Auftragnehmer die sofortige Auszahlung des einbehaltenen Betrags verlangen und braucht dann keine Sicherheit mehr zu leisten.

4. Öffentliche Auftraggeber sind berechtigt, den als Sicherheit einbehaltenen Betrag auf eigenes Verwahrgeldkonto zu nehmen; der Betrag wird nicht verzinst.

(7) Der Auftragnehmer hat die Sicherheit binnen 18 Werktagen nach Vertragsabschluss zu leisten, wenn nichts anderes vereinbart ist. Soweit er diese Verpflichtung nicht erfüllt hat, ist der Auftraggeber berechtigt, vom Guthaben des Auftragnehmers einen Betrag in Höhe der vereinbarten Sicherheit einzubehalten. Im Übrigen gelten die Absätze 5 und 6 außer Nummer 1 Satz 1 entsprechend.

(8) 1. Der Auftraggeber hat eine nicht verwertete Sicherheit für die Vertragserfüllung zum vereinbarten Zeitpunkt, spätestens nach Abnahme und Stellung der Sicherheit für Mängelansprüche zurückzugeben, es sei denn, dass Ansprüche des Auftraggebers, die nicht von der gestellten Sicherheit für Mängelansprüche umfasst sind, noch nicht erfüllt sind. Dann darf er für diese Vertragserfüllungsansprüche einen entsprechenden Teil der Sicherheit zurückhalten.

2. Der Auftraggeber hat eine nicht verwertete Sicherheit für Mängelansprüche nach Ablauf von 2 Jahren zurückzugeben, sofern kein anderer Rückgabezeitpunkt vereinbart worden ist. Soweit jedoch zu diesem Zeitpunkt seine geltend gemachten Ansprüche noch nicht erfüllt sind, darf er einen entsprechenden Teil der Sicherheit zurückhalten.

§ 18
Streitigkeiten

(1) Liegen die Voraussetzungen für eine Gerichtsstandvereinbarung nach § 38 der Zivilprozessordnung vor, richtet sich der Gerichtsstand für Streitigkeiten aus dem Vertrag nach dem Sitz der für die Prozessvertretung des Auftraggebers zuständigen Stelle, wenn nichts anderes vereinbart ist. Sie ist dem Auftragnehmer auf Verlangen mitzuteilen.

(2) 1. Entstehen bei Verträgen mit Behörden Meinungsverschiedenheiten, so soll der Auftragnehmer zunächst die der auftraggebenden Stelle unmittelbar vorgesetzte Stelle anrufen. Diese soll dem Auftragnehmer Gelegenheit zur mündlichen Aussprache geben und ihn möglichst innerhalb von 2 Monaten nach der Anrufung schriftlich bescheiden und dabei auf die Rechtsfolgen des Satzes 3 hinweisen. Die Entscheidung gilt als anerkannt, wenn der Auftragnehmer nicht innerhalb von 3 Monaten nach Eingang des Bescheides schriftlich Einspruch beim Auftraggeber erhebt und dieser ihn auf die Ausschlussfrist hingewiesen hat.

2. Mit dem Eingang des schriftlichen Antrages auf Durchführung eines Verfahrens nach Nummer 1 wird die Verjährung des in diesem Antrag geltend gemachten Anspruchs gehemmt. Wollen Auftraggeber oder Auftragnehmer das Verfahren nicht weiter betreiben, teilen sie dies dem jeweils anderen Teil schriftlich mit. Die Hemmung endet 3 Monate nach Zugang des schriftlichen Bescheides oder der Mitteilung nach Satz 2.

(3) Daneben kann ein Verfahren zur Streitbeilegung vereinbart werden. Die Vereinbarung sollte mit Vertragsabschluss erfolgen.

(4) Bei Meinungsverschiedenheiten über die Eigenschaft von Stoffen und Bauteilen, für die allgemein gültige Prüfungsverfahren bestehen, und über die Zulässigkeit oder Zuverlässigkeit der bei der Prüfung verwendeten Maschinen oder angewendeten Prüfungsverfahren kann jede Vertragspartei nach vorheriger Benachrichtigung der anderen Vertragspartei die materialtechnische Untersuchung durch eine staatliche oder staatlich anerkannte Materialprüfungsstelle vornehmen lassen; deren Feststellungen sind verbindlich. Die Kosten trägt der unterliegende Teil.

(5) Streitfälle berechtigen den Auftragnehmer nicht, die Arbeiten einzustellen.

Anhang B   Text der VOB, Teil C

VOB Teil C: Technische Vertragsbedingungen für Bauleistungen (VOB/C)
VOB/C 18299

DIN 18 299 Allgemeine Regelungen für Bauarbeiten jeder Art

0 Hinweise für das Aufstellen der Leistungsbeschreibung

Diese Hinweise für das Aufstellen der Leistungsbeschreibung gelten für Bauarbeiten jeder Art; sie werden ergänzt durch die auf die einzelnen Leistungsbereiche bezogenen Hinweise in den Abschnitten 0 der ATV DIN 18300 ff.

Die Beachtung dieser Hinweise ist Voraussetzung für eine ordnungsgemäße Leistungsbeschreibung gemäß A § 9.

Die Hinweise werden nicht Vertragsbestandteil.

In der Leistungsbeschreibung sind nach den Erfordernissen des Einzelfalls insbesondere anzugeben:

0.1 Angaben zur Baustelle

0.1.1 Lage der Baustelle, Umgebungsbedingungen, Zufahrtsmöglichkeiten und Beschaffenheit der Zufahrt sowie etwaige Einschränkungen bei ihrer Benutzung.

0.1.2 Art und Lage der baulichen Anlagen, z. B. auch Anzahl und Höhe der Geschosse.

0.1.3 Verkehrsverhältnisse auf der Baustelle, insbesondere Verkehrsbeschränkungen.

0.1.4 Für den Verkehr freizuhaltende Flächen.

0.1.5 Lage, Art, Anschlusswert und Bedingungen für das Überlassen von Anschlüssen für Wasser, Energie und Abwasser.

0.1.6 Lage und Ausmaß der dem Auftragnehmer für die Ausführung seiner Leistungen zur Benutzung oder Mitbenutzung überlassenen Flächen, Räume.

0.1.7 Bodenverhältnisse, Baugrund und seine Tragfähigkeit. Ergebnisse von Bodenuntersuchungen.

0.1.8 Hydrologische Werte von Grundwasser und Gewässern. Art, Lage, Abfluss, Abflussvermögen und Hochwasserverhältnisse von Vorflutern. Ergebnisse von Wasseranalysen.

0.1.9 Besondere umweltrechtliche Vorschriften.

0.1.10 Besondere Vorgaben für die Entsorgung, z. B. besondere Beschränkungen für die Beseitigung von Abwasser und Abfall.

0.1.11 Schutzgebiete oder Schutzzeiten im Bereich der Baustelle, z. B. wegen Forderungen des Gewässer-, Boden-, Natur-, Landschafts- oder Immissionsschutzes; vorliegende Fachgutachten o. Ä.

0.1.12 Art und Umfang des Schutzes von Bäumen, Pflanzenbeständen, Vegetationsflächen, Verkehrsflächen, Bauteilen, Bauwerken, Grenzsteinen u. Ä. im Bereich der Baustelle.

0.1.13 Im Baugelände vorhandene Anlagen, insbesondere Abwasser- und Versorgungsleitungen.

0.1.14 Bekannte oder vermutete Hindernisse im Bereich der Baustelle, z. B. Leitungen, Kabel, Dräne, Kanäle, Bauwerksreste, und, soweit bekannt, deren Eigentümer.

0.1.15 Vermutete Kampfmittel im Bereich der Baustelle, Ergebnisse von Erkundungs- oder Beräumungsmaßnahmen.

0.1.16 Besondere Anordnungen, Vorschriften und Maßnahmen der Eigentümer (oder der anderen Weisungsberechtigten) von Leitungen, Kabeln, Dränen, Kanälen, Straßen, Wegen, Gewässern, Gleisen, Zäunen und dergleichen im Bereich der Baustelle.

0.1.17 Art und Umfang von Schadstoffbelastungen, z. B. des Bodens, der Gewässer, der Luft, der Stoffe und Bauteile; vorliegende Fachgutachten o. Ä.

0.1.18 Art und Zeit der vom Auftraggeber veranlassten Vorarbeiten.

0.1.19 Arbeiten anderer Unternehmer auf der Baustelle.

0.2 Angaben zur Ausführung

0.2.1 Vorgesehene Arbeitsabschnitte, Arbeitsunterbrechungen und -beschränkungen nach Art, Ort und Zeit sowie Abhängigkeit von Leistungen anderer.

0.2.2 Besondere Erschwernisse während der Ausführung, z. B. Arbeiten in Räumen, in denen der Betrieb weiterläuft, Arbeiten im Bereich von Verkehrswegen, oder bei außergewöhnlichen äußeren Einflüssen.

0.2.3 Besondere Anforderungen für Arbeiten in kontaminierten Bereichen, gegebenenfalls besondere Anordnungen für Schutz- und Sicherheitsmaßnahmen.

0.2.4 Besondere Anforderungen an die Baustelleneinrichtung und Entsorgungseinrichtungen, z. B. Behälter für die getrennte Erfassung.

0.2.5 Besonderheiten der Regelung und Sicherung des Verkehrs, gegebenenfalls auch, wieweit der Auftraggeber die Durchführung der erforderlichen Maßnahmen übernimmt.

0.2.6 Auf- und Abbauen sowie Vorhalten der Gerüste, die nicht Nebenleistung sind.

0.2.7 Mitbenutzung fremder Gerüste, Hebezeuge, Aufzüge, Aufenthalts- und Lagerräume, Einrichtungen und dergleichen durch den Auftragnehmer.

0.2.8 Wie lange, für welche Arbeiten und gegebenenfalls für welche Beanspruchung der Auftragnehmer seine Gerüste, Hebezeuge, Aufzüge, Aufenthalts- und Lagerräume, Einrichtungen und dergleichen für andere Unternehmer vorzuhalten hat.

0.2.9 Verwendung oder Mitverwendung von wiederaufbereiteten (Recycling-) Stoffen.

0.2.10 Anforderungen an wiederaufbereitete (Recycling-)Stoffe und an nicht genormte Stoffe und Bauteile.

0.2.11 Besondere Anforderungen an Art, Güte und Umweltverträglichkeit der Stoffe und Bauteile, auch z. B. an die schnelle biologische Abbaubarkeit von Hilfsstoffen.

0.2.12 Art und Umfang der vom Auftraggeber verlangten Eignungs- und Gütenachweise.

0.2.13 Unter welchen Bedingungen auf der Baustelle gewonnene Stoffe verwendet werden dürfen bzw. müssen oder einer anderen Verwertung zuzuführen sind.

0.2.14 Art, Zusammensetzung und Menge der aus dem Bereich des Auftraggebers zu entsorgenden Böden, Stoffe und Bauteile; Art der Verwertung bzw. bei Abfall die Entsorgungsanlage; Anforderungen an die Nachweise über Transporte, Entsorgung und die vom Auftraggeber zu tragenden Entsorgungskosten.

0.2.15 Art, Menge, Gewicht der Stoffe und Bauteile, die vom Auftraggeber beigestellt werden, sowie Art, Ort (genaue Bezeichnung) und Zeit ihrer Übergabe.

0.2.16 In welchem Umfang der Auftraggeber Abladen, Lagern und Transport von Stoffen und Bauteilen übernimmt oder dafür dem Auftragnehmer Geräte oder Arbeitskräfte zur Verfügung stellt.

0.2.17 Leistungen für andere Unternehmer.

0.2.18 Mitwirken beim Einstellen von Anlageteilen und bei der Inbetriebnahme von Anlagen im Zusammenwirken mit anderen Beteiligten, z. B. mit dem Auftragnehmer für die Gebäudeautomation.

0.2.19 Benutzung von Teilen der Leistung vor der Abnahme.

0.2.20 Übertragung der Wartung während der Dauer der Verjährungsfrist für die Gewährleistungsansprüche für maschinelle und elektrotechnische/elektronische Anlagen oder Teile davon, bei denen die Wartung Einfluss auf die Sicherheit und die Funktionsfähigkeit hat (vergleiche B § 13 Nr 4, Abs. 2), durch einen besonderen Wartungsvertrag.

0.2.21 Abrechnung nach bestimmten Zeichnungen oder Tabellen.

0.3 Einzelangaben bei Abweichungen von den ATV

0.3.1 Wenn andere als die in den ATV DIN 18299 ff. vorgesehenen Regelungen getroffen werden sollen, sind diese in der Leistungsbeschreibung eindeutig und im einzelnen anzugeben.

0.3.2 Abweichende Regelungen von der ATV DIN 18299 können insbesondere in Betracht kommen bei Abschnitt 2.1.1, wenn die Lieferung von Stoffen und Bauteilen nicht zur Leistung gehören soll, Abschnitt 2.2, wenn nur ungebrauchte Stoffe und Bauteile vorgehalten werden dürfen, Abschnitt 2.3.1, wenn auch gebrauchte Stoffe und Bauteile geliefert werden dürfen.

0.4 Einzelangaben zu Nebenleistungen und Besonderen Leistungen

0.4.1 Nebenleistungen

Nebenleistungen (Abschnitt 4.1 aller ATV) sind in der Leistungsbeschreibung nur zu erwähnen, wenn sie ausnahmsweise selbständig vergütet werden sollen. Eine ausdrückliche Erwähnung ist geboten, wenn die Kosten der Nebenleistung von erheblicher Bedeutung für die Preisbildung sind; in diesen Fällen sind besondere Ordnungszahlen (Positionen) vorzusehen.

Dies kommt insbesondere in Betracht für

– das Einrichten und Räumen der Baustelle,
– Gerüste,
– besondere Anforderungen an Zufahrten, Lager- und Stellflächen.

0.4.2 Besondere Leistungen

Werden Besondere Leistungen (Abschnitt 4.2 aller ATV) verlangt, ist dies in der Leistungsbeschreibung anzugeben; gegebenenfalls sind hierfür besondere Ordnungszahlen (Positionen) vorzusehen.

0.5 Abrechnungseinheiten

Im Leistungsverzeichnis sind die Abrechnungseinheiten für die Teilleistungen (Positionen) gemäß Abschnitt 0.5 der jeweiligen ATV anzugeben.

1 Geltungsbereich

Die ATV „Allgemeine Regelungen für Bauarbeiten jeder Art" – DIN 18299 – gilt für alle Bauarbeiten, auch für solche, für die keine ATV in C – DIN 18300 ff. – bestehen. Abweichende Regelungen in den ATV DIN 18300 ff. haben Vorrang.

2 Stoffe, Bauteile

2.1 Allgemeines

2.1.1 Die Leistungen umfassen auch die Lieferung der dazugehörigen Stoffe und Bauteile einschließlich Abladen und Lagern auf der Baustelle.

2.1.2 Stoffe und (red.) Bauteile, die vom Auftraggeber beigestellt werden, hat der Auftragnehmer rechtzeitig beim Auftraggeber anzufordern.

2.1.3 Stoffe und Bauteile müssen für den jeweiligen Verwendungszweck geeignet und aufeinander abgestimmt sein.

2.2 Vorhalten

Stoffe und Bauteile, die der Auftragnehmer nur vorzuhalten hat, die also nicht in das Bauwerk eingehen, dürfen nach Wahl des Auftragnehmers gebraucht oder ungebraucht sein.

2.3 Liefern

2.3.1 Stoffe und Bauteile, die der Auftragnehmer zu liefern und einzubauen hat, die also in das Bauwerk eingehen, müssen ungebraucht sein. Wiederaufbereitete (Recycling-)Stoffe gelten als ungebraucht, wenn sie Abschnitt 2.1.3 entsprechen.

2.3.2 Stoffe und Bauteile, für die DIN-Normen bestehen, müssen den DIN-Güte- und -Maßbestimmungen entsprechen.

2.3.3 Stoffe und Bauteile, die nach den deutschen behördlichen Vorschriften einer Zulassung bedürfen, müssen amtlich zugelassen sein und den Zulassungsbedingungen entsprechen.

2.3.4 Stoffe und Bauteile, für die bestimmte technische Spezifikationen in der Leistungsbeschreibung nicht genannt sind, dürfen auch verwendet werden, wenn sie Normen, technischen (red.) Vorschriften oder sonstigen Bestimmungen anderer Staaten entsprechen, sofern das geforderte Schutzniveau in bezug auf Sicherheit, Gesundheit und Gebrauchstauglichkeit gleichermaßen dauerhaft erreicht wird. Sofern für Stoffe und Bauteile eine Überwachungs-, Prüfzeichenpflicht oder der Nachweis der Brauchbarkeit, z. B. durch allgemeine bauaufsichtliche Zulassung, allgemein vorgesehen ist, kann von einer Gleichwertigkeit nur ausgegangen werden, wenn die Stoffe und Bauteile ein Überwachungs- oder Prüfzeichen tragen oder für sie der genannte Brauchbarkeitsnachweis erbracht ist.

3 Ausführung

3.1 Wenn Verkehrs-, Versorgungs- und Entsorgungsanlagen im Bereich des Baugeländes liegen, sind die Vorschriften und Anordnungen der zuständigen Stellen zu beachten. Kann die Lage dieser Anlagen nicht angegeben werden, ist sie zu erkunden. Solche Maßnahmen sind Besondere Leistungen (siehe Abschnitt 4.2.1).

3.2 Die für die Aufrechterhaltung des Verkehrs bestimmten Flächen sind freizuhalten. Der Zugang zu Einrichtungen der Versorgungs- und Entsorgungsbetriebe, der Feuerwehr, der Post und Bahn, zu Vermessungspunkten und dergleichen darf nicht mehr als durch die Ausführung unvermeidlich behindert werden.

3.3 Werden Schadstoffe angetroffen, z. B. in Böden, Gewässern oder Bauteilen, ist der Auftraggeber unverzüglich zu unterrichten. Bei Gefahr im Verzug hat der Auftragnehmer unverzüglich die notwendigen Sicherungsmaßnahmen zu treffen. Die weiteren Maßnahmen sind gemeinsam festzulegen. Die getroffenen und die weiteren Maßnahmen sind Besondere Leistungen (siehe Abschnitt 4.2.1).

4 Nebenleistungen, Besondere Leistungen

4.1 Nebenleistungen

Nebenleistungen sind Leistungen, die auch ohne Erwähnung im Vertrag zur vertraglichen Leistung gehören (B § 2 Nr. 1).

Nebenleistungen sind demnach insbesondere:

4.1.1 Einrichten und Räumen der Baustelle einschließlich der Geräte und dergleichen.

4.1.2 Vorhalten der Baustelleneinrichtung einschließlich der Geräte und dergleichen.

4.1.3 Messungen für das Ausführen und Abrechnen der Arbeiten einschließlich des Vorhaltens der Messgeräte, Lehren, Absteckzeichen usw., des Erhaltens der Lehren und Absteckzeichen während der Bauausführung und des Stellens der Arbeitskräfte, jedoch nicht Leistungen nach B § 3 Nr. 2.

4.1.4 Schutz- und Sicherheitsmaßnahmen nach den Unfallverhütungsvorschriften und den behördlichen Bestimmungen, ausgenommen Leistungen nach Abschnitt 4.2.4.

4.1.5 Beleuchten, Beheizen und Reinigen der Aufenthalts- und Sanitärräume für die Beschäftigten des Auftragnehmers.

4.1.6 Heranbringen von Wasser und Energie von den vom Auftraggeber auf der Baustelle zur Verfügung gestellten Anschlussstellen zu den Verwendungsstellen.

4.1.7 Liefern der Betriebsstoffe.

4.1.8 Vorhalten der Kleingeräte und Werkzeuge.

4.1.9 Befördern aller Stoffe und Bauteile, auch wenn sie vom Auftraggeber beigestellt sind, von den Lagerstellen auf der Baustelle bzw. von den in der Leistungsbeschreibung angegebenen Übergabestellen zu den Verwendungsstellen und etwaiges Rückbefördern.

4.1.10 Sichern der Arbeiten gegen Niederschlagswasser, mit dem normalerweise gerechnet werden muß, und seine etwa erforderliche Beseitigung.

4.1.11 Entsorgen von Abfall aus dem Bereich des Auftragnehmers sowie Beseitigen der Verunreinigungen, die von den Arbeiten des Auftragnehmers herrühren.

4.1.12 Entsorgen von Abfall aus dem Bereich des Auftraggebers bis zu einer Menge von 1 m^3, soweit der Abfall nicht schadstoffbelastet ist.

4.2 Besondere Leistungen

Besondere Leistungen sind Leistungen, die nicht Nebenleistungen gemäß Abschnitt 4.1 sind und nur dann zur vertraglichen Leistung gehören, wenn sie in der Leistungsbeschreibung besonders erwähnt sind. Besondere Leistungen sind z. B.:

4.2.1 Maßnahmen nach den Abschnitten 3.1 und 3.3.

4.2.2 Beaufsichtigen der Leistungen anderer Unternehmer.

4.2.3 Sicherungsmaßnahmen zur Unfallverhütung für Leistungen anderer Unternehmer.

4.2.4 Besondere Schutz- und Sicherheitsmaßnahmen bei Arbeiten in kontaminierten Bereichen, z. B. messtechnische Überwachung, spezifische Zusatzgeräte für Baumaschinen und Anlagen, abgeschottete Arbeitsbereiche.

4.2.5 Besondere Schutzmaßnahmen gegen Witterungsschäden, Hochwasser und Grundwasser, ausgenommen Leistungen nach Abschnitt 4.1.10.

4.2.6 Versicherung der Leistung bis zur Abnahme zugunsten des Auftraggebers oder Versicherung eines außergewöhnlichen Haftpflichtwagnisses.

4.2.7 Besondere Prüfung von Stoffen und Bauteilen, die der Auftraggeber liefert.

4.2.8 Aufstellen, Vorhalten, Betreiben und Beseitigen von Einrichtungen zur Sicherung und Aufrechterhaltung des Verkehrs auf der Baustelle, z. B. Bauzäune, Schutzgerüste, Hilfsbauwerke, Beleuchtungen, Leiteinrichtungen.

4.2.9 Aufstellen, Vorhalten, Betreiben und Beseitigen von Einrichtungen außerhalb der Baustelle zur Umleitung und Regelung des öffentlichen und Anlieger-Verkehrs.

4.2.10 Bereitstellen von Teilen der Baustelleneinrichtung für andere Unternehmer oder den Auftraggeber.

4.2.11 Besondere Maßnahmen aus Gründen des Umweltschutzes, der Landes- und Denkmalpflege.

4.2.12 Entsorgen von Abfall über die Leistungen nach den Abschnitten 4.1.11 und 4.1.12 hinaus.

4.2.13 Besonderer Schutz der Leistung, der vom Auftraggeber für eine vorzeitige Benutzung verlangt wird, seine Unterhaltung und spätere Beseitigung.

4.2.14 Beseitigen von Hindernissen.

4.2.15 Zusätzliche Maßnahmen für die Weiterarbeit bei Frost und Schnee, soweit sie dem Auftragnehmer nicht ohnehin obliegen.

4.2.16 Besondere Maßnahmen zum Schutz und zur Sicherung gefährdeter baulicher Anlagen und benachbarter Grundstücke.

4.2.17 Sichern von Leitungen, Kabeln, Dränen, Kanälen, Grenzsteinen, Bäumen, Pflanzen und dergleichen.

5 Abrechnung

Die Leistung ist aus Zeichnungen zu ermitteln, soweit die ausgeführte Leistung diesen Zeichnungen entspricht. Sind solche Zeichnungen nicht vorhanden, ist die Leistung aufzumessen.

Anhang C Text des BGB (Auszug)

Buch 1
Allgemeiner Teil (§§ 1–240)

Abschnitt 5
Verjährung (§§ 194–218)

Titel 1
Gegenstand und Dauer der Verjährung (§§ 194–202)

§ 194
Gegenstand der Verjährung

(1) Das Recht, von einem anderen ein Tun oder Unterlassen zu verlangen (Anspruch), unterliegt der Verjährung.

(2) Ansprüche aus einem familienrechtlichen Verhältnis unterliegen der Verjährung nicht, soweit sie auf die Herstellung des dem Verhältnis entsprechenden Zustandes für die Zukunft gerichtet sind.

§ 195
Regelmäßige Verjährungsfrist

Die regelmäßige Verjährungsfrist beträgt drei Jahre.

§ 196
Verjährungsfrist bei Rechten an einem Grundstück

Ansprüche auf Übertragung des Eigentums an einem Grundstück sowie auf Begründung, Übertragung oder Aufhebung eines Rechts an einem Grundstück oder auf Änderung des Inhalts eines solchen Rechts sowie die Ansprüche auf die Gegenleistung verjähren in zehn Jahren.

§ 197
Dreißigjährige Verjährungsfrist

(1) In 30 Jahren verjähren, soweit nicht ein anderes bestimmt ist,
  1. Herausgabeansprüche aus Eigentum und anderen dinglichen Rechten,
  2. familien- und erbrechtliche Ansprüche,
  3. rechtskräftig festgestellte Ansprüche,
  4. Ansprüche aus vollstreckbaren Vergleichen oder vollstreckbaren Urkunden,
  5. Ansprüche, die durch die im Insolvenzverfahren erfolgte Feststellung vollstreckbar geworden sind, und
  6. Ansprüche auf Erstattung der Kosten der Zwangsvollstreckung.

(2) Soweit Ansprüche nach Absatz 1 Nr. 2 regelmäßig wiederkehrende Leistungen oder Unterhaltsleistungen und Ansprüche nach Absatz 1 Nr. 3 bis 5 künftig fällig werdende regelmäßig wiederkehrende Leistungen zum Inhalt haben, tritt an die Stelle der Verjährungsfrist von 30 Jahren die regelmäßige Verjährungsfrist.

§ 198
Verjährung bei Rechtsnachfolge

Gelangt eine Sache, hinsichtlich derer ein dinglicher Anspruch besteht, durch Rechtsnachfolge in den Besitz eines Dritten, so kommt die während des Besitzes des Rechtsvorgängers verstrichene Verjährungszeit dem Rechtsnachfolger zugute.

§ 199
Beginn der regelmäßigen Verjährungsfrist und Höchstfristen

(1) Die regelmäßige Verjährungsfrist beginnt mit dem Schluss des Jahres, in dem
   1. der Anspruch entstanden ist und
   2. der Gläubiger von den den Anspruch begründenden Umständen und der Person des Schuldners Kenntnis erlangt oder ohne grobe Fahrlässigkeit erlangen müsste.

(2) Schadensersatzansprüche, die auf der Verletzung des Lebens, des Körpers, der Gesundheit oder der Freiheit beruhen, verjähren ohne Rücksicht auf ihre Entstehung und die Kenntnis oder grob fahrlässige Unkenntnis in 30 Jahren von der Begehung der Handlung, der Pflichtverletzung oder dem sonstigen, den Schaden auslösenden Ereignis an.

(3) Sonstige Schadensersatzansprüche verjähren
   1. ohne Rücksicht auf die Kenntnis oder grob fahrlässige Unkenntnis in zehn Jahren von ihrer Entstehung an und
   2. ohne Rücksicht auf ihre Entstehung und die Kenntnis oder grob fahrlässige Unkenntnis in 30 Jahren von der Begehung der Handlung, der Pflichtverletzung oder dem sonstigen, den Schaden auslösenden Ereignis an.

   Maßgeblich ist die früher endende Frist.

(4) Andere Ansprüche als Schadensersatzansprüche verjähren ohne Rücksicht auf die Kenntnis oder grob fahrlässige Unkenntnis in zehn Jahren von ihrer Entstehung an.

(5) Geht der Anspruch auf ein Unterlassen, so tritt an die Stelle der Entstehung die Zuwiderhandlung.

§ 200
Beginn anderer Verjährungsfristen

Die Verjährungsfrist von Ansprüchen, die nicht der regelmäßigen Verjährungsfrist unterliegen, beginnt mit der Entstehung des Anspruchs, soweit nicht ein anderer Verjährungsbeginn bestimmt ist. § 199 Abs. 5 findet entsprechende Anwendung.

§ 201
Beginn der Verjährungsfrist von festgestellten Ansprüchen

Die Verjährung von Ansprüchen der in § 197 Abs. 1 Nr. 3 bis 6 bezeichneten Art beginnt mit der Rechtskraft der Entscheidung, der Errichtung des vollstreckbaren Titels oder der Feststellung im Insolvenzverfahren, nicht jedoch vor der Entstehung des Anspruchs. § 199 Abs. 5 findet entsprechende Anwendung.

§ 202
Unzulässigkeit von Vereinbarungen über die Verjährung

(1) Die Verjährung kann bei Haftung wegen Vorsatzes nicht im Voraus durch Rechtsgeschäft erleichtert werden.

(2) Die Verjährung kann durch Rechtsgeschäft nicht über eine Verjährungsfrist von 30 Jahren ab dem gesetzlichen Verjährungsbeginn hinaus erschwert werden.

Titel 2
Hemmung, Ablaufhemmung und Neubeginn der Verjährung (§§ 203–213)

§ 203
Hemmung der Verjährung bei Verhandlungen

Schweben zwischen dem Schuldner und dem Gläubiger Verhandlungen über den Anspruch oder die den Anspruch begründenden Umstände, so ist die Verjährung gehemmt, bis der eine oder der andere Teil die Fortsetzung der Verhandlungen verweigert. Die Verjährung tritt frühestens drei Monate nach dem Ende der Hemmung ein.

§ 204
Hemmung der Verjährung durch Rechtsverfolgung

(1) Die Verjährung wird gehemmt durch
1. die Erhebung der Klage auf Leistung oder auf Feststellung des Anspruchs, auf Erteilung der Vollstreckungsklausel oder auf Erlass des Vollstreckungsurteils,
2. die Zustellung des Antrags im vereinfachten Verfahren über den Unterhalt Minderjähriger,
3. die Zustellung des Mahnbescheids im Mahnverfahren,
4. die Veranlassung der Bekanntgabe des Güteantrags, der bei einer durch die Landesjustizverwaltung eingerichteten oder anerkannten Gütestelle oder, wenn die Parteien den Einigungsversuch einvernehmlich unternehmen, bei einer sonstigen Gütestelle, die Streitbeilegungen betreibt, eingereicht ist; wird die Bekanntgabe demnächst nach der Einreichung des Antrags veranlasst, so tritt die Hemmung der Verjährung bereits mit der Einreichung ein,
5. die Geltendmachung der Aufrechnung des Anspruchs im Prozess,
6. die Zustellung der Streitverkündung,
7. die Zustellung des Antrags auf Durchführung eines selbständigen Beweisverfahrens,
8. den Beginn eines vereinbarten Begutachtungsverfahrens oder die Beauftragung des Gutachters in dem Verfahren nach § 641a,
9. die Zustellung des Antrags auf Erlass eines Arrests, einer einstweiligen Verfügung oder einer einstweiligen Anordnung, oder, wenn der Antrag nicht zugestellt wird, dessen Einreichung, wenn der Arrestbefehl, die einstweilige Verfügung oder die einstweilige Anordnung innerhalb eines Monats seit Verkündung oder Zustellung an den Gläubiger dem Schuldner zugestellt wird,
10. die Anmeldung des Anspruchs im Insolvenzverfahren oder im Schifffahrtsrechtlichen Verteilungsverfahren,
11. den Beginn des schiedsrichterlichen Verfahrens,
12. die Einreichung des Antrags bei einer Behörde, wenn die Zulässigkeit der Klage von der Vorentscheidung dieser Behörde abhängt und innerhalb von drei Monaten nach Erledigung des Gesuchs die Klage erhoben wird; dies gilt entsprechend für bei einem Gericht oder bei einer in Nummer 4 bezeichneten Gütestelle zu stellende Anträge, deren Zulässigkeit von der Vorentscheidung einer Behörde abhängt,
13. die Einreichung des Antrags bei dem höheren Gericht, wenn dieses das zuständige Gericht zu bestimmen hat und innerhalb von drei Monaten nach Erledigung des Gesuchs die Klage erhoben oder der Antrag, für den die Gerichtsstandsbestimmung zu erfolgen hat, gestellt wird, und
14. die Veranlassung der Bekanntgabe des erstmaligen Antrags auf Gewährung von Prozesskostenhilfe; wird die Bekanntgabe demnächst nach der Einreichung des Antrags veranlasst, so tritt die Hemmung der Verjährung bereits mit der Einreichung ein.

(2) Die Hemmung nach Absatz 1 endet sechs Monate nach der rechtskräftigen Entscheidung oder anderweitigen Beendigung des eingeleiteten Verfahrens. Gerät das Verfahren dadurch in Stillstand, dass die Parteien es nicht betreiben, so tritt an die Stelle der Beendigung des Verfahrens die letzte Verfahrenshandlung der Parteien, des Gerichts oder der sonst mit dem Verfahren befassten Stelle. Die Hemmung beginnt erneut, wenn eine der Parteien das Verfahren weiter betreibt.

(3) Auf die Frist nach Absatz 1 Nr. 9, 12 und 13 finden die §§ 206, 210 und 211 entsprechende Anwendung.

§ 205
Hemmung der Verjährung bei Leistungsverweigerungsrecht

Die Verjährung ist gehemmt, solange der Schuldner auf Grund einer Vereinbarung mit dem Gläubiger vorübergehend zur Verweigerung der Leistung berechtigt ist.

§ 206
Hemmung der Verjährung bei höherer Gewalt

Die Verjährung ist gehemmt, solange der Gläubiger innerhalb der letzten sechs Monate der Verjährungsfrist durch höhere Gewalt an der Rechtsverfolgung gehindert ist.

§ 207
Hemmung der Verjährung aus familiären und ähnlichen Gründen

(1) Die Verjährung von Ansprüchen zwischen Ehegatten ist gehemmt, solange die Ehe besteht. Das Gleiche gilt für Ansprüche zwischen

1. Lebenspartnern, solange die Lebenspartnerschaft besteht,
2. Eltern und Kindern und dem Ehegatten eines Elternteils und dessen Kindern während der Minderjährigkeit der Kinder,
3. dem Vormund und dem Mündel während der Dauer des Vormundschaftsverhältnisses,
4. dem Betreuten und dem Betreuer während der Dauer des Betreuungsverhältnisses und
5. dem Pflegling und dem Pfleger während der Dauer der Pflegschaft.

Die Verjährung von Ansprüchen des Kindes gegen den Beistand ist während der Dauer der Beistandschaft gehemmt.

(2) § 208 bleibt unberührt.

§ 208
Hemmung der Verjährung bei Ansprüchen wegen Verletzung der sexuellen Selbstbestimmung

Die Verjährung von Ansprüchen wegen Verletzung der sexuellen Selbstbestimmung ist bis zur Vollendung des 21. Lebensjahrs des Gläubigers gehemmt. Lebt der Gläubiger von Ansprüchen wegen Verletzung der sexuellen Selbstbestimmung bei Beginn der Verjährung mit dem Schuldner in häuslicher Gemeinschaft, so ist die Verjährung auch bis zur Beendigung der häuslichen Gemeinschaft gehemmt.

§ 209
Wirkung der Hemmung

Der Zeitraum, während dessen die Verjährung gehemmt ist, wird in die Verjährungsfrist nicht eingerechnet.

§ 210
Ablaufhemmung bei nicht voll Geschäftsfähigen

(1) Ist eine geschäftsunfähige oder in der Geschäftsfähigkeit beschränkte Person ohne gesetzlichen Vertreter, so tritt eine für oder gegen sie laufende Verjährung nicht vor dem Ablauf von sechs Monaten nach dem Zeitpunkt ein, in dem die Person unbeschränkt geschäftsfähig oder der Mangel der Vertretung behoben wird. Ist die Verjährungsfrist kürzer als sechs Monate, so tritt der für die Verjährung bestimmte Zeitraum an die Stelle der sechs Monate.

(2) Absatz 1 findet keine Anwendung, soweit eine in der Geschäftsfähigkeit beschränkte Person prozessfähig ist.

§ 211
Ablaufhemmung in Nachlassfällen

Die Verjährung eines Anspruchs, der zu einem Nachlass gehört oder sich gegen einen Nachlass richtet, tritt nicht vor dem Ablauf von sechs Monaten nach dem Zeitpunkt ein, in dem die Erbschaft von dem Erben angenommen oder das Insolvenzverfahren über den Nachlass eröffnet wird oder von dem an der Anspruch von einem oder gegen einen Vertreter geltend gemacht werden kann. Ist die Verjährungsfrist kürzer als sechs Monate, so tritt der für die Verjährung bestimmte Zeitraum an die Stelle der sechs Monate.

§ 212
Neubeginn der Verjährung

(1) Die Verjährung beginnt erneut, wenn
1. der Schuldner dem Gläubiger gegenüber den Anspruch durch Abschlagszahlung, Zinszahlung, Sicherheitsleistung oder in anderer Weise anerkennt oder
2. eine gerichtliche oder behördliche Vollstreckungshandlung vorgenommen oder beantragt wird.

(2) Der erneute Beginn der Verjährung infolge einer Vollstreckungshandlung gilt als nicht eingetreten, wenn die Vollstreckungshandlung auf Antrag des Gläubigers oder wegen Mangels der gesetzlichen Voraussetzungen aufgehoben wird.

(3) Der erneute Beginn der Verjährung durch den Antrag auf Vornahme einer Vollstreckungshandlung gilt als nicht eingetreten, wenn dem Antrag nicht stattgegeben oder der Antrag vor der Vollstreckungshandlung zurückgenommen oder die erwirkte Vollstreckungshandlung nach Absatz 2 aufgehoben wird.

§ 213
Hemmung, Ablaufhemmung und erneuter Beginn der Verjährung bei anderen Ansprüchen

Die Hemmung, die Ablaufhemmung und der erneute Beginn der Verjährung gelten auch für Ansprüche, die aus demselben Grunde wahlweise neben dem Anspruch oder an seiner Stelle gegeben sind.

Titel 3
Rechtsfolgen der Verjährung (§§ 214–218)

§ 214
Wirkung der Verjährung

(1) Nach Eintritt der Verjährung ist der Schuldner berechtigt, die Leistung zu verweigern.

(2) Das zur Befriedigung eines verjährten Anspruchs Geleistete kann nicht zurückgefordert werden, auch wenn in Unkenntnis der Verjährung geleistet worden ist. Das Gleiche gilt von einem vertragsmäßigen Anerkenntnis sowie einer Sicherheitsleistung des Schuldners.

§ 215
Aufrechnung und Zurückbehaltungsrecht nach Eintritt der Verjährung

Die Verjährung schließt die Aufrechnung und die Geltendmachung eines Zurückbehaltungsrechts nicht aus, wenn der Anspruch in dem Zeitpunkt noch nicht verjährt war, in dem erstmals aufgerechnet oder die Leistung verweigert werden konnte.

§ 216
Wirkung der Verjährung bei gesicherten Ansprüchen

(1) Die Verjährung eines Anspruchs, für den eine Hypothek, eine Schiffshypothek oder ein Pfandrecht besteht, hindert den Gläubiger nicht, seine Befriedigung aus dem belasteten Gegenstand zu suchen.

(2) Ist zur Sicherung eines Anspruchs ein Recht verschafft worden, so kann die Rückübertragung nicht auf Grund der Verjährung des Anspruchs gefordert werden. Ist das Eigentum vorbehalten, so kann der Rücktritt vom Vertrag auch erfolgen, wenn der gesicherte Anspruch verjährt ist.

(3) Die Absätze 1 und 2 finden keine Anwendung auf die Verjährung von Ansprüchen auf Zinsen und andere wiederkehrende Leistungen.

Abschnitt 7
Sicherheitsleistung (§§ 232–240)

§ 232
Arten

(1) Wer Sicherheit zu leisten hat, kann dies bewirken durch Hinterlegung von Geld oder Wertpapieren, durch Verpfändung von Forderungen, die in das Bundesschuldbuch oder Landesschuldbuch eines Landes eingetragen sind, durch Verpfändung beweglicher Sachen, durch Bestellung von Schiffshypotheken an Schiffen oder Schiffsbauwerken, die in einem deutschen Schiffsregister oder Schiffsbauregister eingetragen sind, durch Bestellung von Hypotheken an inländischen Grundstücken, durch Verpfändung von Forderungen, für die eine Hypothek an einem inländischen Grundstück besteht, oder durch Verpfändung von Grundschulden oder Rentenschulden an inländischen Grundstücken.

(2) Kann die Sicherheit nicht in dieser Weise geleistet werden, so ist die Stellung eines tauglichen Bürgen zulässig.

§ 233
Wirkung der Hinterlegung

Mit der Hinterlegung erwirbt der Berechtigte ein Pfandrecht an dem hinterlegten Geld oder an den hinterlegten Wertpapieren und, wenn das Geld oder die Wertpapiere in das Eigentum des Fiskus oder der als Hinterlegungsstelle bestimmten Anstalt übergehen, ein Pfandrecht an der Forderung auf Rückerstattung.

§ 234
Geeignete Wertpapiere

(1) Wertpapiere sind zur Sicherheitsleistung nur geeignet, wenn sie auf den Inhaber lauten, einen Kurswert haben und einer Gattung angehören, in der Mündelgeld angelegt werden darf. Den Inhaberpapieren stehen Orderpapiere gleich, die mit Blankoindossament versehen sind.

(2) Mit den Wertpapieren sind die Zins-, Renten-, Gewinnanteil- und Erneuerungsscheine zu hinterlegen.

(3) Mit Wertpapieren kann Sicherheit nur in Höhe von drei Vierteln des Kurswerts geleistet werden.

§ 235
Umtauschrecht

Wer durch Hinterlegung von Geld oder von Wertpapieren Sicherheit geleistet hat, ist berechtigt, das hinterlegte Geld gegen geeignete Wertpapiere, die hinterlegten Wertpapiere gegen andere geeignete Wertpapiere oder gegen Geld umzutauschen.

§ 236
Buchforderungen

Mit einer Schuldbuchforderung gegen den Bund oder ein Land kann Sicherheit nur in Höhe von drei Vierteln des Kurswerts der Wertpapiere geleistet werden, deren Aushändigung der Gläubiger gegen Löschung seiner Forderung verlangen kann.

§ 237
Bewegliche Sachen

Mit einer beweglichen Sache kann Sicherheit nur in Höhe von zwei Dritteln des Schätzungswerts geleistet werden. Sachen, deren Verderb zu besorgen oder deren Aufbewahrung mit besonderen Schwierigkeiten verbunden ist, können zurückgewiesen werden.

§ 238
Hypotheken, Grund- und Rentenschulden

(1) Eine Hypothekenforderung, eine Grundschuld oder eine Rentenschuld ist zur Sicherheitsleistung nur geeignet, wenn sie den Voraussetzungen entspricht, unter denen am Ort der Sicherheitsleistung Mündelgeld in Hypothekenforderungen, Grundschulden oder Rentenschulden angelegt werden darf.

(2) Eine Forderung, für die eine Sicherungshypothek besteht, ist zur Sicherheitsleistung nicht geeignet.

§ 239
Bürge

(1) Ein Bürge ist tauglich, wenn er ein der Höhe der zu leistenden Sicherheit angemessenes Vermögen besitzt und seinen allgemeinen Gerichtsstand im Inland hat.

(2) Die Bürgschaftserklärung muss den Verzicht auf die Einrede der Vorausklage enthalten.

§ 240
Ergänzungspflicht

Wird die geleistete Sicherheit ohne Verschulden des Berechtigten unzureichend, so ist sie zu ergänzen oder anderweitige Sicherheit zu leisten.

Buch 2
Recht der Schuldverhältnisse (§§ 241–853)

Abschnitt 1
Inhalt der Schuldverhältnisse (§§ 241–304)

Titel 1
Verpflichtung zur Leistung (§§ 241–292)

§ 241
Pflichten aus dem Schuldverhältnis

(1) Kraft des Schuldverhältnisses ist der Gläubiger berechtigt, von dem Schuldner eine Leistung zu fordern. Die Leistung kann auch in einem Unterlassen bestehen.

(2) Das Schuldverhältnis kann nach seinem Inhalt jeden Teil zur Rücksicht auf die Rechte, Rechtsgüter und Interessen des anderen Teils verpflichten.

§ 275
Ausschluss der Leistungspflicht

(1) Der Anspruch auf Leistung ist ausgeschlossen, soweit diese für den Schuldner oder für jedermann unmöglich ist.

(2) Der Schuldner kann die Leistung verweigern, soweit diese einen Aufwand erfordert, der unter Beachtung des Inhalts des Schuldverhältnisses und der Gebote von Treu und Glauben in einem groben Missverhältnis zu dem Leistungsinteresse des Gläubigers steht. Bei der Bestimmung der dem Schuldner zuzumutenden Anstrengungen ist auch zu berücksichtigen, ob der Schuldner das Leistungshindernis zu vertreten hat.

(3) Der Schuldner kann die Leistung ferner verweigern, wenn er die Leistung persönlich zu erbringen hat und sie ihm unter Abwägung des seiner Leistung entgegenstehenden Hindernisses mit dem Leistungsinteresse des Gläubigers nicht zugemutet werden kann.

(4) Die Rechte des Gläubigers bestimmen sich nach den §§ 280, 283 bis 285, 311a und 326.

§ 276
Verantwortlichkeit des Schuldners

(1) Der Schuldner hat Vorsatz und Fahrlässigkeit zu vertreten, wenn eine strengere oder mildere Haftung weder bestimmt noch aus dem sonstigen Inhalt des Schuldverhältnisses, insbesondere aus der Übernahme einer Garantie oder eines Beschaffungsrisikos zu entnehmen ist. Die Vorschriften der §§ 827 und 828 finden entsprechende Anwendung.

(2) Fahrlässig handelt, wer die im Verkehr erforderliche Sorgfalt außer Acht lässt.

(3) Die Haftung wegen Vorsatzes kann dem Schuldner nicht im Voraus erlassen werden.

§ 277
Sorgfalt in eigenen Angelegenheiten

Wer nur für diejenige Sorgfalt einzustehen hat, welche er in eigenen Angelegenheiten anzuwenden pflegt, ist von der Haftung wegen grober Fahrlässigkeit nicht befreit.

§ 278
Verantwortlichkeit des Schuldners für Dritte

Der Schuldner hat ein Verschulden seines gesetzlichen Vertreters und der Personen, deren er sich zur Erfüllung seiner Verbindlichkeit bedient, in gleichem Umfang zu vertreten wie eigenes Verschulden. Die Vorschrift des § 276 Abs. 3 findet keine Anwendung.

§ 279
(weggefallen)

§ 280
Schadensersatz wegen Pflichtverletzung

(1) Verletzt der Schuldner eine Pflicht aus dem Schuldverhältnis, so kann der Gläubiger Ersatz des hierdurch entstehenden Schadens verlangen. Dies gilt nicht, wenn der Schuldner die Pflichtverletzung nicht zu vertreten hat.

(2) Schadensersatz wegen Verzögerung der Leistung kann der Gläubiger nur unter der zusätzlichen Voraussetzung des § 286 verlangen.

(3) Schadensersatz statt der Leistung kann der Gläubiger nur unter den zusätzlichen Voraussetzungen des § 281, des § 282 oder des § 283 verlangen.

§ 281
Schadensersatz statt der Leistung wegen nicht oder nicht wie geschuldet erbrachter Leistung

(1) Soweit der Schuldner die fällige Leistung nicht oder nicht wie geschuldet erbringt, kann der Gläubiger unter den Voraussetzungen des § 280 Abs. 1 Schadensersatz statt der Leistung verlangen, wenn er dem Schuldner erfolglos eine angemessene Frist zur Leistung oder Nacherfüllung bestimmt hat. Hat der Schuldner eine Teilleistung bewirkt, so kann der Gläubiger Schadensersatz statt der ganzen Leistung nur verlangen, wenn er an der Teilleistung kein Interesse hat. Hat der Schuldner die Leistung nicht wie geschuldet bewirkt, so kann der Gläubiger Schadensersatz statt der ganzen Leistung nicht verlangen, wenn die Pflichtverletzung unerheblich ist.

(2) Die Fristsetzung ist entbehrlich, wenn der Schuldner die Leistung ernsthaft und endgültig verweigert oder wenn besondere Umstände vorliegen, die unter Abwägung der beiderseitigen Interessen die sofortige Geltendmachung des Schadensersatzanspruchs rechtfertigen.

(3) Kommt nach der Art der Pflichtverletzung eine Fristsetzung nicht in Betracht, so tritt an deren Stelle eine Abmahnung.

(4) Der Anspruch auf die Leistung ist ausgeschlossen, sobald der Gläubiger statt der Leistung Schadensersatz verlangt hat.

(5) Verlangt der Gläubiger Schadensersatz statt der ganzen Leistung, so ist der Schuldner zur Rückforderung des Geleisteten nach den §§ 346 bis 348 berechtigt.

§ 282
Schadensersatz statt der Leistung wegen Verletzung einer Pflicht nach § 241 Abs. 2

Verletzt der Schuldner eine Pflicht nach § 241 Abs. 2, kann der Gläubiger unter den Voraussetzungen des § 280 Abs. 1 Schadensersatz statt der Leistung verlangen, wenn ihm die Leistung durch den Schuldner nicht mehr zuzumuten ist.

§ 283
Schadensersatz statt der Leistung bei Ausschluss der Leistungspflicht

Braucht der Schuldner nach § 275 Abs. 1 bis 3 nicht zu leisten, kann der Gläubiger unter den Voraussetzungen des § 280 Abs. 1 Schadensersatz statt der Leistung verlangen. § 281 Abs. 1 Satz 2 und 3 und Abs. 5 findet entsprechende Anwendung.

§ 284
Ersatz vergeblicher Aufwendungen

Anstelle des Schadensersatzes statt der Leistung kann der Gläubiger Ersatz der Aufwendungen verlangen, die er im Vertrauen auf den Erhalt der Leistung gemacht hat und billigerweise machen durfte, es sei denn, deren Zweck wäre auch ohne die Pflichtverletzung des Schuldners nicht erreicht worden.

§ 285
Herausgabe des Ersatzes

(1) Erlangt der Schuldner infolge des Umstands, auf Grund dessen er die Leistung nach § 275 Abs. 1 bis 3 nicht zu erbringen braucht, für den geschuldeten Gegenstand einen Ersatz oder einen Ersatzanspruch, so kann der Gläubiger Herausgabe des als Ersatz Empfangenen oder Abtretung des Ersatzanspruchs verlangen.

(2) Kann der Gläubiger statt der Leistung Schadensersatz verlangen, so mindert sich dieser, wenn er von dem in Absatz 1 bestimmten Recht Gebrauch macht, um den Wert des erlangten Ersatzes oder Ersatzanspruchs.

§ 286
Verzug des Schuldners

(1) Leistet der Schuldner auf eine Mahnung des Gläubigers nicht, die nach dem Eintritt der Fälligkeit erfolgt, so kommt er durch die Mahnung in Verzug. Der Mahnung stehen die Erhebung der Klage auf die Leistung sowie die Zustellung eines Mahnbescheids im Mahnverfahren gleich.

(2) Der Mahnung bedarf es nicht, wenn

1. für die Leistung eine Zeit nach dem Kalender bestimmt ist,
2. der Leistung ein Ereignis vorauszugehen hat und eine angemessene Zeit für die Leistung in der Weise bestimmt ist, dass sie sich von dem Ereignis an nach dem Kalender berechnen lässt,
3. der Schuldner die Leistung ernsthaft und endgültig verweigert,
4. aus besonderen Gründen unter Abwägung der beiderseitigen Interessen der sofortige Eintritt des Verzugs gerechtfertigt ist.

(3) Der Schuldner einer Entgeltforderung kommt spätestens in Verzug, wenn er nicht innerhalb von 30 Tagen nach Fälligkeit und Zugang einer Rechnung oder gleichwertigen Zahlungsaufstellung leistet; dies gilt gegenüber einem Schuldner, der Verbraucher ist, nur, wenn auf diese Folgen in der Rechnung oder Zahlungsaufstellung besonders hingewiesen worden ist. Wenn der Zeitpunkt des Zugangs der Rechnung oder Zahlungsaufstellung unsicher ist, kommt der Schuldner, der nicht Verbraucher ist, spätestens 30 Tage nach Fälligkeit und Empfang der Gegenleistung in Verzug.

(4) Der Schuldner kommt nicht in Verzug, solange die Leistung infolge eines Umstands unterbleibt, den er nicht zu vertreten hat.

(5) Für eine von den Absätzen 1 bis 3 abweichende Vereinbarung über den Eintritt des Verzugs gilt § 271a Absatz 1 bis 5 entsprechend.

§ 287
Verantwortlichkeit während des Verzugs

Der Schuldner hat während des Verzugs jede Fahrlässigkeit zu vertreten. Er haftet wegen der Leistung auch für Zufall, es sei denn, dass der Schaden auch bei rechtzeitiger Leistung eingetreten sein würde.

§ 288
Verzugszinsen

(1) Eine Geldschuld ist während des Verzugs zu verzinsen. Der Verzugszinssatz beträgt für das Jahr fünf Prozentpunkte über dem Basiszinssatz.

(2) Bei Rechtsgeschäften, an denen ein Verbraucher nicht beteiligt ist, beträgt der Zinssatz für Entgeltforderungen neun Prozentpunkte über dem Basiszinssatz.

(3) Der Gläubiger kann aus einem anderen Rechtsgrund höhere Zinsen verlangen.

(4) Die Geltendmachung eines weiteren Schadens ist nicht ausgeschlossen.

(5) Der Gläubiger einer Entgeltforderung hat bei Verzug des Schuldners, wenn dieser kein Verbraucher ist, außerdem einen Anspruch auf Zahlung einer Pauschale in Höhe von 40 Euro. Dies gilt auch, wenn es sich bei der Entgeltforderung um eine Abschlagszahlung oder sonstige Ratenzahlung handelt. Die Pauschale nach Satz 1 ist auf einen geschuldeten Schadensersatz anzurechnen, soweit der Schaden in Kosten der Rechtsverfolgung begründet ist.

(6) Eine im Voraus getroffene Vereinbarung, die den Anspruch des Gläubigers einer Entgeltforderung auf Verzugszinsen ausschließt, ist unwirksam. Gleiches gilt für eine Vereinbarung, die diesen Anspruch beschränkt oder den Anspruch des Gläubigers einer Entgeltforderung auf die Pauschale nach Absatz 5 oder auf Ersatz des Schadens, der in Kosten der Rechtsverfolgung begründet ist, ausschließt oder beschränkt, wenn sie im Hinblick auf die Belange des Gläubigers grob unbillig ist. Eine Vereinbarung über den Ausschluss der Pauschale nach Absatz 5 oder des Ersatzes des Schadens, der in Kosten der Rechtsverfolgung begründet ist, ist im Zweifel als grob unbillig anzusehen. Die Sätze 1 bis 3 sind nicht anzuwenden, wenn sich der Anspruch gegen einen Verbraucher richtet.

Abschnitt 2
Gestaltung rechtsgeschäftlicher Schuldverhältnisse durch Allgemeine Geschäftsbedingungen (§§ 305–310)

§ 305
Einbeziehung Allgemeiner Geschäftsbedingungen in den Vertrag

(1) Allgemeine Geschäftsbedingungen sind alle für eine Vielzahl von Verträgen vorformulierten Vertragsbedingungen, die eine Vertragspartei (Verwender) der anderen Vertragspartei bei Abschluss eines Vertrags stellt. Gleichgültig ist, ob die Bestimmungen einen äußerlich gesonderten Bestandteil des Vertrags bilden oder in die Vertragsurkunde selbst aufgenommen werden, welchen Umfang sie haben, in welcher Schriftart sie verfasst sind und welche Form der Vertrag hat. Allgemeine Geschäftsbedingungen liegen nicht vor, soweit die Vertragsbedingungen zwischen den Vertragsparteien im Einzelnen ausgehandelt sind.

(2) Allgemeine Geschäftsbedingungen werden nur dann Bestandteil eines Vertrags, wenn der Verwender bei Vertragsschluss

1. die andere Vertragspartei ausdrücklich oder, wenn ein ausdrücklicher Hinweis wegen der Art des Vertragsschlusses nur unter unverhältnismäßigen Schwierigkeiten möglich ist, durch deutlich sichtbaren Aushang am Ort des Vertragsschlusses auf sie hinweist und
2. der anderen Vertragspartei die Möglichkeit verschafft, in zumutbarer Weise, die auch eine für den Verwender erkennbare körperliche Behinderung der anderen Vertragspartei angemessen berücksichtigt, von ihrem Inhalt Kenntnis zu nehmen, und wenn die andere Vertragspartei mit ihrer Geltung einverstanden ist.

(3) Die Vertragsparteien können für eine bestimmte Art von Rechtsgeschäften die Geltung bestimmter Allgemeiner Geschäftsbedingungen unter Beachtung der in Absatz 2 bezeichneten Erfordernisse im Voraus vereinbaren.

§ 305a
Einbeziehung in besonderen Fällen

Auch ohne Einhaltung der in § 305 Abs. 2 Nr. 1 und 2 bezeichneten Erfordernisse werden einbezogen, wenn die andere Vertragspartei mit ihrer Geltung einverstanden ist,

1. die mit Genehmigung der zuständigen Verkehrsbehörde oder auf Grund von internationalen Übereinkommen erlassenen Tarife und Ausführungsbestimmungen der Eisenbahnen und die nach Maßgabe des Personenbeförderungsgesetzes genehmigten Beförderungsbedingungen der Straßenbahnen, Obusse und Kraftfahrzeuge im Linienverkehr in den Beförderungsvertrag,
2. die im Amtsblatt der Bundesnetzagentur für Elektrizität, Gas, Telekommunikation, Post und Eisenbahnen veröffentlichten und in den Geschäftsstellen des Verwenders bereitgehaltenen Allgemeinen Geschäftsbedingungen
   a) in Beförderungsverträge, die außerhalb von Geschäftsräumen durch den Einwurf von Postsendungen in Briefkästen abgeschlossen werden,
   b) in Verträge über Telekommunikations-, Informations- und andere Dienstleistungen, die unmittelbar durch Einsatz von Fernkommunikationsmitteln und während der Erbringung einer Telekommunikationsdienstleistung in einem Mal erbracht werden, wenn die Allgemeinen Geschäftsbedingungen der anderen Vertragspartei nur unter unverhältnismäßigen Schwierigkeiten vor dem Vertragsschluss zugänglich gemacht werden können.

§ 305b
Vorrang der Individualabrede

Individuelle Vertragsabreden haben Vorrang vor Allgemeinen Geschäftsbedingungen.

§ 305c
Überraschende und mehrdeutige Klauseln

(1) Bestimmungen in Allgemeinen Geschäftsbedingungen, die nach den Umständen, insbesondere nach dem äußeren Erscheinungsbild des Vertrags, so ungewöhnlich sind, dass der Vertragspartner des Verwenders mit ihnen nicht zu rechnen braucht, werden nicht Vertragsbestandteil.

(2) Zweifel bei der Auslegung Allgemeiner Geschäftsbedingungen gehen zu Lasten des Verwenders.

§ 306
Rechtsfolgen bei Nichteinbeziehung und Unwirksamkeit

(1) Sind Allgemeine Geschäftsbedingungen ganz oder teilweise nicht Vertragsbestandteil geworden oder unwirksam, so bleibt der Vertrag im Übrigen wirksam.

(2) Soweit die Bestimmungen nicht Vertragsbestandteil geworden oder unwirksam sind, richtet sich der Inhalt des Vertrags nach den gesetzlichen Vorschriften.

(3) Der Vertrag ist unwirksam, wenn das Festhalten an ihm auch unter Berücksichtigung der nach Absatz 2 vorgesehenen Änderung eine unzumutbare Härte für eine Vertragspartei darstellen würde.

§ 306a
Umgehungsverbot

Die Vorschriften dieses Abschnitts finden auch Anwendung, wenn sie durch anderweitige Gestaltungen umgangen werden.

§ 307
Inhaltskontrolle

(1) Bestimmungen in Allgemeinen Geschäftsbedingungen sind unwirksam, wenn sie den Vertragspartner des Verwenders entgegen den Geboten von Treu und Glauben unangemessen benachteiligen. Eine unangemessene Benachteiligung kann sich auch daraus ergeben, dass die Bestimmung nicht klar und verständlich ist.

(2) Eine unangemessene Benachteiligung ist im Zweifel anzunehmen, wenn eine Bestimmung

1. mit wesentlichen Grundgedanken der gesetzlichen Regelung, von der abgewichen wird, nicht zu vereinbaren ist oder
2. wesentliche Rechte oder Pflichten, die sich aus der Natur des Vertrags ergeben, so einschränkt, dass die Erreichung des Vertragszwecks gefährdet ist.

(3) Die Absätze 1 und 2 sowie die §§ 308 und 309 gelten nur für Bestimmungen in Allgemeinen Geschäftsbedingungen, durch die von Rechtsvorschriften abweichende oder diese ergänzende Regelungen vereinbart werden. Andere Bestimmungen können nach Absatz 1, Satz 2 in Verbindung mit Absatz 1 Satz 1 unwirksam sein.

§ 308
Klauselverbote mit Wertungsmöglichkeit

In Allgemeinen Geschäftsbedingungen ist insbesondere unwirksam

1. (Annahme- und Leistungsfrist) eine Bestimmung, durch die sich der Verwender unangemessen lange oder nicht hinreichend bestimmte Fristen für die Annahme oder Ablehnung eines Angebots oder die Erbringung einer Leistung vorbehält; ausgenommen hiervon ist der Vorbehalt, erst nach Ablauf der Widerrufs- oder Rückgabefrist nach § 355 Abs. 1 und 2 und § 356 zu leisten;

1a. (Zahlungsfrist) eine Bestimmung, durch die sich der Verwender eine unangemessen lange Zeit für die Erfüllung einer Entgeltforderung des Vertragspartners vorbehält; ist der Verwender kein Verbraucher, ist im Zweifel anzunehmen, dass eine Zeit von mehr als 30 Tagen nach Empfang der Gegenleistung oder, wenn dem Schuldner nach Empfang der Gegenleistung eine Rechnung oder gleichwertige Zahlungsaufstellung zugeht, von mehr als 30 Tagen nach Zugang dieser Rechnung oder Zahlungsaufstellung unangemessen lang ist;

1b. (Überprüfungs- und Abnahmefrist) eine Bestimmung, durch die sich der Verwender vorbehält, eine Entgeltforderung des Vertragspartners erst nach unangemessen langer Zeit für die Überprüfung oder Abnahme der Gegenleistung zu erfüllen; ist der Verwender kein Verbraucher, ist im Zweifel anzunehmen, dass eine Zeit von mehr als 15 Tagen nach Empfang der Gegenleistung unangemessen lang ist;

2. (Nachfrist) eine Bestimmung, durch die sich der Verwender für die von ihm zu bewirkende Leistung abweichend von Rechtsvorschriften eine unangemessen lange oder nicht hinreichend bestimmte Nachfrist vorbehält;

3. (Rücktrittsvorbehalt) die Vereinbarung eines Rechts des Verwenders, sich ohne sachlich gerechtfertigten und im Vertrag angegebenen Grund von seiner Leistungspflicht zu lösen; dies gilt nicht für Dauerschuldverhältnisse;

4. (Änderungsvorbehalt) die Vereinbarung eines Rechts des Verwenders, die versprochene Leistung zu ändern oder von ihr abzuweichen, wenn nicht die Vereinbarung der Änderung oder Abweichung unter Berücksichtigung der Interessen des Verwenders für den anderen Vertragsteil zumutbar ist;

5. (Fingierte Erklärungen) eine Bestimmung, wonach eine Erklärung des Vertragspartners des Verwenders bei Vornahme oder Unterlassung einer bestimmten Handlung als von ihm abgegeben oder nicht abgegeben gilt, es sei denn, dass

- a) dem Vertragspartner eine angemessene Frist zur Abgabe einer ausdrücklichen Erklärung eingeräumt ist und
- b) der Verwender sich verpflichtet, den Vertragspartner bei Beginn der Frist auf die vorgesehene Bedeutung seines Verhaltens besonders hinzuweisen;

6. (Fiktion des Zugangs) eine Bestimmung, die vorsieht, dass eine Erklärung des Verwenders von besonderer Bedeutung dem anderen Vertragsteil als zugegangen gilt;

7. (Abwicklung von Verträgen) eine Bestimmung, nach der der Verwender für den Fall, dass eine Vertragspartei vom Vertrag zurücktritt oder den Vertrag kündigt,
   - a) eine unangemessen hohe Vergütung für die Nutzung oder den Gebrauch einer Sache oder eines Rechts oder für erbrachte Leistungen oder
   - b) einen unangemessen hohen Ersatz von Aufwendungen verlangen kann;

8. (Nichtverfügbarkeit der Leistung) die nach Nummer 3 zulässige Vereinbarung eines Vorbehalts des Verwenders, sich von der Verpflichtung zur Erfüllung des Vertrags bei Nichtverfügbarkeit der Leistung zu lösen, wenn sich der Verwender nicht verpflichtet,
   - a) den Vertragspartner unverzüglich über die Nichtverfügbarkeit zu informieren und
   - b) Gegenleistungen des Vertragspartners unverzüglich zu erstatten.

§ 309
Klauselverbote ohne Wertungsmöglichkeit

Auch soweit eine Abweichung von den gesetzlichen Vorschriften zulässig ist, ist in Allgemeinen Geschäftsbedingungen unwirksam

1. (Kurzfristige Preiserhöhungen) eine Bestimmung, welche die Erhöhung des Entgelts für Waren oder Leistungen vorsieht, die innerhalb von vier Monaten nach Vertragsschluss geliefert oder erbracht werden sollen; dies gilt nicht bei Waren oder Leistungen, die im Rahmen von Dauerschuldverhältnissen geliefert oder erbracht werden;

2. (Leistungsverweigerungsrechte) eine Bestimmung, durch die
   - a) das Leistungsverweigerungsrecht, das dem Vertragspartner des Verwenders nach § 320 zusteht, ausgeschlossen oder eingeschränkt wird oder
   - b) ein dem Vertragspartner des Verwenders zustehendes Zurückbehaltungsrecht, soweit es auf demselben Vertragsverhältnis beruht, ausgeschlossen oder eingeschränkt, insbesondere von der Anerkennung von Mängeln durch den Verwender abhängig gemacht wird;

3. (Aufrechnungsverbot) eine Bestimmung, durch die dem Vertragspartner des Verwenders die Befugnis genommen wird, mit einer unbestrittenen oder rechtskräftig festgestellten Forderung aufzurechnen;

4. (Mahnung, Fristsetzung) eine Bestimmung, durch die der Verwender von der gesetzlichen Obliegenheit freigestellt wird, den anderen Vertragsteil zu mahnen oder ihm eine Frist für die Leistung oder Nacherfüllung zu setzen;

5. (Pauschalierung von Schadensersatzansprüchen) die Vereinbarung eines pauschalierten Anspruchs des Verwenders auf Schadensersatz oder Ersatz einer Wertminderung, wenn
   - a) die Pauschale den in den geregelten Fällen nach dem gewöhnlichen Lauf der Dinge zu erwartenden Schaden oder die gewöhnlich eintretende Wertminderung übersteigt oder
   - b) dem anderen Vertragsteil nicht ausdrücklich der Nachweis gestattet wird, ein Schaden oder eine Wertminderung sei überhaupt nicht entstanden oder wesentlich niedriger als die Pauschale;

6. (Vertragsstrafe) eine Bestimmung, durch die dem Verwender für den Fall der Nichtabnahme oder verspäteten Abnahme der Leistung, des Zahlungsverzugs oder für den Fall, dass der andere Vertragsteil sich vom Vertrag löst, Zahlung einer Vertragsstrafe versprochen wird;

7. (Haftungsausschluss bei Verletzung von Leben, Körper, Gesundheit und bei grobem Verschulden)
   a) (Verletzung von Leben, Körper, Gesundheit) ein Ausschluss oder eine Begrenzung der Haftung für Schäden aus der Verletzung des Lebens, des Körpers oder der Gesundheit, die auf einer fahrlässigen Pflichtverletzung des Verwenders oder einer vorsätzlichen oder fahrlässigen Pflichtverletzung eines gesetzlichen Vertreters oder Erfüllungsgehilfen des Verwenders beruhen;
   b) (Grobes Verschulden) ein Ausschluss oder eine Begrenzung der Haftung für sonstige Schäden, die auf einer grob fahrlässigen Pflichtverletzung des Verwenders oder auf einer vorsätzlichen oder grob fahrlässigen Pflichtverletzung eines gesetzlichen Vertreters oder Erfüllungsgehilfen des Verwenders beruhen; die Buchstaben a und b gelten nicht für Haftungsbeschränkungen in den nach Maßgabe des Personenbeförderungsgesetzes genehmigten Beförderungsbedingungen und Tarifvorschriften der Straßenbahnen, Obusse und Kraftfahrzeuge im Linienverkehr, soweit sie nicht zum Nachteil des Fahrgastes von der Verordnung über die Allgemeinen Beförderungsbedingungen für den Straßenbahn- und Obusverkehr sowie den Linienverkehr mit Kraftfahrzeugen vom 27. Februar 1970 abweichen; Buchstabe b gilt nicht für Haftungsbeschränkungen für staatlich genehmigte Lotterie- oder Ausspielverträge;
8. (Sonstige Haftungsausschlüsse bei Pflichtverletzung)
   a) (Ausschluss des Rechts, sich vom Vertrag zu lösen) eine Bestimmung, die bei einer vom Verwender zu vertretenden, nicht in einem Mangel der Kaufsache oder des Werkes bestehenden Pflichtverletzung das Recht des anderen Vertragsteils, sich vom Vertrag zu lösen, ausschließt oder einschränkt; dies gilt nicht für die in der Nummer 7 bezeichneten Beförderungsbedingungen und Tarifvorschriften unter den dort genannten Voraussetzungen;
   b) (Mängel) eine Bestimmung, durch die bei Verträgen über Lieferungen neu hergestellter Sachen und über Werkleistungen
      aa) (Ausschluss und Verweisung auf Dritte) die Ansprüche gegen den Verwender wegen eines Mangels insgesamt oder bezüglich einzelner Teile ausgeschlossen, auf die Einräumung von Ansprüchen gegen Dritte beschränkt oder von der vorherigen gerichtlichen Inanspruchnahme Dritter abhängig gemacht werden;
      bb) (Beschränkung auf Nacherfüllung) die Ansprüche gegen den Verwender insgesamt oder bezüglich einzelner Teile auf ein Recht auf Nacherfüllung beschränkt werden, sofern dem anderen Vertragsteil nicht ausdrücklich das Recht vorbehalten wird, bei Fehlschlagen der Nacherfüllung zu mindern oder, wenn nicht eine Bauleistung Gegenstand der Mängelhaftung ist, nach seiner Wahl vom Vertrag zurückzutreten;
      cc) (Aufwendungen bei Nacherfüllung) die Verpflichtung des Verwenders ausgeschlossen oder beschränkt wird, die zum Zwecke der Nacherfüllung erforderlichen Aufwendungen, insbesondere Transport-, Wege-, Arbeits- und Materialkosten, zu tragen;
      dd) (Vorenthalten der Nacherfüllung) der Verwender die Nacherfüllung von der vorherigen Zahlung des vollständigen Entgelts oder eines unter Berücksichtigung des Mangels unverhältnismäßig hohen Teils des Entgelts abhängig macht;
      ee) (Ausschlussfrist für Mängelanzeige) der Verwender dem anderen Vertragsteil für die Anzeige nicht offensichtlicher Mängel eine Ausschlussfrist setzt, die kürzer ist als die nach dem Doppelbuchstaben ff zulässige Frist;
      ff) (Erleichterung der Verjährung) die Verjährung von Ansprüchen gegen den Verwender wegen eines Mangels in den Fällen des § 438 Abs. 1 Nr. 2 und des § 634a Abs. 1 Nr. 2 erleichtert oder in den sonstigen Fällen eine weniger als ein Jahr betragende Verjährungsfrist ab dem gesetzlichen Verjährungsbeginn erreicht wird;
9. (Laufzeit bei Dauerschuldverhältnissen) bei einem Vertragsverhältnis, das die regelmäßige Lieferung von Waren oder die regelmäßige Erbringung von Dienst- oder Werkleistungen durch den Verwender zum Gegenstand hat,

a) eine den anderen Vertragsteil länger als zwei Jahre bindende Laufzeit des Vertrags,
   b) eine den anderen Vertragsteil bindende stillschweigende Verlängerung des Vertragsverhältnisses um jeweils mehr als ein Jahr oder
   c) zu Lasten des anderen Vertragsteils eine längere Kündigungsfrist als drei Monate vor Ablauf der zunächst vorgesehenen oder stillschweigend verlängerten Vertragsdauer;

dies gilt nicht für Verträge über die Lieferung als zusammengehörig verkaufter Sachen, für Versicherungsverträge sowie für Verträge zwischen den Inhabern urheberrechtlicher Rechte und Ansprüche und Verwertungsgesellschaften im Sinne des Gesetzes über die Wahrnehmung von Urheberrechten und verwandten Schutzrechten;

10. (Wechsel des Vertragspartners) eine Bestimmung, wonach bei Kauf-, Dienst- oder Werkverträgen ein Dritter anstelle des Verwenders in die sich aus dem Vertrag ergebenden Rechte und Pflichten eintritt oder eintreten kann, es sei denn, in der Bestimmung wird
    a) der Dritte namentlich bezeichnet oder
    b) dem anderen Vertragsteil das Recht eingeräumt, sich vom Vertrag zu lösen;

11. (Haftung des Abschlussvertreters) eine Bestimmung, durch die der Verwender einem Vertreter, der den Vertrag für den anderen Vertragsteil abschließt,
    a) ohne hierauf gerichtete ausdrückliche und gesonderte Erklärung eine eigene Haftung oder Einstandspflicht oder
    b) im Falle vollmachtsloser Vertretung eine über § 179 hinausgehende Haftung auferlegt;

12. (Beweislast) eine Bestimmung, durch die der Verwender die Beweislast zum Nachteil des anderen Vertragsteils ändert, insbesondere indem er
    a) diesem die Beweislast für Umstände auferlegt, die im Verantwortungsbereich des Verwenders liegen, oder
    b) den anderen Vertragsteil bestimmte Tatsachen bestätigen lässt;

Buchstabe b gilt nicht für Empfangsbekenntnisse, die gesondert unterschrieben oder mit einer gesonderten qualifizierten elektronischen Signatur versehen sind;

13. (Form von Anzeigen und Erklärungen) eine Bestimmung, durch die Anzeigen oder Erklärungen, die dem Verwender oder einem Dritten gegenüber abzugeben sind, an eine strengere Form als die Schriftform oder an besondere Zugangserfordernisse gebunden werden.

14. (Klageverzicht) eine Bestimmung, wonach der andere Vertragsteil seine Ansprüche gegen den Verwender gerichtlich nur geltend machen darf, nachdem er eine gütliche Einigung in einem Verfahren zur außergerichtlichen Streitbeilegung versucht hat.

§ 310
Anwendungsbereich

(1) § 305 Abs. 2 und 3, § 308 Nummer 1, 2 bis 8 und 309 finden keine Anwendung auf Allgemeine Geschäftsbedingungen, die gegenüber einem Unternehmer, einer juristischen Person des öffentlichen Rechts oder einem öffentlich-rechtlichen Sondervermögen verwendet werden. § 307 Abs. 1 und 2 findet in den Fällen des Satzes 1 auch insoweit Anwendung, als dies zur Unwirksamkeit von in § 308, Nummer 1, 2 bis 8 und 309 genannten Vertragsbestimmungen führt; auf die im Handelsverkehr geltenden Gewohnheiten und Gebräuche ist angemessen Rücksicht zu nehmen. In den Fällen des Satzes 1 findet § 307 Abs. 1 und 2 sowie § 308 Nummer 1a und 1b auf Verträge, in die die Vergabe- und Vertragsordnung für Bauleistungen Teil B (VOB/B) in der jeweils zum Zeitpunkt des Vertragsschlusses geltenden Fassung ohne inhaltliche Abweichungen insgesamt einbezogen ist, in Bezug auf eine Inhaltskontrolle einzelner Bestimmungen keine Anwendung.

(2) Die §§ 308 und 309 finden keine Anwendung auf Verträge der Elektrizitäts-, Gas-, Fernwärme- und Wasserversorgungsunternehmen über die Versorgung von Sonderabnehmern mit elektrischer Energie, Gas, Fernwärme und Wasser aus dem Versorgungsnetz, soweit die Versorgungsbedingungen nicht zum Nachteil der Abnehmer von Verordnungen über Allgemeine Bedingungen für die Versorgung von Tarifkunden mit elektrischer Energie, Gas, Fernwärme und Wasser abweichen. Satz 1 gilt entsprechend für Verträge über die Entsorgung von Abwasser.

(3) Bei Verträgen zwischen einem Unternehmer und einem Verbraucher (Verbraucherverträge) finden die Vorschriften dieses Abschnitts mit folgenden Maßgaben Anwendung:

1. Allgemeine Geschäftsbedingungen gelten als vom Unternehmer gestellt, es sei denn, dass sie durch den Verbraucher in den Vertrag eingeführt wurden;
2. § 305c Abs. 2 und die §§ 306 und 307 bis 309 dieses Gesetzes sowie Artikel 29a des Einführungsgesetzes zum Bürgerlichen Gesetzbuche finden auf vorformulierte Vertragsbedingungen auch dann Anwendung, wenn diese nur zur einmaligen Verwendung bestimmt sind und soweit der Verbraucher auf Grund der Vorformulierung auf ihren Inhalt keinen Einfluss nehmen konnte;
3. bei der Beurteilung der unangemessenen Benachteiligung nach § 307 Abs. 1 und 2 sind auch die den Vertragsschluss begleitenden Umstände zu berücksichtigen.

(4) Dieser Abschnitt findet keine Anwendung bei Verträgen auf dem Gebiet des Erb-, Familien- und Gesellschaftsrechts sowie auf Tarifverträge, Betriebs- und Dienstvereinbarungen. Bei der Anwendung auf Arbeitsverträge sind die im Arbeitsrecht geltenden Besonderheiten angemessen zu berücksichtigen; § 305 Abs. 2 und 3 ist nicht anzuwenden. Tarifverträge, Betriebs- und Dienstvereinbarungen stehen Rechtsvorschriften im Sinne von § 307 Abs. 3 gleich.

Abschnitt 8
Einzelne Schuldverhältnisse (§§ 433–853)

Titel 9
Werkvertrag und ähnliche Verträge (§§ 631–651 m)

§ 631
Vertragstypische Pflichten beim Werkvertrag

(1) Durch den Werkvertrag wird der Unternehmer zur Herstellung des versprochenen Werkes, der Besteller zur Entrichtung der vereinbarten Vergütung verpflichtet.

(2) Gegenstand des Werkvertrags kann sowohl die Herstellung oder Veränderung einer Sache als auch ein anderer durch Arbeit oder Dienstleistung herbeizuführender Erfolg sein.

§ 632
Vergütung

(1) Eine Vergütung gilt als stillschweigend vereinbart, wenn die Herstellung des Werkes den Umständen nach nur gegen eine Vergütung zu erwarten ist.

(2) Ist die Höhe der Vergütung nicht bestimmt, so ist bei dem Bestehen einer Taxe die taxmäßige Vergütung, in Ermangelung einer Taxe die übliche Vergütung als vereinbart anzusehen.

(3) Ein Kostenanschlag ist im Zweifel nicht zu vergüten.

§ 632a
Abschlagszahlungen

(1) Der Unternehmer kann von dem Besteller für eine vertragsgemäß erbrachte Leistung eine Abschlagszahlung in der Höhe verlangen, in der der Besteller durch die Leistung einen Wertzuwachs erlangt hat. Wegen unwesentlicher Mängel kann die Abschlagszahlung nicht verweigert werden. § 641 Abs. 3 gilt entsprechend. Die Leistungen sind durch eine Aufstellung nachzuweisen, die eine rasche und sichere Beurteilung der Leistungen ermöglichen muss. Die Sätze 1 bis 4 gelten auch für erforderliche Stoffe oder Bauteile, die angeliefert oder eigens angefertigt und bereitgestellt sind, wenn dem Besteller nach seiner Wahl Eigentum an den Stoffen oder Bauteilen übertragen oder entsprechende Sicherheit hierfür geleistet wird.

(2) Wenn der Vertrag die Errichtung oder den Umbau eines Hauses oder eines vergleichbaren Bauwerks zum Gegenstand hat und zugleich die Verpflichtung des Unternehmers enthält, dem Besteller das Eigentum an dem Grundstück zu übertragen oder ein Erbbaurecht zu bestellen oder zu übertragen, können Abschlagszahlungen nur verlangt werden, soweit sie gemäß einer Verordnung auf Grund von Artikel 244 des Einführungsgesetzes zum Bürgerlichen Gesetzbuche vereinbart sind.

(3) Ist der Besteller ein Verbraucher und hat der Vertrag die Errichtung oder den Umbau eines Hauses oder eines vergleichbaren Bauwerks zum Gegenstand, ist dem Besteller bei der ersten Abschlagszahlung eine Sicherheit für die rechtzeitige Herstellung des Werkes ohne wesentliche Mängel in Höhe von 5 vom Hundert des Vergütungsanspruchs zu leisten. Erhöht sich der Vergütungsanspruch infolge von Änderungen oder Ergänzungen des Vertrages um mehr als 10 vom Hundert, ist dem Besteller bei der nächsten Abschlagszahlung eine weitere Sicherheit in Höhe von 5 vom Hundert des zusätzlichen Vergütungsanspruchs zu leisten. Auf Verlangen des Unternehmers ist die Sicherheitsleistung durch Einbehalt dergestalt zu erbringen, dass der Besteller die Abschlagszahlungen bis zu dem Gesamtbetrag der geschuldeten Sicherheit zurückhält.

(4) Sicherheiten nach dieser Vorschrift können auch durch eine Garantie oder ein sonstiges Zahlungsversprechen eines im Geltungsbereich dieses Gesetzes zum Geschäftsbetrieb befugten Kreditinstituts oder Kreditversicherers geleistet werden.

§ 633
Sach- und Rechtsmangel

(1) Der Unternehmer hat dem Besteller das Werk frei von Sach- und Rechtsmängeln zu verschaffen.

(2) Das Werk ist frei von Sachmängeln, wenn es die vereinbarte Beschaffenheit hat. Soweit die Beschaffenheit nicht vereinbart ist, ist das Werk frei von Sachmängeln,

  1. wenn es sich für die nach dem Vertrag vorausgesetzte, sonst
  2. für die gewöhnliche Verwendung eignet und eine Beschaffenheit aufweist, die bei Werken der gleichen Art üblich ist und die der Besteller nach der Art des Werks erwarten kann.

Einem Sachmangel steht es gleich, wenn der Unternehmer ein anderes als das bestellte Werk oder das Werk in zu geringer Menge herstellt.

(3) Das Werk ist frei von Rechtsmängeln, wenn Dritte in Bezug auf das Werk keine oder nur die im Vertrag übernommenen Rechte gegen den Besteller geltend machen können.

§ 634
Rechte des Bestellers bei Mängeln

Ist das Werk mangelhaft, kann der Besteller, wenn die Voraussetzungen der folgenden Vorschriften vorliegen und soweit nicht ein anderes bestimmt ist,

1. nach § 635 Nacherfüllung verlangen,
2. nach § 637 den Mangel selbst beseitigen und Ersatz der erforderlichen Aufwendungen verlangen,
3. nach den §§ 636, 323 und 326 Abs. 5 von dem Vertrag zurücktreten oder nach § 638 die Vergütung mindern und

4. nach den §§ 636, 280, 281, 283 und 311a Schadensersatz oder nach § 284 Ersatz vergeblicher Aufwendungen verlangen.

§ 634a
Verjährung der Mängelansprüche

(1) Die in § 634 Nr. 1, 2 und 4 bezeichneten Ansprüche verjähren

1. vorbehaltlich der Nummer 2 in zwei Jahren bei einem Werk, dessen Erfolg in der Herstellung, Wartung oder Veränderung einer Sache oder in der Erbringung von Planungs- oder Überwachungsleistungen hierfür besteht,
2. in fünf Jahren bei einem Bauwerk und einem Werk, dessen Erfolg in der Erbringung von Planungs- oder Überwachungsleistungen hierfür besteht, und
3. im Übrigen in der regelmäßigen Verjährungsfrist.

(2) Die Verjährung beginnt in den Fällen des Absatzes 1 Nr. 1 und 2 mit der Abnahme.

(3) Abweichend von Absatz 1 Nr. 1 und 2 und Absatz 2 verjähren die Ansprüche in der regelmäßigen Verjährungsfrist, wenn der Unternehmer den Mangel arglistig verschwiegen hat. Im Fall des Absatzes 1 Nr. 2 tritt die Verjährung jedoch nicht vor Ablauf der dort bestimmten Frist ein.

(4) Für das in § 634 bezeichnete Rücktrittsrecht gilt § 218. Der Besteller kann trotz einer Unwirksamkeit des Rücktritts nach § 218 Abs. 1 die Zahlung der Vergütung insoweit verweigern, als er auf Grund des Rücktritts dazu berechtigt sein würde. Macht er von diesem Recht Gebrauch, kann der Unternehmer vom Vertrag zurücktreten.

(5) Auf das in § 634 bezeichnete Minderungsrecht finden § 218 und Absatz 4 Satz 2 entsprechende Anwendung.

§ 635
Nacherfüllung

(1) Verlangt der Besteller Nacherfüllung, so kann der Unternehmer nach seiner Wahl den Mangel beseitigen oder ein neues Werk herstellen.

(2) Der Unternehmer hat die zum Zwecke der Nacherfüllung erforderlichen Aufwendungen, insbesondere Transport-, Wege-, Arbeits- und Materialkosten zu tragen.

(3) Der Unternehmer kann die Nacherfüllung unbeschadet des § 275 Abs. 2 und 3 verweigern, wenn sie nur mit unverhältnismäßigen Kosten möglich ist.

(4) Stellt der Unternehmer ein neues Werk her, so kann er vom Besteller Rückgewähr des mangelhaften Werks nach Maßgabe der §§ 346 bis 348 verlangen.

§ 636
Besondere Bestimmungen für Rücktritt und Schadensersatz

Außer in den Fällen des § 281 Abs. 2 und des § 323 Abs. 2 bedarf es der Fristsetzung auch dann nicht, wenn der Unternehmer die Nacherfüllung gemäß § 635 Abs. 3 verweigert oder wenn die Nacherfüllung fehlgeschlagen oder dem Besteller unzumutbar ist.

§ 637
Selbstvornahme

(1) Der Besteller kann wegen eines Mangels des Werkes nach erfolglosem Ablauf einer von ihm zur Nacherfüllung bestimmten angemessenen Frist den Mangel selbst beseitigen und Ersatz der erforderlichen Aufwendungen verlangen, wenn nicht der Unternehmer die Nacherfüllung zu Recht verweigert.

(2) § 323 Abs. 2 findet entsprechende Anwendung. Der Bestimmung einer Frist bedarf es auch dann nicht, wenn die Nacherfüllung fehlgeschlagen oder dem Besteller unzumutbar ist.

(3) Der Besteller kann von dem Unternehmer für die zur Beseitigung des Mangels erforderlichen Aufwendungen Vorschuss verlangen.

§ 638
Minderung

(1) Statt zurückzutreten, kann der Besteller die Vergütung durch Erklärung gegenüber dem Unternehmer mindern. Der Ausschlussgrund des § 323 Abs. 5 Satz 2 findet keine Anwendung.

(2) Sind auf der Seite des Bestellers oder auf der Seite des Unternehmers mehrere beteiligt, so kann die Minderung nur von allen oder gegen alle erklärt werden.

(3) Bei der Minderung ist die Vergütung in dem Verhältnis herabzusetzen, in welchem zur Zeit des Vertragsschlusses der Wert des Werkes in mangelfreiem Zustand zu dem wirklichen Wert gestanden haben würde. Die Minderung ist, soweit erforderlich, durch Schätzung zu ermitteln.

(4) Hat der Besteller mehr als die geminderte Vergütung gezahlt, so ist der Mehrbetrag vom Unternehmer zu erstatten. § 346 Abs. 1 und § 347 Abs. 1 finden entsprechende Anwendung.

§ 639
Haftungsausschluss

Auf eine Vereinbarung, durch welche die Rechte des Bestellers wegen eines Mangels ausgeschlossen oder beschränkt werden, kann sich der Unternehmer nicht berufen, soweit er den Mangel arglistig verschwiegen oder eine Garantie für die Beschaffenheit des Werkes übernommen hat.

§ 640
Abnahme

(1) Der Besteller ist verpflichtet, das vertragsmäßig hergestellte Werk abzunehmen, sofern nicht nach der Beschaffenheit des Werkes die Abnahme ausgeschlossen ist. Wegen unwesentlicher Mängel kann die Abnahme nicht verweigert werden. Der Abnahme steht es gleich, wenn der Besteller das Werk nicht innerhalb einer ihm vom Unternehmer bestimmten angemessenen Frist abnimmt, obwohl er dazu verpflichtet ist.

(2) Nimmt der Besteller ein mangelhaftes Werk gemäß Absatz 1 Satz 1 ab, obschon er den Mangel kennt, so stehen ihm die in § 634 Nr. 1 bis 3 bezeichneten Rechte nur zu, wenn er sich seine Rechte wegen des Mangels bei der Abnahme vorbehält.

§ 641
Fälligkeit der Vergütung

(1) Die Vergütung ist bei der Abnahme des Werkes zu entrichten. Ist das Werk in Teilen abzunehmen und die Vergütung für die einzelnen Teile bestimmt, so ist die Vergütung für jeden Teil bei dessen Abnahme zu entrichten.

(2) Die Vergütung des Unternehmers für ein Werk, dessen Herstellung der Besteller einem Dritten versprochen hat, wird spätestens fällig,

1. soweit der Besteller von dem Dritten für das versprochene Werk wegen dessen Herstellung seine Vergütung oder Teile davon erhalten hat,
2. soweit das Werk des Bestellers von dem Dritten abgenommen worden ist oder als abgenommen gilt oder
3. wenn der Unternehmer dem Besteller erfolglos eine angemessene Frist zur Auskunft über die in den Nummern 1 und 2 bezeichneten Umstände bestimmt hat.

Hat der Besteller dem Dritten wegen möglicher Mängel des Werks Sicherheit geleistet, gilt Satz 1 nur, wenn der Unternehmer dem Besteller entsprechende Sicherheit leistet.

(3) Kann der Besteller die Beseitigung eines Mangels verlangen, so kann er nach der Fälligkeit die Zahlung eines angemessenen Teils der Vergütung verweigern; angemessen ist in der Regel das Doppelte der für die Beseitigung des Mangels erforderlichen Kosten.

(4) Eine in Geld festgesetzte Vergütung hat der Besteller von der Abnahme des Werkes an zu verzinsen, sofern nicht die Vergütung gestundet ist.

§ 641a
(weggefallen)

§ 642
Mitwirkung des Bestellers

(1) Ist bei der Herstellung des Werkes eine Handlung des Bestellers erforderlich, so kann der Unternehmer, wenn der Besteller durch das Unterlassen der Handlung in Verzug der Annahme kommt, eine angemessene Entschädigung verlangen.

(2) Die Höhe der Entschädigung bestimmt sich einerseits nach der Dauer des Verzugs und der Höhe der vereinbarten Vergütung, andererseits nach demjenigen, was der Unternehmer infolge des Verzugs an Aufwendungen erspart oder durch anderweitige Verwendung seiner Arbeitskraft erwerben kann.

§ 643
Kündigung bei unterlassener Mitwirkung

Der Unternehmer ist im Falle des § 642 berechtigt, dem Besteller zur Nachholung der Handlung eine angemessene Frist mit der Erklärung zu bestimmen, dass er den Vertrag kündige, wenn die Handlung nicht bis zum Ablauf der Frist vorgenommen werde. Der Vertrag gilt als aufgehoben, wenn nicht die Nachholung bis zum Ablauf der Frist erfolgt.

§ 644
Gefahrtragung

(1) Der Unternehmer trägt die Gefahr bis zur Abnahme des Werkes. Kommt der Besteller in Verzug der Annahme, so geht die Gefahr auf ihn über. Für den zufälligen Untergang und eine zufällige Verschlechterung des von dem Besteller gelieferten Stoffes ist der Unternehmer nicht verantwortlich.

(2) Versendet der Unternehmer das Werk auf Verlangen des Bestellers nach einem anderen Ort als dem Erfüllungsort, so finden die für den Kauf geltenden Vorschriften des § 447 entsprechende Anwendung.

§ 645
Verantwortlichkeit des Bestellers

(1) Ist das Werk vor der Abnahme infolge eines Mangels des von dem Besteller gelieferten Stoffes oder infolge einer von dem Besteller für die Ausführung erteilten Anweisung untergegangen, verschlechtert oder unausführbar geworden, ohne dass ein Umstand mitgewirkt hat, den der Unternehmer zu vertreten hat, so kann der Unternehmer einen der geleisteten Arbeit entsprechenden Teil der Vergütung und Ersatz der in der Vergütung nicht inbegriffenen Auslagen verlangen. Das Gleiche gilt, wenn der Vertrag in Gemäßheit des § 643 aufgehoben wird.

(2) Eine weitergehende Haftung des Bestellers wegen Verschuldens bleibt unberührt.

§ 646
Vollendung statt Abnahme

Ist nach der Beschaffenheit des Werkes die Abnahme ausgeschlossen, so tritt in den Fällen des § 634a Abs. 2 und der §§ 641, 644 und 645 an die Stelle der Abnahme die Vollendung des Werkes.

§ 647
Unternehmerpfandrecht

Der Unternehmer hat für seine Forderungen aus dem Vertrag ein Pfandrecht an den von ihm hergestellten oder ausgebesserten beweglichen Sachen des Bestellers, wenn sie bei der Herstellung oder zum Zwecke der Ausbesserung in seinen Besitz gelangt sind.

§ 648
Sicherungshypothek des Bauunternehmers

(1) Der Unternehmer eines Bauwerks oder eines einzelnen Teiles eines Bauwerks kann für seine Forderungen aus dem Vertrag die Einräumung einer Sicherungshypothek an dem Baugrundstück des Bestellers verlangen. Ist das Werk noch nicht vollendet, so kann er die Einräumung der Sicherungshypothek für einen der geleisteten Arbeit entsprechenden Teil der Vergütung und für die in der Vergütung nicht inbegriffenen Auslagen verlangen.

(2) Der Inhaber einer Schiffswerft kann für seine Forderungen aus dem Bau oder der Ausbesserung eines Schiffes die Einräumung einer Schiffshypothek an dem Schiffsbauwerk oder dem Schiff des Bestellers verlangen; Absatz 1 Satz 2 gilt sinngemäß. § 647 findet keine Anwendung.

§ 648a
Bauhandwerkersicherung

(1) Der Unternehmer eines Bauwerks, einer Außenanlage oder eines Teils davon kann vom Besteller Sicherheit für die auch in Zusatzaufträgen vereinbarte und noch nicht gezahlte Vergütung einschließlich dazugehöriger Nebenforderungen, die mit 10 vom Hundert des zu sichernden Vergütungsanspruchs anzusetzen sind, verlangen. Satz 1 gilt in demselben Umfang auch für Ansprüche, die an die Stelle der Vergütung treten. Der Anspruch des Unternehmers auf Sicherheit wird nicht dadurch ausgeschlossen, dass der Besteller Erfüllung verlangen kann oder das Werk abgenommen hat. Ansprüche, mit denen der Besteller gegen den Anspruch des Unternehmers auf Vergütung aufrechnen kann, bleiben bei der Berechnung der Vergütung unberücksichtigt, es sei denn, sie sind unstreitig oder rechtskräftig festgestellt. Die Sicherheit ist auch dann als ausreichend anzusehen, wenn sich der Sicherungsgeber das Recht vorbehält, sein Versprechen im Falle einer wesentlichen Verschlechterung der Vermögensverhältnisse des Bestellers mit Wirkung für Vergütungsansprüche aus Bauleistungen zu widerrufen, die der Unternehmer bei Zugang der Widerrufserklärung noch nicht erbracht hat.

(2) Die Sicherheit kann auch durch eine Garantie oder ein sonstiges Zahlungsversprechen eines im Geltungsbereich dieses Gesetzes zum Geschäftsbetrieb befugten Kreditinstituts oder Kreditversicherers geleistet werden. Das Kreditinstitut oder der Kreditversicherer darf Zahlungen an den Unternehmer nur leisten, soweit der Besteller den Vergütungsanspruch des Unternehmers anerkennt oder durch vorläufig vollstreckbares Urteil zur Zahlung der Vergütung verurteilt worden ist und die Voraussetzungen vorliegen, unter denen die Zwangsvollstreckung begonnen werden darf.

(3) Der Unternehmer hat dem Besteller die üblichen Kosten der Sicherheitsleistung bis zu einem Höchstsatz von 2 vom Hundert für das Jahr zu erstatten. Dies gilt nicht, soweit eine Sicherheit wegen Einwendungen des Bestellers gegen den Vergütungsanspruch des Unternehmers aufrechterhalten werden muss und die Einwendungen sich als unbegründet erweisen.

(4) Soweit der Unternehmer für seinen Vergütungsanspruch eine Sicherheit nach den Absätzen 1 oder 2 erlangt hat, ist der Anspruch auf Einräumung einer Sicherungshypothek nach § 648 Abs. 1 ausgeschlossen.

(5) Hat der Unternehmer dem Besteller erfolglos eine angemessene Frist zur Leistung der Sicherheit nach Absatz 1 bestimmt, so kann der Unternehmer die Leistung verweigern oder den Vertrag kündigen. Kündigt er den Vertrag, ist der Unternehmer berechtigt, die vereinbarte Vergütung zu verlangen; er muss sich jedoch dasjenige anrechnen lassen, was er infolge der Aufhebung des Vertrages an Aufwendungen erspart oder durch anderweitige Verwendung seiner Arbeitskraft erwirbt oder böswillig zu erwerben unterlässt. Es wird vermutet, dass danach dem Unternehmer 5 vom Hundert der auf den noch nicht erbrachten Teil der Werkleistung entfallenden vereinbarten Vergütung zustehen.

(6) Die Vorschriften der Absätze 1 bis 5 finden keine Anwendung, wenn der Besteller

1. eine juristische Person des öffentlichen Rechts oder ein öffentlich-rechtliches Sondervermögen ist, über deren Vermögen ein Insolvenzverfahren unzulässig ist, oder
2. eine natürliche Person ist und die Bauarbeiten zur Herstellung oder Instandsetzung eines Einfamilienhauses mit oder ohne Einliegerwohnung ausführen lässt.

Satz 1 Nr. 2 gilt nicht bei Betreuung des Bauvorhabens durch einen zur Verfügung über die Finanzierungsmittel des Bestellers ermächtigten Baubetreuer.

(7) Eine von den Vorschriften der Absätze 1 bis 5 abweichende Vereinbarung ist unwirksam.

§ 649
Kündigungsrecht des Bestellers

Der Besteller kann bis zur Vollendung des Werkes jederzeit den Vertrag kündigen. Kündigt der Besteller, so ist der Unternehmer berechtigt, die vereinbarte Vergütung zu verlangen; er muss sich jedoch dasjenige anrechnen lassen, was er infolge der Aufhebung des Vertrags an Aufwendungen erspart oder durch anderweitige Verwendung seiner Arbeitskraft erwirbt oder zu erwerben böswillig unterlässt. Es wird vermutet, dass danach dem Unternehmer 5 vom Hundert der auf den noch nicht erbrachten Teil der Werkleistung entfallenden vereinbarten Vergütung zustehen.

§ 650
Kostenanschlag

(1) Ist dem Vertrag ein Kostenanschlag zugrunde gelegt worden, ohne dass der Unternehmer die Gewähr für die Richtigkeit des Anschlags übernommen hat, und ergibt sich, dass das Werk nicht ohne eine wesentliche Überschreitung des Anschlags ausführbar ist, so steht dem Unternehmer, wenn der Besteller den Vertrag aus diesem Grund kündigt, nur der im § 645 Abs. 1 bestimmte Anspruch zu.

(2) Ist eine solche Überschreitung des Anschlags zu erwarten, so hat der Unternehmer dem Besteller unverzüglich Anzeige zu machen.

§ 651
Anwendung des Kaufrechts[1)]

Auf einen Vertrag, der die Lieferung herzustellender oder zu erzeugender beweglicher Sachen zum Gegenstand hat, finden die Vorschriften über den Kauf Anwendung. § 442 Abs. 1 Satz 1 findet bei diesen Verträgen auch Anwendung, wenn der Mangel auf den vom Besteller gelieferten Stoff zurückzuführen ist. Soweit es sich bei den herzustellenden oder zu erzeugenden beweglichen Sachen um nicht vertretbare Sachen handelt, sind auch die §§ 642, 643, 645, 649 und 650 mit der Maßgabe anzuwenden, dass an die Stelle der Abnahme der nach den §§ 446 und 447 maßgebliche Zeitpunkt tritt.

[1)] Amtlicher Hinweis: Diese Vorschrift dient der Umsetzung der Richtlinie 1999/44/EG des Europäischen Parlaments und des Rates vom 25. Mai 1999 zu bestimmten Aspekten des Verbrauchsgüterkaufs und der Garantien für Verbrauchsgüter (ABl. EG Nr. L 171 S. 12).

Anhang D   Text des Gesetzes über die Sicherung der Bauforderungen

§ 1

(1) Der Empfänger von Baugeld ist verpflichtet, das Baugeld zur Befriedigung solcher Personen, die an der Herstellung oder dem Umbau des Baues auf Grund eines Werk-, Dienst- oder Kaufvertrags beteiligt sind, zu verwenden. Eine anderweitige Verwendung des Baugeldes ist bis zu dem Betrag statthaft, in welchem der Empfänger aus anderen Mitteln Gläubiger der bezeichneten Art bereits befriedigt hat. Die Verpflichtung nach Satz 1 hat auch zu erfüllen, wer als Baubetreuer bei der Betreuung des Bauvorhabens zur Verfügung über die Finanzierungsmittel des Bestellers ermächtigt ist.

(2) Ist der Empfänger selbst an der Herstellung oder dem Umbau beteiligt, so darf er das Baugeld in Höhe des angemessenen Wertes der von ihm erbrachten Leistungen für sich behalten.

(3) Baugeld sind Geldbeträge,

   1. die zum Zweck der Bestreitung der Kosten eines Baues oder Umbaues in der Weise gewährt werden, dass zur Sicherung der Ansprüche des Geldgebers eine Hypothek oder Grundschuld an dem zu bebauenden Grundstück dient oder die Übertragung eines Eigentums an dem Grundstück erst nach gänzlicher oder teilweiser Herstellung des Baues oder Umbaues erfolgen soll, oder
   2. die der Empfänger von einem Dritten für eine im Zusammenhang mit der Herstellung des Baues oder Umbaues stehende Leistung, die der Empfänger dem Dritten versprochen hat, erhalten hat, wenn an dieser Leistung andere Unternehmer (§ 14 des Bürgerlichen Gesetzbuchs) auf Grund eines Werk-, Dienst- oder Kaufvertrags beteiligt waren.

Beträge, die zum Zweck der Bestreitung der Kosten eines Baues oder Umbaues gewährt werden, sind insbesondere Abschlagszahlungen und solche, deren Auszahlung ohne nähere Bestimmung des Zweckes der Verwendung nach Maßgabe des Fortschrittes des Baues oder Umbaues erfolgen soll.

(4) Ist die Baugeldeigenschaft oder die Verwendung des Baugeldes streitig, so trifft die Beweislast den Empfänger.

§ 2

Baugeldempfänger, welche ihre Zahlungen eingestellt haben oder über deren Vermögen das Insolvenzverfahren eröffnet worden ist und deren in § 1 Abs. 1 bezeichnete Gläubiger zur Zeit der Zahlungseinstellung oder der Eröffnung des Insolvenzverfahrens benachteiligt sind, werden mit Freiheitsstrafe bis zu fünf Jahren oder Geldstrafe bestraft, wenn sie zum Nachteil der bezeichneten Gläubiger den Vorschriften des § 1 zuwidergehandelt haben.

Stichwortverzeichnis

A

Abhilfeanordnung 49, 52
– Musterschreiben gemäß § 5 Nr. 3 VOB/B 52
– Musterschreiben: Mahnung nach fruchtloser Abhilfeanordnung 53
Abnahme 19, 54, 65, 71, 106, 109, 124
– fiktive 20, 71
– förmliche 71
– konkludente 72
– Musterschreiben für eine Aufforderung zur Abnahme 77
– Musterschreiben für eine weitere Fristsetzung zur Abnahme 77
– technische 75
– Wirkungen der Abnahme 74
Abnahmeformen 71
Abnahmeprotokoll 73
Abnahmereife 74
Abnahmeverlangen 77, 78
Abnahmeverweigerung 71, 74, 78
Abrechnungsbetrag 27
Abrechnungsverhältnis 64, 65
Abschlagsforderung 124
Abschlagsrechnung 123, 124, 125, 145
Abschlagszahlung 55, 119, 123
AGB (Allgemeine Geschäftsbedingungen) 17, 20, 88, 125
AGB-Klauseln 88
AGB-Regelungen 98
AGK (Allgemeine Geschäftskosten) 45, 90, 94, 95
allgemein anerkannte Regeln der Technik 16, 23, 25
allgemeine Ordnung 41
Allgemeine technische Vertragsbedingungen für Bauleistungen 16
Altverträge 106
Anerkenntnis 119, 120
Angebotskalkulation 44, 89
Angemessenheit 55
Ankündigung 87
Ankündigungserfordernis 88
Arbeitseinstellung 103, 125
Arbeitskräfte 52
Architekt 32, 38
arglistiges Verschweigen 26, 135
Aufmaß 54, 123, 125, 126, 129, 133
Aufrechnung 120
Auftraggeber 19, 22
– Anordnung des Auftraggebers 44, 45, 94
– öffentlicher Auftraggeber 99
– Qualifikation 29
– Risikobereich des Auftraggebers 39, 40
Ausführungsfristen 39
Ausführungsplanung 85
Auslegung 28, 82, 83
Aussperrung 39

B

Bauablaufplan 45, 46, 49, 142
Bauablaufstörung 140
Baubeginn 43, 49
Baubehinderung 50
Baubeschreibung 83
– funktionale 97
BauFordSiG 143
Baufortschritt 123
Baugeld 143, 144, 145, 147
– modifiziertes Baugelddarlehen 145
Baugeldeigenschaft 146
Baugeldempfänger 146, 147
Baugeldvermutung 146
Baugelduntreuung 145
Baugeldverwendungspflicht 147
Baugenehmigung 50
Baugrund 31
Baugrundgutachten 31
Baugrundrisiko 31
Bauhandwerkersicherungshypothek 127
Bausoll 23, 24, 82, 83, 84, 109
– funktionale Beschreibung 85
Baustelleneinrichtungskosten 95
Baustellengemeinkosten 45, 94, 95
Baustellenprotokoll 33
Baustellenverbot 54, 55
Baustopp 44
Bautagebuch 45
Bautenstand 131
Bauüberwachung 38
Bauvertrag 20
Bauverzögerung 42
Bauzeit 48
– Ist-Bauzeit 37
– Soll-Bauzeit 37

Bauzeitenplan 37, 48, 52
Bauzeitverlängerung 40
Bedenken 23, 31, 32
– für zukünftige Leistungen 35
Bedenkenanmeldung 27, 31, 32, 33
– Adressat 31, 32
– Einschreiben/Rückschein 32
– Einwurfeinschreiben 32
– Form 33
– mündliche 33
– Musterschreiben 32
– Unterlassen 34
Behinderung 37, 38, 43, 45
– Anzeige 37
– Beendigung 39
– Dauer 42
– Wegfall 42
Behinderungsanzeige 44, 45, 140
– Adressat 38
– Form 38
– Inhalt 37
– Musterschreiben 39
behördliche Bestimmungen 35
Benutzung (der Leistung) 72
Beschädigung 41
Beschaffenheit 23
– vereinbarte 24
– vertraglich vereinbarte 23
Beschleunigung 45
Beschleunigungskosten 44
Beschleunigungsmaßnahme 42
Beweisaufnahme 68
Beweiserleichterungen 147
Beweislast 65, 73, 74
Beweislastumkehr 65
Beweispflicht 54
Beweissicherung 54, 67
Beweisverfahren 67, 68, 117
– gerichtliches 54, 68, 117
– selbstständiges 117
Beweiswert 68
Bürgschaft 21, 102, 105, 136
– auf erstes Anfordern 136
– Bankbürgschaft 105

D
Detail-Pauschalpreisvertrag 85, 97, 131
Diebstahl 41
DIN-Vorschriften 16, 25, 29, 30
Dokumentation 76
Druckzuschlag 106, 139

Durchgriffsfälligkeit 124, 135

E
Einbehalt 21
Einfamilienhaus 99, 100
Einheitspreis 84
Einheitspreisvertrag 84, 93, 130
Einschlafen von Verhandlungen 118
einstweilige Verfügung 127
elektrotechnische/elektronische Anlagen 115
E-Mail 33, 56
Entfernung von Material 127
entgangener Gewinn 43, 44
Entschädigung 44
Entwurfsplanung 85
Erdbeben 41
Erfolg 109
Erfüllungsgehilfe 43
Erfüllungsstadium 74
ernsthafte und endgültige Erfüllungsverweigerung 121
Ersatzvornahme 53, 56, 109, 110, 121
Ersatzvornahmekosten 58, 110
Erscheinungsbild 55
ersparte Aufwendungen 47

F
Fachkunde 29
Fälligkeit 71, 134, 135
fehlende Vorunternehmerleistung 43
Fertigstellung 48, 140
– der Leistung 71
Fertigstellungsanzeige 71
Fertigstellungstermin 49, 140
Forderungssicherungsgesetz 20, 99, 143, 145
Formularverträge 21
Fortführung anderer Arbeiten 72
Fotodokumentation 54, 68
Frist, angemessene 51, 55, 110
Fristsetzung 58, 67
Fristverlängerung 39, 40, 41, 42, 43, 120
– Berechnung 42
Frost 40
Funktionsfähigkeit des Werkes 76

G
Gefahr 74
– für Leib und Leben 35
Gefälligkeitsgutachten 67
Genehmigungen 41
Geräte 52

Gesetz über die Sicherung der Bauforderungen 143
Gewährleistung 55, 74, 109
Gewährleistungsansprüche 26
Gewährleistungsausschluss 35
Gewährleistungsbürgschaft 136
Gewährleistungsfrist 73, 116, 137
Gewährleistungspflicht 118, 150
Gewährleistungsstadium 15, 19
Gewerbe 20
Gewerbetreibender 20
Gewinn, entgangener 43, 44
Global-Pauschalpreisvertrag 85, 97, 131
Grundbuch 127
Gutachten 54, 55
Gutachter 67

H

Haftungsausschluss 33, 34
Handwerker 143
Handwerksrolle 150
Hausverbote 55, 121
Hemmung 118
– der Verjährung 117
Herstellerbeschreibungen 26
Hersteller- und Produktangaben 24
Hinterlegung 102, 105
Hinterlegungskonto 105
Höchstpreisklauseln 83
Hochwasser 41
höhere Gewalt 39, 41
hypothetischer Bauablauf 42

I

Indizwirkung 27
Ingebrauchnahme des Werkes 72
Insolvenz 143
Ist-Zustand 52, 65, 109

J

juristische Person 99

K

Kalkulation 44, 96, 130
– pyramidenförmige 90
Kältewelle 40
Kenntnis 17, 73
Klageänderung 124
Klage auf Leistung der Sicherheit 105
Kombi-Bürgschaften 137
Komplettheits- oder Vollständigkeitsklauseln 82
Kooperationspflicht 87

Koordination 41
Kosten der Sicherheit 103
Kostensteigerungen 90
Krieg 41
Kündigung 43, 47, 53, 56, 59, 103, 124, 126, 131
– aus wichtigem Grund 60, 63
– freie 47
– Musterschreiben 51
– wegen Verzuges 48
Kündigungsandrohung 51, 53, 57
Kündigungserklärung 58
Kündigungsgrund 47

L

Leistung 19, 23
– abgeschlossene Teile 48, 75
– Beginn 49
– Benutzung 72
– Fertigstellung 71
– funktionsfähige Teile 48
– zukünftige 35
– zusätzliche 90
Leistungsänderungen 130
Leistungsangebot 44
Leistungsbeginn 49
Leistungsbeschreibung 24, 28, 82, 129
– funktionale 27, 86
Leistungsrisiko 28
Leistungsverweigerung 50
Leistungsverweigerungsrecht 89
Leistungsverzeichnis 82, 83, 85, 94
Leistungsziel 83
Lieferanten 143, 147
Lieferung 17
Löcherstopfen 143
Lohnerhöhungen 45

M

Mangel 23
– Begriff 23
– Erscheinungsbild (Symptom) 55
– subjektiver 24
– Wesentlichkeit eines Mangels 76
Mängel 19, 23, 26
– unwesentliche 78
– versteckte 26
Mängelansprüche 55, 109
Mängelbeseitigung 53, 55, 112
– Aufforderung 56
– Musterschreiben: Aufforderung zur Mängelbeseitigung 57

– Unmöglichkeit der Mängelbeseitigung   115
Mängelbeseitigungspflicht   120
Mängelbeseitigungsrecht   56, 110, 120
Mängelliste   73
Mängelprotokoll   73
Mängelrüge   19, 54, 55, 116, 117
– Schriftform   54
Mangelursache   55
Mängelvorbehalte   73
Massenänderungsrisiko   82
Materialverteuerungen   45
Mehraufwendungen   44
– störungsbedingte   44
Mehrkostenforderungen   45
Meinungsaustausch   117
Mengenänderung   93, 94, 97
Mengenberechnungen   125, 129
Mengenmehrungen   95
Mengenüberschreitung   97
Mengenunterschreitung   95
Minderung   111, 112, 113
Minderungsbetrag   112
Minderungsrecht   112
Missverhältnis   112
Mitwirkung des Auftragnehmers   42

N
Nachfrist   52, 125, 126
Nachfristsetzung   53
Nachtrag   45, 81, 85, 130
Nachtragsangebot   88
Nachtragsposition   34
Nachtragssituation   46
Nachtragsvergütung   45
Nachunternehmer   59
Naturkräfte   41
natürliche Person   100
Nebenforderungen   102
Neubeginn der Verjährung   119
normaler Bauablauf   45

O
öffentlich bestellter Sachverständiger   67

P
Parteigutachten   67
Pauschalpreisvertrag   85, 97, 130
– gekündigter   130
Planänderungen   94
Pläne   41
Planungsrisiko   85

politische Unruhen   41
Postgang   33
Preisanpassung   43, 87
– Erheblichkeit für die Preisanpassung   97
Preisanpassungsmöglichkeit   98
Preisanpassungsverlangen   95
Preiskalkulation   90
Preisrisiko   28
Preissteigerungen   45
Preis- und Leistungsrisiko   28
Preisvereinbarung   87
Privatentnahmen   143
Privatgutachten   67, 117
Produktangaben   24
Produktbeschreibungen   26
Prüfbarkeit   125
Prüffähigkeit   124, 133
– der Abschlagsrechnung   124
– der Schlussrechnung   129
Prüffrist   125, 133, 134
Prüfungs- und Hinweispflicht   29
– Umfang   30
Pufferzeit   42

Q
Qualifikation   29

R
Referenzobjekt   83
Regen   40
Revisionsunterlagen   129

S
Sachverständige   67
Sachverständigengutachten   117
Schadensersatz   43, 44, 74
Schadensersatzanspruch gemäß § 6 Nr. 6 VOB/B   43
Schall   25, 113
Schlussabrechnungsreife   124
schlüsselfertig   28
Schlussrechnung   65, 71, 124, 129, 132, 145
Schlusszahlung   18, 132
– Ausschlusswirkungen   132
Schlusszahlungsvorbehalt   132
Schönheitsfehler   114
Schuldanerkenntnis   119, 123
Schuldnerverzug   126
Schuldversprechen   148
Schwarzarbeit   149
Schwarzarbeitergesetz   149
schwerwiegende Schäden   35

Stichwortverzeichnis

Selbstvornahme 53, 56, 110
Selbstvornahmerecht 109
Sicherheit 21, 99, 102, 135
– Anspruch auf Leistung 104
– gemäß § 648a BGB 99
– Kosten 103
Sicherheitseinbehalt 136, 138
Sicherheitsleistung 102, 107, 119
– gemäß § 321 BGB 107
Sicherung eigener Ansprüche 43
Sicherungshypothek 127, 136
Sicherungszweck 21
Soll-Beschaffenheit 65
Sonderfachmann 29, 30, 32
Sperrkonto 138
Stand der Technik 29
Statik 29
Stillstand 37, 43
– vorübergehender 37
Stillstandskosten 44
Stoffe 123
Streik 39
Stundungsgesuch 120
Stürme 41
Symptom (eines Mangels) 55

T

tatsächlicher Wille 82
Täuschung 26
technische Vorschriften 16
Teilabnahme 41, 73, 75
Teilkündigung 48
Teilleistung 48, 49
Teilzahlung 119
Transporte 17
Transportkosten 17
Treuhänder 146
Treu und Glauben 29

U

Überschwemmungen 41
Umplanungen 42
Umsatzsteuer 123
unabwendbare Umstände 41
ungünstige Witterung 42
Unmöglichkeit 37
– der Mängelbeseitigung 115
Unterbrechung 37, 42, 43
– Kündigungsmöglichkeit bei Unterbrechung 43
unverhältnismäßig hoher Aufwand 113
Unverhältnismäßigkeit 113, 114

– der Mängelbeseitigung 113, 114
Unvollständigkeit des Leistungsverzeichnisses 85
Unwirksamkeit einer Vertragsklausel 17
Unzumutbarkeit 112
Urkalkulation 94

V

VDE-Bestimmungen 25
VDI-Richtlinien 25
verbindliche Vertragsfristen 48, 49
Verbraucher 20, 21, 126
Verbraucher-Sicherheit 21
Vergabe 15, 27
Vergabeverfahren 15
Vergleich 120
Vergütungsanspruch 111
Vergütungshöhe 89
– Berechnung 89
Verhandlungen 117
Verjährungsfrist 118
– Verlängerung 116
Verlangen 95
– des neuen Preises 87
Verschleißerscheinungen 109
Verschleißteile 115
Verschulden 25
versteckter Mangel 26
Vertrag 125
Vertragsaufhebung 106
Vertragskündigung 67, 125
Vertragspartner des Verwenders 20
Vertragspreise 43, 130
Vertragsschluss 15, 17, 27
Vertragsstrafe 18, 43, 46, 73, 74, 140
Vertragstypen 84
Verweigerung der Nachtragserteilung 91
Verwender 17, 20
Verwendung 23
Verwendungspflicht 147
Verwendungszweck 23
Verzicht 71
Verzögern 49
Verzögerung des Beginns der Ausführung 49
Verzug 51, 126, 140
– mit der Mängelbeseitigung 53
– mit der Vollendung 49
VOB 15
– Klauseln 20
– Privilegierung 20
Vollmacht 81
Vorleistung 29, 35

Vorschuss   110
Vorunternehmerleistung   41

W
Wagnis und Gewinn   44
Wartung und Gewährleistung   115
Weiterführung der Arbeiten   42
Wiederaufnahme der Arbeiten   40, 42
Winterbaumaßnahmen   45
Wintermonate   40
Witterung
– Einflüsse   40
– ungünstige   42

Z
Zahlungsversprechen   148
Zeichnungen   125
Zeitablauf   72
Zugang   32
Zurückbehaltungsrecht   35, 50, 89, 101, 103, 105, 106, 107, 125, 126, 127, 135, 139
Zusatzleistungen   87
Zuschlag   15
– für die Wiederaufnahme   40, 42
Zustandsfeststellung   41, 75
Zwangsvollstreckung   105
Zwischentermin   140

Auf Technikwissen bauen:

Darstellung aller Aspekte einer nachhaltigen Wärmedämmung!

Mit diesem Buch erhalten Sie eine kompakte Entscheidungshilfe, ob und wie im speziellen Fall gedämmt werden sollte – im Neubau und im Bestand.

2014. XVIII, 189 Seiten
48,– €

e-Book

Preisänderungen und Irrtümer vorbehalten.

Bestellen Sie jetzt: (030) 34 80 01-222 oder www.vde-verlag.de/140960

Technik. Wissen.
Weiterwissen.

Auf Technikwissen bauen:

Schritt für Schritt zum Gutachten!

Energieberatungen sind Pflicht für fast alle energetischen Gebäudesanierungen mit KfW-Fördermitteln! Das Buch enthält ein vollständiges Beispielgutachten eines Einfamilienhauses.

3., neu bearb. Auflage 2015
104 Seiten
24,90 € (Buch/E-Book)
34,86 € (Kombi)

Preisänderungen und Irrtümer vorbehalten. Das Kombiangebot bestehend aus Buch und E-Book ist ausschließlich auf **www.vde-verlag.de** erhältlich.

Bestellen Sie jetzt: (030) 34 80 01-222 oder www.vde-verlag.de/160481